Vonarburg

Homöotanik

Homöotanik

**Farbiger Arzneipflanzenführer
der Klassischen Homöopathie**

Band I: Zauberhafter Frühling

Von Bruno Vonarburg

Karl F. Haug Verlag · Heidelberg

Die Deutsche Bibliothek - CIP-Einheitsaufnahme

Vonarburg, Bruno:
Homöotanik : farbiger Arzneipflanzenführer der klassischen
Homöopathie / Bruno Vonarburg. - Heidelberg : Haug.
  (Homöopathie)
NE: HST

Bd. 1. Zauberhafter Frühling. - 1996
  ISBN 3-7760-1576-4

© 1996 Karl F. Haug Verlag, Heidelberg

Titelbild: Bruno Vonarburg, Teufen, Schweiz

Titel-Nr. 2576 · ISBN 3-7760-1576-4

Satz: Filmsatz Unger & Sommer GmbH, 69469 Weinheim

Druck: Druckhaus Darmstadt, 64295 Darmstadt

Inhalt

Arzneipflanze	Abkürzung	

Inhalt

Vorwort

„Homöotanik", eine neue Bezeichnung in der Klassischen Homöopathie — was ist darunter zu verstehen? Diese Nomenklatur setzt sich zusammen aus den Begriffen Homöopathie und Botanik. Homöopathische Mittel werden in diesem Buch unter Berücksichtigung der botanischen Eigenheiten von Pflanzen miteinander verschmolzen und dementsprechende Rückschlüsse gezogen.

Anhand von bebilderten und textlich aufgebauten Monographien werden in diesem farbigen Arzneipflanzenführer homöopathische Mittel des Frühlings vorgestellt, an denen Sie vielleicht in der Natur unachtsam vorübergegangen sind. Wenn Sie sich in diesem Buch auf die Suche machen, tauchen neue Eindrücke auf, die Ihnen in der homöopathischen Praxis von großem Nutzen sein können.

Meine Erfahrung hat gezeigt, daß Streifzüge in der Natur, bei denen wir uns vermehrt für die homöopathischen Pflanzen interessieren, die Materia medica wesentlich erweitern. Allein die aktive, naturnahe Auseinandersetzung verwandelt oftmals kopflastiges, homöopathisches Lehrgut in spürbare Empfindungen. Ja, durch den Aufenthalt in der Pflanzenwelt stellt sich uns die Homöopathie in ihrer Substanz verzaubert dar. Plötzlich wird uns klar, daß wir mit verschlossenen Augen an den natürlichen Heilmitteln vorübergegangen sind, obwohl uns viele ihrer Vertreter — ob Blüte, Frucht oder Samenstände — in deutlich sichtbaren Strahlenkleidern entgegenleuchten. Mit dieser zunehmenden Aufmerksamkeit wird die Homöopathie für uns interessanter, erlebnisreicher und spürbarer. Immer wieder sind wir erstaunt, welche ungeahnten Schätze sich in der „Grünen Apotheke" verbergen.

Deshalb habe ich mich mit den Jahren entschlossen, alles in der Natur Ersichtete und Erspürte weiterzutragen, sei es durch homöotanische Wanderseminare oder mit diesem neuen Werk der Homöotanik, welches nun mit dem ersten Band „Zauberhafter Frühling" begonnen wird. Als Folge werden in zeitlichen Abständen weitere Bände veröffentlicht werden: „Blütenreicher Sommer", „Farbenprächtiger Herbst" und „Extravagante Exoten".

Beim Verfassen dieser Werke war und ist es mir ein großes Bedürfnis, all die homöopathischen Pflanzen des Frühlings, Sommers, Herbstes und die Exoten in ihrer bewundernswerten Erscheinung anhand von farbenprächtigen Aufnahmen aufleuchten zu lassen. Immer wieder bin ich mit der Fotokamera hinausgezogen und habe mich zu Füßen der Kräuter und Sträucher gelegt, auf daß sie letztlich als farbenprächtige Illustrationen in diesem Buch eindeutig botanisch bestimmt werden können. Andererseits wollte ich die homöopathische Pflanzenwelt in ihrer individuellen Ausstrahlung kondensieren lassen.

Die vier Bände sind als Ganzes eine homöotanische Symphonie der vier Jahreszeiten und jeder einzelne Abschnitt ist voller Erlebnisse. Wohl kann ich mich nicht rühmen, ein begabter Komponist wie Vivaldi zu sein. Einzig, was ich zu dieser klangvollen Symphonie beigetragen habe, ist meine Begeisterung, meine Kenntnis und Erfahrung aus langjähriger homöopathischer Praxis und aus unzähligen Botanisiergängen durch die Natur.

Diese Homöotanik wäre jedoch nicht zustande gekommen ohne die Mitwirkung vieler Beteiligten. Ganz besonders möchte ich meinen Patienten danken, die mich mit ihren vermeintlich unlösbaren gesundheitlichen Problemen in die homöopathische Pflanzenwelt hinausgeschickt haben, um dort in der

Ruhe der Natur die richtige Arznei zu finden. Anhand von Repertorisationen auf Schritt und Tritt, begleitet von Blumen und Düften, kristallisierte sich vielfach das richtige Simillimum heraus, welches sich sonst in den eigenen vier Wänden verstrickt hätte.

Danken möchte ich aber auch jenen Freunden und Kollegen, die mich auf der Wanderschaft der Homöotanik begleitet haben. Vor allem bin ich Herrn Dr. med. Bruno Weber zu großem Dank verpflichtet, mit dem ich mich stunden- und nächtelang unterhalten und beraten konnte. Danken möchte ich im besonderen dem Karl F. Haug Verlag, der sich mit spontaner Begeisterung

entschloß, diese homöotanische Reihe herauszugeben.

Letztlich bleibt mir zu wünschen, daß Sie dieser Streifzug durch die Natur, die Kenntnisse und das Empfinden für die pflanzlichen Arzneien bereichern und im homöopathischen Alltag beglücken möge. Ist es doch unser aller Ziel, mit größerer Erkenntnis und mit gelichteter, innerlicher Persönlichkeit unseren Patienten zu begegnen, auf daß sie gestärkt durch die feinstofflichen Kräfte wieder gesund werden können. Dazu wünsche ich Ihnen viel Erfolg und den Segen aus dem Höchsten.

Teufen, Mai 1996

Bruno Vonarburg

Einleitung

„Kein Zimmermann bearbeitet sein Holz mit Werkzeugen, die er nicht kennt; er kennt jedes einzelne derselben genau und weiß daher, wo er das eine, und wo er das andere anzuwenden hat, um das gewiss zu bewirken, was die Absicht erfordert. Und es ist doch nur Holz, was er bearbeitet, und er ist nur ein Zimmermann."

Diese Sätze schrieb Hahnemann 1830 in der Vorrede des ersten Bandes der „Reinen Arzneimittellehre".

Manchmal habe ich den Eindruck, daß Homöopathen ähnliche Eigenschaften besitzen wie die Zimmerleute. Sie beschäftigen sich nämlich genauso sorgsam und sensibel wie die Schreinermeister mit ihrem „zu bearbeitenden Holz" samt den vielfältigen Werkzeugen. Ja, oftmals könnten wir unsere Patienten mit wunderbaren Hölzern der Natur vergleichen, sei es mit Lärchen, Tannen, Buchen, Eichen, Birken, Linden, Arven, Föhren oder Platanen. Um sie bearbeiten zu können benötigen wir Werkzeuge verschiedenster Art: Hammer, Meißel, Sägen, aber auch kleinere Instrumente wie kleine Bohrer, Senker, Schraubenzieher, usw. Diese Werkzeuge symbolisieren unsere homöopathischen Mittel, mit denen wir uns wie Herrgottsschnitzer aus Bayern oder Tirol betätigen können. Groß ist das Arsenal dieser arzneilichen Instrumente. Einige davon nennen wir Polychreste. Es sind große, umfassende, tiefwirkende Mittel, die häufig in der „Werkstatt" des Homöopathen zur Anwendung kommen. Weit umfassender ist aber der Anteil der kleinen Mittel (nahezu 2000), wovon mehr als die Hälfte aus dem Pflanzenreich stammt. Sie werden vielfach nur im Einzelfall eingesetzt und sind deshalb weniger geläufig. Im Umgang mit Polychresten fühlen sich viele Homöopathen vertrauter, weil ihr Einsatz in der homöopathischen Praxis die Mehrheit darstellt. Schwieriger jedoch wird es mit den kleinen Mitteln. Das Wissen über sie leidet darunter, weil sie einerseits oft nur in bescheidenem Ausmaß in der Literatur der Materia medica beschrieben werden, andererseits, weil ihre Arzneimittelprüfungen vielfach nur in geringer Anzahl durchgeführt wurden.

Diese Mängel haben in der Homöopathie zu einer Lücke geführt. Allein wenn man verschiedene kleine Mittel ausführlicher und eingehender prüfen würde, könnte dieser Nachteil wieder behoben werden. Noch gilt es, dieses Manko in der homöopathischen Praxis zu überwinden, denn kleine Mittel sind nicht unbedeutend, sondern besitzen im entsprechenden Fall gleich hohen Stellenwert wie die Polychreste. Automatisch werden wir gezwungen, uns mehr mit den „Aschenputteln" der Homöopathie auseinanderzusetzen. Wenn wir uns vermehrt den pflanzlichen Erscheinungen in Berg und Tal, an See- und Flußufern, auf Wiesen und Äckern, auf der Heide und im Moor zuwenden, dann wird die Homöopathie auf einmal lebendiger, ausgewogener, umfangreicher, vielseitiger und erfolgreicher. Wir erkennen dabei die Natur als die größte Lehrmeisterin, in der es oft mehr zu entdecken gibt als in überladenen und vollgestopften Bibliotheken. Machen wir uns deshalb auf die Wanderschaft, vom ersten Frühling bis in den späten Herbst, um über die kleinen pflanzlichen Mittel mehr zu erfahren.

Dieses neue Werk der Homöotanik möchte Sie dabei begleiten, und zwar ins homöotanische Bad der feinstofflichen Kräfte im wiedererwachten Frühling.

Abb. 1: Die Homöopathie zählt weit über 2000 Arzneimittel, von denen mehr als die Hälfte aus dem Pflanzenreich stammen.

Homöotanischer Streifzug durch die Natur

Oft, wenn ich hinausgezogen bin durch die Weite der Natur, vollgepackt mit einem Rucksack von Beschwerden unzähliger Patienten, bei denen ich trotz gewissenhafter Arbeitsweise der klassischen Homöopathie nicht weitergekommen war, vertraute ich meine therapeutischen Probleme der Stille an. Ich machte mich frei von festgesetzten Vorstellungen, atmete tief durch und ließ mich von der Sonne streicheln. Bald erfaßte mich eine tiefe Ruhe, die mein Gemüt empfindsam machte. Ob kurz oder lang unterlag ich einem meditativen Repertorisieren, bei dem ich nicht selten einer Pflanze, die am Wegrand, in der Wiese oder am Bachufer gedeihte, zugeführt wurde. Ich ließ die botanische Ausstrahlung tief in mein Inneres einwirken. Plötzlich erspürte ich, mit welchem Mittel ich diesen oder jenen Patienten/in behandeln sollte. Nach Hause zurückgekehrt, war ich mit neuen Ideen bereichert, die mich nicht mehr losließen. Letztlich unterzog ich das in der Ruhe ertastete Mittel einer neuen Repertorisation; so entstand aus dem Chaos von Symptomen ein neues, klareres Bild. Fortan habe ich es mir immer wieder zur willkommenen Pflicht gemacht, vermeintlich ungelöste Praxisfälle in der Frische und Stille der Natur auszuklügeln.

Noch etwas hat mich der homöotanische Streifzug durch die Natur gelehrt. Wenn ich begeistert von Wildblumen und Düften ins Bad der feinstofflichen Kräfte der Natur eintauchte, lichteten sich meine Gedanken, ich wurde frei von Sorgen und Kümmernissen und wendete mein Gemüt positiven Energien zu. Jedesmal kehrte ich erfüllt und gestärkt zurück, um mit neuem Elan die Probleme meiner Patienten anzugehen. Diese energetische Frische wirkte in der Praxis wie ein Verwandlungskünstler, der die grauen Zonen des Patienten erhellte und das gegenseitige Vertrauen sowie die Motivation des Heilgedankens von neuem weckte. Das in dieser Stimmung verabreichte Simillimum wirkte umso stärker. Ich erkannte, daß nicht allein das Arzneimittel für eine Genesung entscheidend ist, sondern daß gleichzeitig die psychische Verfassung des Patienten eine wesentliche Rolle spielt. Es ist deshalb eine Notwendigkeit, bei jeder homöopathischen Behandlung auch die Innerlichkeit des Patienten auszuleuchten, um so bessere therapeutische Erfolge zu erzielen.

Homöotanische Materia medica

Die Homöopathie gibt uns einen Einblick in die schöpferischen Kräfte der Natur. Mit Begeisterung und immerwährendem Studium, aber auch durch Intuition und gutes Auffassungsvermögen läßt sich dies erfahren. Mag diese Heilmethode für den einen oder anderen noch so schwer verständlich sein, je mehr man sie im Alltag praktiziert, desto größer wird der Erfahrungsschatz.

Homöopathen lernen nie aus. Immer wieder sind sie bestrebt, die einzelnen Arzneimittelbilder besser kennenzulernen. Denn nur bei der richtigen Medikamentenwahl führt die Homöopathie zu erstaunlichen und einzigartigen Heilerfolgen. Aufmerksames Beobachten ist nicht nur unabdingbar bei der Fallaufnahme, sondern auch in der Natur.

Informative Literatur über die einzelnen Arzneimittelbilder ist zahlreich vorhanden in den verschiedenen Materia-medica-Werken. Es gibt phantastische Werke und umfassende Computerprogramme, die kein Symptom eines Arzneimittels unerwähnt lassen. Anhand dieser Symptomen-Lexika sind wir in der Lage, jedes homöopathische Mittel bis ins letzte Detail kennenzulernen. Es ist immer wieder erstaunlich, wie breit der Wirkungsbereich eines feinstofflichen Medikamentes sein kann. Um die eigentliche Charakteristik einer Arznei zu finden, müssen jedoch die spezifischen individuellen Symptome aus einer Unmenge von allgemeinen Symptomen herausfiltriert werden. Fast jedes Mittel besitzt nämlich Symptome wie Kopf- und Rückenschmerzen allgemeiner Art, wäßriger oder trockener Schnupfen, stechende oder krampfende Magenschmerzen, Verstopfung oder Durchfall, Hautausschlag mit oder ohne Bläschen, Krusten und Schuppen usw. Möchten wir die spezifische Aussage eines Mittels in Erfahrung bringen, müssen wir uns durch das Dickicht unspezifischer Symptome durchkämpfen. Einzig die wahlanzeigenden, charakteristischen und absonderlichen Beschwerden fügen sich letztendlich zu einem Wappenschild bzw. zu einer Unterschrift zusammen. Dieses so extrahierte Arzneimittelbild läßt dann das Verständnis für die Individualität der Materia medica wachsen.

Abb. 2: Homöopathische Arzneimittelbilder sind ausführlich in der Materia medica dokumentiert.

Abb. 3: Durch Extrakte der Absonderlichkeiten lassen sich aus Arzneimittelbildern homöopathische Wappenschilder erstellen.

Das vorliegende Buch erhebt deshalb keinen Anspruch auf Vollständigkeit der Arzneimittelbilder. Diese sind in den großen Werken der Materia medica zu finden. Vielmehr möchte es die pflanzlichen Arzneien des Frühlings aufgrund der beschriebenen Konzentrate vertrauter machen.

Die Leitsymptome, absonderlichen Beschwerden, psychischen Eigenheiten und wahlanzeigenden Symptome der folgenden Monographien sind das Produkt der oben erwähnten Extraktionen. Diese sind wichtig zur Unterscheidung der kleinen pflanzlichen Mittel. Auch sie besitzen in der differenzierten Wahlanzeige oft den gleichen Stellenwert wie Polychreste.

Ganz besonders die Auflistung von absonderlichen Symptomen zeigt die Eigenwilligkeit der einzelnen Pflanzen auf. Sie sind in den Monographien in entsprechenden Textkästchen im Schema von Kopf bis Fuß hervorgehoben.

Das kleine Mittel der Wahl: KMW

M. L. Tyler schreibt in ihrem Buch „Homöopathische Arzneimittelbilder", Burgdorf Verlag, Göttingen: *„Man tut gut daran, sich auch mit diesen „kleinen" Mitteln vertraut zu machen, die obgleich seltener gebraucht, in manchen Fällen eben doch unentbehrlich sind; oft handelt es sich bei ihnen um Mittel für schwerste Krankheitszustände und mit ganz charakteristischen, ungewöhnlichen Symptomenkomplexen."*

Und Vassilis Ghegas berichtet in seinen „Augsburger Seminaren", Band V, S. Faust Verlag, Höhr Grenzhausen: *„Wenn Sie einen Fall haben, in dem ein Polychrest gut lief und Sie jetzt zwischen einem Polychrest und einem kleinen Mittel stehen, versuchen Sie ein kleines Mittel zu geben."* Oder: *„Wenn Sie ein Mittel nach dem anderen gegeben haben und ein Polychrest sehr gut gewirkt hat, kurz darauf aber körperliche Beschwerden auftauchen und Sie zwischen einem Polychrest und einem kleinen Mittel stehen, versuchen Sie ein kleines Mittel zu geben, wenn es dem Patienten allgemein gut geht."*

Kleine Mittel sind verschiedenartig einzusetzen. In meinen Repertorisationen betrachte ich in der Auswertungshierarchie zuerst die kleinen Arzneien, die ohnehin stets hinter den großen Polychresten wie Sulfur, Silicea, Phosphor etc. aufgelistet werden. Diese beiden Arzneimittelgruppen werden miteinander verglichen und differenziert bezüglich des aktuellen Symptombildes des Patienten. Dabei kommt es zu einem Kräftemessen wie beim Seilziehen zwischen den großen Mitteln „Goliaths" und den kleinen Mitteln „Davids". Die Erfolgsaussichten unserer kleinen pflanzlichen Arzneien sind bei dieser Betrachtungsweise ungleich größer als bei den herkömmlichen, polychrestbezogenen Beurteilungskriterien.

Das kleine Mittel der Wahl wird in der Folge **KMW** bezeichnet. Im richtigen Moment verabreicht, zeigt es eine genauso tiefe Wirkung wie ein Polychrest. Für mich sind die Zwerge genauso eindrucksvoll wie die Riesen. Sie werden umso mehr an Bedeutung gewinnen, je mehr wir sie im praktischen Alltag berücksichtigen.

Bei dieser Betrachtungsweise stellt sich automatisch die Frage nach der Definition der KMW. Sie zeichnen sich aus durch ein kleines, aber spezifisches Wirkungsspektrum oder durch ungenügende Arzneimittelprüfungen. Bei Durchsicht der Literatur zeigt sich, daß oftmals die kleinen Mittel lediglich mit einem oder zwei Probanden getestet wurden. Oftmals sind sogar Arzneien beschrieben, die nur aus der Praxisanwendung heraus erwähnt wurden, ohne jemals echt geprüft worden zu sein. Daraus ergibt sich die Notwendigkeit, daß diese Mittel noch ergiebig erforscht werden müssen. Ich bin davon überzeugt, daß dabei noch mancher homöopathische Zwerg zum großen Polychrest aufsteigen könnte.

Abb. 4: Das kleine Mittel der Wahl (KMW) im richtigen Moment verabreicht, zeigt einen genau so tiefen Wirkungsbereich wie die Polychreste.

Psychische Verhaltensweisen

Swedenborg, der als geistiger Vorläufer Hahnemanns bezeichnet werden kann, schreibt: *„Man wisse, daß auch die Krankheiten eine Entsprechung mit der geistigen Welt haben ..., Daß die Krankheiten eine Entsprechung mit jener haben, hat den Grund, weil die Krankheiten den Begierden und Leidenschaften der Seele entsprechen. Diese sind auch Entstehungsgründe derselben ... was das Inwendige des Menschen zerstört, und wenn dieses zerstört ist, das Auswendige, und zieht dem Menschen Krankheit zu ... Wäre das Natürliche beim Menschen vom Geistigen getrennt, so wäre es von aller Ursache der Existenz, somit auch von aller Lebenskraft getrennt."*

Das Zitat will zeigen, daß die dualistische Trennung des Menschen in einen seelischen und einen körperlichen Teil nicht möglich ist. Diese Tatsache soll uns bei der homöopathischen Fallaufnahme leiten. Der Mensch ist keine Maschine, wie sie der Künstler Tinguely in seinen beachtenswerten Werken nutzlos darstellte und ad absurdum führte. Jedes Individuum ist erfüllt von einem Lebenssinn, dessen Ursprung in der eigenen Innenwelt zu suchen ist. Ganz besonders im Krankheitszustand wird die eminente Bedeutung der Psyche sichtbar. Sie wirkt wie ein Machthaber, vergleichbar einem Mafiaboß (Capo di tutti capi), der in patriarchalischer, hierarchischer Ordnung in die Peripherie Einfluß nimmt. Ohne dieses Steuerungszentrum sind Fernwirkungen nicht möglich, denn dadurch würde der harmonisch, zentrifugal ablaufende Regelmechanismus des Körpers chaotisch gestört. Um bei obigem Beispiel zu bleiben: Wo kämen wir hin, wenn jeder kleine Gangster innerhalb des Systems sein eigenes Süppchen kochen würde? – Im gesunden Zustand ist die Psyche selbstregulierend und versucht, die Sonnen- wie auch die Schattenseiten des Alltags im Gleichgewicht zu halten. Im Krankheitsfalle wird dieses Gleichgewicht zu Ungunsten der positiven Elemente gestört. In der Fallaufnahme müssen wir dies in den verschiedenen Ausdrucksformen des Patienten, wie Mimik, Gestik, Sprache, Gemütslage, etc. erkennen und werten. Es scheint uns wie ein Spiegel der Innerlichkeit in Form von deutlichen Symptomen entgegenzuleuchten. Um dies zu erkennen sind keine großen psychologischen theoretischen Kenntnisse nötig, sondern ein gesundes Einfühlungsvermögen, das im Patienten Vertrauen zu wecken vermag.

Eine einfache Frage wie: „Wie geht es Ihnen?" kann dabei allein schon genügen, um das versteckte Innere zum Vorschein zu bringen. Wollen wir das Erfaßte in die Repertoriumssprache übertragen, so müssen wir den tieferen Sinn und Zusammenhang der geschilderten Symptome richtig einordnen und ursachenbezogen werten lernen.

So erscheinen uns Symptome wie „Träumen von Gold", „Neigung zu beißen", „Manie, zu spucken", „Gefühl, verlassen zu sein", „Wahnidee, eine unverzeihliche Schuld begangen zu haben" etc. als einzelne Puzzlesteine eines seelischen Gesamtbildes. Die Synthese der verschiedenen Gemütssymptome sollte in einem einzigen Begriff erfaßbar werden, der uns die Grundlage zur Repertorisation liefert und, hierarchisch gesehen, zu einem ausgesprochenen Leitsymptom wird. Dies ist selbst bei unseren kleinen pflanzlichen Mitteln möglich.

Und noch ein Gedanke: Es wäre schade, würden wir die aus der Fallaufnahme gefundene psychische Essenz nur zur Mittelfindung verwenden. Wir sind aufgerufen, die aufgedeckte, seelische Verfassung des Patienten mit einem lichtvollen, aufs Heilen ausgerichteten Gedanken zu erfüllen. Dies kann ein motivierender Zuspruch, ein gutes Wort oder allein ein Mitfühlen sein. Die Simillimum-Wirkung wird dadurch noch zusätzlich gesteigert und potenziert.

Phytotherapie und Homöopathie

Seit Urzeiten haben Menschen Pflanzen zu arzneilichen Zwecken in verschiedenen Formen verwendet. Bereits unsere ältesten Vorfahren wußten die Heilkraft der Kräuter geschickt zu nutzen. Sie haben sie durch Überlieferungen von Generation zu Generation weitergetragen.

Bedeutende Ärzte und Philosophen der Antike wie Hippokrates, Galenos, Dioskurides, Plinius, Theophrastus wie auch die Kräutergelehrten des Mittelalters wie Matthiolus, Dodaneus, Hieronymus Bock oder Lonicerus, sowie die Pflanzenmediziner der jüngsten Zeit, Leclerc, Weiß, usw., haben die Phytotherapie mit ihren umfassenden Erkenntnissen und praktischen Erfahrungen bereichert. Auch Samuel Hahnemann war als ein profunder Kenner der Arzneipflanzenwelt bekannt. Dies geht besonders in seinem Apothekerlexikon hervor, das 1793 erschien. Darin beschreibt er neben den offiziellen eine große Anzahl von damals unbekannten Drogen.

In der Vorrede berichtet er: *„Von einem guten Dispensatorium verlangt man mit Recht, daß es nur die wirksamsten, bewährtesten Droquen aufstelle, um den unwirksamen und zweideutigen Rest alter Offizinen allmählich zu verbannen. Es soll nicht bloß über die Mittel Auskunft geben, welche die ersten und erfahrsten Aerzte einstimmig für hülfreich anerkannt und ihre genaue Anwendung in ein zuverlässiges Licht gestellt haben – eine Bestimmung, welche blos ausgewählten Arzneimitteln eigen ist. Es soll auch von den verlegenen, aus der Mode gekommenen, wenig gebräuchlichen auch von den unwirksamen, ekelhaft und abergläubigen Mitteln die Wahrheit sagen – weil auch an dieser Wahrheit oft viel gelegen ist. Und wieviel vorzügliches ist nicht noch in den sogenannten veralteten Mitteln, deren einzig manchem neuern modischen Mittel den Vor-*

rang streitig machen würden? Man zieht deshalb von Zeit zu Zeit ältere Arzneien aus der Dunkelheit wieder hervor; in solchen Fällen ist dem Arzte und Apotheker nicht wenig daran gelegen, zu wissen, was die Alten schon von dieser Droque wußten. Dies muß das Apothekerwörterbuch sagen. So sind auch einige einfache Mittel, deren sich die Alten als offizielle Arzneien bedienten, immer noch als Hausmittel für Gegenden sehr schätzbar, welche keine Apotheken haben.

Wenn ich den einfachen Mitteln ihren vorzüglichen Nutzen, und überhaupt ihre arzneiliche Bestimmung beifüge, so habe ich auch hierin einen anderen Zweck, als einige neuere Apothekerbücher, welche dies in der Meinung weglassen, als wäre dergleichen Nachricht dem Apotheker unnütz, oder wohl gar schädlich, weil es die Pfuscherei vermehre. Eine kurze Anzeige einer Droque kann aber gute gesinnte, ihrer edlen Bestimmung bewußte Apotheker wohl nie zu Schleichpraxis verleiten; sie können unverwelklichere Bürgerkronen von treuer Ausführung ihrer Pflicht einernten. Die hohe Würde eines guten Apothekers, aus dessen unbestechlich gewissenhaften Händen Leben und Gesundheit in lautere Quelle fließt, und unter dessen wachsamer Kenntnis die ächten Werkzeuge erschaffen werden, womit wir die zerrüttete Maschine des menschlichen Körpers zu bessern und in ihren ursprünglichen harmonischen Gang wieder bringen suchen, wird sich nie mit der Niederträchtigkeit einer vernunftlosen Quacksalberei besudeln, welche sich zu ihr wie der stinkende Sumpf zu der wohlthätigen Sonne verhält."

Diese Passage der Vorrede zeigt eindrücklich, wie Hahnemann selbst Arzneipflanzen schätzte, sie in seiner gewissenhaften Gründlichkeit ordnete und die Spreu vom Weizen trennte. Doch viele Homöopathen sind der Auffassung, daß der Phytotherapie keine Bedeutung beigemessen werden kann. Es gibt sogar Vertreter, die der Überzeugung sind, daß die Pflanzenheilkunde der Homöopathie schädlich gegenüberstehe. Was ist davon zu halten?

Wenn ich bei dieser Kritik auf meinen eigenen Weg zur klassischen Homöopathie zurückblicke, muß ich gestehen, daß es gerade die Phytotherapie war, die mir den Weg zur Hahnemannschen Heilkunde eröffnete. Zu Beginn meiner therapeutischen Tätigkeit lernte ich vor allem die materiellen Eigenschaften von Pflanzen, aber auch von Mineralien und tierischen Stoffen kennen. Erst als ich mich in diesem Gebiet vertraut fühlte, wagte ich den Schritt zur Homöopathie. Dabei halte ich fest, daß es insbesonders die Phytotherapie war, die mir als Fundament den Einstieg in die Homöopathie erlaubte (viele sind auf verschiedenen Wegen zur Homöopathie gestoßen). Mit der Zeit lernte ich sogar die beiden Heilsysteme voneinander zu differenzieren oder miteinander Verbindungen herzustellen, wie sie auch von Boericke, Allen und anderen Homöopathen durchgeführt wurden.

Der menschliche Organismus ist nicht nur Materie, sondern auch die sie durchdringende Energie, welche wir nach Hahnemann „Lebenskraft" nennen. Das heißt, Krankheiten laufen sowohl auf körperlicher wie auch auf dynamischer Ebene ab. Ein Therapiekonzept kann sowohl die eine wie auch die andere oder beide zusammen beeinflußen. Die Werkzeuge dazu sind in den verschiedenen Formen der Arzneimittel gegeben (Urtinkturen, Dynamisationen). Mit stofflich gebundenen Wirkstoffen von Heilpflanzen können wir die sogenannte Homöostase, wie sie von Hippokrates bezeichnet wurde, behandeln. Voraussetzung für das Ansprechen der Therapie ist die physiologische Leistungsfähigkeit aller Organe, wie Leber, Niere, Magen, Darm, etc. Dies ist die Wirkungsebene unserer naturbelassenen Arzneipflanzen. Die organotrope Beeinflußung von Krankheitsmechanismen kann dabei keinen nachteiligen Einfluß auf die dynamisch energetischen Abläufe im Körper nehmen, weil letztere sich in feinstofflichem Bereich abspielen. Dies ist auch der Grund, weshalb Heilpflanzen streng organbezogen eingesetzt, keine Unterdrückung bewirken können. Im Gegensatz zu den homöopathischen Heilgesetzen von Hering, welche den Genesungsprozeß dynamisch erklären (von oben nach unten, von innen nach außen) können Phytotherapeutika nur statisch (Homöostase) ein einzelnes Organ stimulieren. Dies erlaubt uns auch die jeweiligen Wirkungen auseinanderzuhalten. Der kombinierte Einsatz beider Arzneiformen kann im gegebenen Fall für den Kranken eine wesentliche Bereicherung sein. Vergessen wir nicht, daß auch große Homöopathen wie Boericke, Allen oder Mezger in dieser Art und Weise vorgegangen sind.

Eine interessante Frage ist: Wie konnte Hahnemann seine treffsichere Auslese von zahlreichen Prüfungsmitteln innerhalb kurzer Zeit bewerkstelligen? Doch nur auf der Basis profunder Heilkräuterkenntnisse. Was damals phytotherapeutisch von Bedeutung war, hat Hahnemann mit seinen Arzneimittelprüfungen größeren Wirkungsspektren zugeführt.

Eine abschließende Überlegung führt uns nochmals zu den Wurzeln der Phytotherapie. Beobachten wir die Tiere in der Wildbahn der Natur, finden wir Erstaunliches. Erkrankte Schafe fressen, um wieder gesund zu werden, ausschließlich Schafgarbenblüten. Ausgehungerte Bären suchen in den ersten Frühlingstagen das würzige Bärlauchkraut, um neue Kraft zu schöpfen. Ameisen pflanzen überall auf ihren Wohnungen den wilden Thymian (Quendel) an, um ihr Volk durch ätherische Öle von Viren und Bakterien freizuhalten. Die Maus legt sich im Winter in ihren unterirdischen Läufen einen Pfefferminzwurzelvorrat an, um für eisige, kalte Tage vorzusorgen. Wird eine Gemse im Hochgebirge von einer Höllennatter gebissen, so rettet sie sich durch den Verzehr von Wolfsmilch. In der gleichen Situation hilft

Abb. 5: Selbst erkrankte Tiere erkennen instinktiv die Heilkraft der Pflanzen.

sich der Wolf durch das Auffinden der Schlangenknöterichwurzel. Verletzte Bisamratten fördern die Wundheilung durch das Harz der Fichten. Kühe, die an Gliedersucht leiden, legen sich in der Wiese auf den Hahnenfuß, den sie sonst in der Regel meiden. In den Bergen können wir beobachten, wie verwundete Gemsen den Alpenwegerich aufsuchen. Selbst der von Bauchweh befallene Hund sucht Heilung durch spitze Gräser. Eine besondere Fähigkeit wird den an Rheuma leidenden Staren nachgesagt. Die Vögel schnappen sich mehrere Ameisen und führen sie mit dem Schnabel durch ihre Federn. Die dabei entweichende Ameisensäure verschafft ihnen Linderung.

Es scheint wie ein Wunder, mit welcher Sicherheit sich die Tiere der Heilschätze der Pflanzen bedienen. Sie erkennen instinktiv, welche natürlichen Mittel für ihre Leiden richtig sind, so als ob die Kräuter einen Beipackzettel zur richtigen Anwendung an ihrem Stengel tragen würden. All die obigen Beispiele zeigen sehr schön auf, welche Bedeutung die Phytotherapeutika selbst im Tierreich besitzt.

Pflanzenheilkundliche und homöopathische Signaturen

Ein weiteres heikles Thema stellt die Signaturenlehre dar, wie sie seinerzeit von Paracelsus begründet wurde. *„Die Natur zeichnet ein jegliches Gewächs, so von ihr ausgeht, zu dem dazu es gut ist. Darum, wenn man erfahren will, was die Natur gekennzeichnet hat, so soll man's an dem Zeichen erkennen, was Tugend in selbiger ist".*

Mit diesem etwas schwer verständlichen Zitat möchte Paracelsus ausdrücken, daß aus der Signatur, d.h. Form, Gestalt, Farbe, Geschmack, Geruch oder Standort einer Pflanze, entsprechende Heilanzeigen herausgelesen werden können. Es handelt sich dabei um eine Art Graphologie der Natur, indem unter Berücksichtigung gewisser Betrachtungen verborgene Innenwelten von Kräutern aufgedeckt werden.

Es stellt sich die Frage: Wie war es möglich, daß unsere Vorfahren ohne technische Apparate und Laboratorien die Wirksamkeit, respektive die Heilanzeigen unserer Arzneipflanzen erkennen konnten? Unsere Ahnen hatten ja keine Kenntnisse über die biochemischen Wirkstoffe der Kräuter. Denn der erste chemische Nachweis eines pflanzlichen Inhaltsstoffes gelang spätestens im Jahre 1805 Friedrich Adam Sertürner (1783–1841). Er konnte aus der Mohnpflanze Opium und Morphium isolieren und erstmals deren chemische Formel definieren. Diese neue Entdeckung war der Beginn weiterer Wirkstoffnachweise:

1818: Strychnin aus der Brechnuß durch Josef Pelletier
1819: Coffein aus der Kaffeebohne und Chlorophyll aus dem Blattgrün durch Friedrich Ferdinand Runge
1820: Atropin aus der Tollkirsche und Chinin aus der Chinarinde durch Pelletier
1838: Salicin aus der Wiesengeißbartblüte durch Piria
1885: Strophantin aus der Strophantuspflanze durch Frazer

Vor dieser Entdeckungszeit konnten die damaligen Heilkundigen allein durch Beobachtungen und Erfahrungen in der Natur ihre Heilkräuter finden. Sie lernten aus dem Verhalten der Tiere im Krankheitsfalle, aber auch durch die Auswirkungen bestimmter pflanzlicher Nahrungsmittel. Die Menschen früherer Generationen waren noch eins mit der Natur und konnten deshalb auch vermehrt inspirativ die Bedeutungen bestimmter Kräuter erfühlen.

Bei Daques „Natur und Seele" ist nachzulesen, daß sie die Kräuter mit gesteigerter Sensibilität erkennen konnten. Im Laufe der Evolution wurde diese Fähigkeit durch sinnliche Wahrnehmungen überlagert und verkümmerte. Die geheimnisvolle Sprache der Pflanzen zu lesen, war eine Begabung, wie wir in alten Kräuterbüchern nachlesen können: *„Durch die Kunst Chiromantia, Physiognomia und Magia ist es möglich, gleich von Stund an, nach dem äußerlichen Aussehen eines jeden Krautes und jeder Wurzel Eigenschaft und Tugend zu erkennen in seinem Sigma, an seiner Gestalt, Form und Farbe und bedarf sonst keiner Probierung oder langen Erfahrung. Denn Gott hat im Anfang alle diese Dinge fleißig unterschieden und keinem wie dem andern eine Gestalt und Form gegeben, sondern einem jeden eine Schelle angehängt, wie man sagt: Man erkennt den Narren an der Schelle. Also sollt ihr nun auch die Kräuter und Wurzeln an den Schellen und Zeichen erkennen."*

Wo ist heute das Verständnis für solche Gedanken geblieben? Ein Nachfolger von

Paracelsus, Giovanni Battista della Porta, der von 1538 bis 1615 lebte, hat uns überliefert: *„Weiße Blüten gehören zum Gehirn und wirken auf den Schleim. Braune Blüten gehören zu den Augen, wenn sie aber beim Zerdrücken rot werden, ist ihr Gebiet die Leber und das Blut. Rote Blumen gehören zum Herzen, zu den Lungen und Wunden. Sind sie von flammender Farbe wie Mohn und Rose, so helfen sie gegen Entzündungen. Gelbe Blumen sollen die Galle reinigen und gegen Gelbsucht helfen. Goldgelbe Blüten wiederum gehören zu den güldenen Adern. Glänzende Farben wie Veilchen sollen gegen Trunksucht und Schwindel helfen. Andauernd grüne Pflanzen sind Heilmittel für Krankheiten, die zu allen Zeiten den menschlichen Körper befallen können. Farbenfröhliche Pflanzen tragen zur Heiterkeit bei.“*

Bis ins letzte Jahrhundert hinein spielte die Signaturenlehre eine wesentliche Rolle in der Medizin. Sie diente neben anderen Aspekten als Wegweiser zur Auffindung von Arzneien aus der Natur. Heute jedoch wird selbst in naturheilkundlichen Kreisen diese Philosophie in Frage gestellt. Vergleichen wir aber die Signaturenlehre mit der Homöopathie, so stellen wir erstaunliche Parallelen fest. Die Ähnlichkeit bestimmter Pflanzen in Form und Farbe mit Organen und deren Krankheiten verdeutlichen entsprechende Heilanzeigen, gleichsam wie das Simile dem Krankheitsbilde ähnlich sein muß.

In diesem Sinne basiert obige Betrachtungsweise auf der hermetischen Regel: Wie innen – so außen, wie außen – so innen. Shakespeare sagte einmal: *„Wir sind vom Stoff gemacht, aus dem die Träume sind.“*

Der Homöopath Dr. Emil Schlegel, der über die Signaturenlehre im Jahre 1915 das Buch „Religion der Arznei“ herausbrachte (J. Sonntag Verlag, Regensburg) schreibt: *„Die Signaturenschau des physiognomischen Sehens unterscheidet sich von der archaischen Form neben dem Wegfall der Paraphänomene vor allem durch die verschiedene Gewichtung von Gewahrwerden und Innewerden. Hier geht der Weg von außen nach innen – „innen“*

nicht räumlich sondern metaphorisch aufgefasst –. Es werden zunächst die Eigenschaften einer Pflanze hinsichtlich Gestalt, Standort, Bodenbeschaffenheit, Umwelt, Verhalten in den Jahreszeiten eruiert, in einer meditativen Naturschau ergibt sich dann ihre Organbezüglichkeit oder ihre „Pharmakologie“.

Paracelsus formulierte dies als verborgene, unsichtbare, innere Kraft, die sich im Sichtbaren auswirkt. Rudolf Steiner nannte sie Bildkräfte des Äußeren, Sichtbaren und Lebhaften.

Paracelsus war der Auffassung, wer für solche Phänomene keinen Sinn habe, könne kein wahrer Arzt sein. *„Wer imaginiert, zwingt die Kräuter, daß die in ihnen verborgene Natur hervorkommen muß.“* – *„Also hat die Natur verordnet, daß die äußeren Zeichen die inneren Werke durch die Wissenschaft geoffenbart wird, was in den Geschöpfen liegt. Aber“,* so fährt er fort, *„man sieht nur mit dem Herzen gut. Die Offenbarung aller Dinge soll aber vom Herzen ausgehen.“*

Die heutige Forschung bringt zwar durch Analysen bis in die kleinsten molekularen Strukturen vieles an den Tag, verliert aber darüber die Synthese, respektive das ganzheitliche Denken. Paracelsus meint dazu: *„Sie zerbrechen das Ganze und nennen es dann ganz gemacht.“*

Wir sind angehalten, sowohl die inneren wie auch die äußeren Strukturen als Einheit zu sehen. Nur beide Polaritäten zusammen ergeben ein abgerundetes Bild der tiefen Schöpfungsgeheimnisse. In diesem Sinne gliedert sich die Signaturenlehre nahtlos in die Reihe der verschiedenen Arten synthetischen Denkens ein.

Auch Carl von Linné, der „schwedische Blumenkönig“ und Taufvater vieler Pflanzen, hat die Signaturenlehre in seiner Philosophia botanica erwähnt: *„… daß auch die Farben der Pflanzen bei Beurteilung ihrer medizinischen Anwendbarkeit nicht ganz ohne Bedeutung sind“.* Er beschreibt eine als „Colorata“ benannte Blumengruppe und fügt hinzu: *„daß die rotblühenden Pflanzen ge-*

wöhnlich Styptica sind, welche Ausleerungen verhindern, daß die gelbblühenden auf die Galle wirken und die ‚schwarzen' Pflanzen Blutflüsse stillen."

Versuchen wir von unseren großen Vorbildern zu lernen, um ihre Philosophie in die heutige Zeit hinüberzutragen. Gehen wir in den Frühlingswald und betrachten das Leberblümchen. Wir erkennen eine Ähnlichkeit der Farbe der Blattunterseite wie sie die Leber aufweist. Auch die Form der Blätter gleicht in ihrer dreiteiligen Art der dreilappigen Organstruktur.

Neben diesen äußeren Zeichen können auch die Standorte der Pflanzen Indikationen verraten nach der alten Regel: „Ubi malum – ibi remedium – Wo das Übel ist, wächst auch das Heilmittel dagegen." Nehmen wir das Beispiel der Rheumaerkrankungen, so finden wir entsprechend wirksame Heilkräuter auf naßem sumpfigem Boden, nämlich genau dort, wo der Mensch dafür anfällig ist. In diese Arzneigruppe gehören die Esche, der Wiesengeißbart und die Weide.

Eine charakteristische Betrachtung beschreibt Hans Funke in seinem Buch „Die Welt der Heilpflanzen" (Richard Pflaum Verlag, München). *„An Teichen, Bachufern, am*

Abb. 6: Signatur der Weide: Wie eine Schicksalsgemeinschaft alter Männer stehen sie am Hügel und scheinen an Rheuma und Gicht zu leiden.

Fluß und auf feuchten Auen wachsen die Weiden. Erlen sind ihre liebste Nachbarschaft. Oft bin ich in meiner Kindheit an einer Gruppe alter Weidenbäume vorübergegangen. Wie eine Schicksalsgemeinschaft alter Männer standen sie am Bache. Mit krummen Rücken, etwas buckelig, schienen sie mehr oder weniger von Gicht, Rheuma oder Podagra geplagt zu sein. Wenn man abends, bei Mondschein, am Bachufer entlang ging, meinte man ihre Unterhaltung zu hören. Es wisperte und raunte und manchmal hatten die alten Gesellen auch Besuch. Dann nämlich, wenn die Nebel, im Mondlicht kreisend, ihren Reigen tanzten. ‚Das sind die Elfen', sagte man uns Kindern. ‚Und dort unter den Wurzeln der Weiden und Erlen wohnt der Erlkönig!' Uns Kindern waren diese Märchen wohlbekannt und so gingen wir des abends nur mit Gruseln, wenn auch mit wohlig-neugierigem Blick dort am Weidenhügel vorbei. Und manchmal meinten wir wirklich, die Elfen tanzen und winken zu sehen. Danach konnten wir vor Aufregung kaum einschlafen.

Solche Kindheitserinnerungen schwingen heute noch aus meiner frühesten Jugend herüber. Ich weiß noch gut, daß man des Glaubens war, diese alten Weidenmänner müßten doch etwas mit Gicht, Rheuma und Podagra zu tun haben. Aus Dachs- oder Schweinefett und getrockneter, gepulverter Weidenrinde bereitete man Salben zum Einreiben, und Weidentee trank man. Das half bei Gicht und Gelenksentzündungen und schlug das Fieber nieder. Weidenkätzchentee dagegen diente den Frauen als schmerzstillendes Mittel bei Unterleibsbeschwerden. Dies alles war mehr oder weniger Signaturenlehre, – aber die Mittel halfen, wie sie schon zu Urväters Zeiten geholfen hatten. Von Salizylsäure wußte man bei den Leuten vom Lande nichts. Aber eben über diese Salizylsäure kamen sich doch Volksweisheit und Wissenschaft näher."

Die folgenden Beispiele sollen uns die Signaturenphilosophie näher veranschaulichen:

Birke: Von weitem sieht sie aus wie ein sprudelnder Wasserfall. Tatsächlich fließt reichlich Birkenblut aus dem Stamm, wenn man ihn anbohrt. Der Flüssigkeitsgehalt des Baumes ist erstaunlich. Er vermag bis zu 70 Liter Wasser pro Tag über das Wurzelnetz aufzunehmen und über Stamm und Blätterkleid zu verdunsten. Phytotherapeutisch wirkt der Birkenblättertee anregend auf die Ausscheidung der Nieren. Im weiteren repräsentiert die Birke einen edlen, zartgliedrigen Baumtyp. Entsprechend werden gleichartig karge und magere Konstitutionstypen mit Mangelerscheinungen von den Birkenextrakten positiv beeinflußt. Typisch auch die Indikation für Hautkrankheiten, die sich von der Rinde mit ihren Rissen, Ablösungen und Farbveränderungen herleiten läßt.

Lungenkraut: Der Name und die Heilanzeige werden von den lungenförmigen Blättern abgeleitet. Die Pflanze trägt in der Botanik den Gattungsnamen „Pulmonaria" (lateinisch:

Abb. 7: Lungenkraut — die Heilanzeige wird aus den lungenförmigen Blättern abgeleitet.

pulmo = die Lunge). Der Siliziumgehalt des Krautes stärkt die Lunge in ihrer Abwehrkraft.

Milzkraut: Auch hier ist die Blattform die maßgebliche Heilanzeige. Die Erfahrung zeigt, daß Milzkrautextrakte organspezifische Wirkung auf die Milz haben. Im botanischen Namen wird darauf Bezug genommen: Chrysosplenium aus griechisch chrysos = Gold und splenium = Milz.

Wurmfarn: So eindeutig wie bei diesem Heilkraut ist die Signaturenlehre selten anzuwenden. Es ist schon fast klassisch, wie sich das Wedel wurmartig entfaltet und damit eine klare Heilanzeige offenbart. Durch ihren Gehalt an Phlorogluicinderivaten, die lähmend auf die Muskulatur der Eingeweidewürmer — vor allem der Bandwürmer — wirken, ergibt sich die medizinische Verwendung der Wurzel für Wurmkrankheiten.

Weißdorn: Er ist wohlbekannt als herzstärkendes Tonikum, man nennt ihn schlechthin den „Baldrian des Herzens". Kennzeichnend dafür sind wiederum die typische Form der Blätter und die blutrote Farbe der Beeren.

Bambus: Die auffallende Struktur des Bambusstammes mit seinen Nodien, die einzelnen Wirbelkörpern gleichen, führt uns direkt zum Anwendungsbereich von Wirbelsäulenbeschwerden. Neuerdings werden Bambusextrakte in der Klinik bei Bandscheibenleiden eingesetzt und für wirksam befunden, ohne daß deren biochemische Eigenschaften erforscht worden wären.

Mariendistel: Paracelsus schreibt in seinem „Buch von den natürlichen Dingen": *„Also die Distel, stechen ihre Blätter nicht wie Nadeln. Dieses Zeichen halber ist durch die Magie gefunden worden, daß kein besseres Kraut ist wider das inwendige Stechen"*. Die Blüten und Blätter zeigen einen Bezug zur Leber. Leberschmerzen mit stechendem Charakter sind ein hervorragendes Indikationsgebiet für dieses Mittel.

Abb. 8: Die Nodien des Bambus verdeutlichen den Anwendungsbereich bei Wirbelsäulenbeschwerden.

Immergrün: Die allzeit grüne Pflanze scheint das Rezept gefunden zu haben, immer jung zu bleiben. Ein Traum der Menschheit ist zum Teil in diesem Heilkraut verborgen. Seine alterungswidrigen Kräfte werden in der Phytotherapie im Bereich der geriatrischen Erkrankungen, wie Arteriosklerose, Hoher Blutdruck und Gedächtsnisschwäche usw. genutzt.

Olivenbaum: Der leicht verschrumpelte und gewundene Stamm dieses Baumes gleicht dem verquirlten Blutfluß in den arteriosklerotisch veränderten Arterien. Die Olivenblätter werden gebraucht für Tees gegen Blutdruckleiden und Arteriosklerose.

Sonnenhut: Die Heilpflanze trägt den Namen „Echinacea", übersetzt aus dem griechischen Wort „echinos", was Igel bedeutet. Die Blüte besitzt einen igelköpfigen, stacheligen Fruchtboden, der sich abwehrbereit gibt. Die

praktische Anwendung der Pflanze zeigt, daß die Abwehrkraft im immunologischen Bereich gestärkt werden kann. So wird sie als einzige antiviral wirksame Arznei eingesetzt.

Isländisch Moos: Der Flechtenkörper dieses Krautes erinnert uns an die Alveolenstruktur der Lunge. Der Arzt und Forscher Dr. Grubner konnte nachweisen, daß der Wirkstoffkomplex von Isländisch Moos mit einem Hauptanteil von Usninsäure das Wachstum von Tuberkelbazillen hemmt. Die Pflanze besitzt antibiotische Stoffe, die mit der Wirkung des Penicillins vergleichbar sind. In der Phytotherapie ist Lichen islandicus eine entzündungshemmende, reizmildernde und schleimlösende Heilpflanze bei Bronchitis und Lungenkatarrh.

Abb. 9: Der Flechtenkörper von Isländisch Moos erinnert an die Alveolenstruktur der Lunge.

Walnuß: Wer denkt nicht spontan an unsere beiden Hirnhälften, wenn er die Form der Walnuß betrachtet? Tatsächlich findet sie

Anwendung zur Anregung des Gedächtnisses und bei Nervenschwäche. Die Innenhäute der Nuß, als sogenannte Nußkreuzchen bekannt, bilden ein vierkammeriges System, das dem Herzaufbau gleicht. Entsprechend finden sie auch Anwendung in verschiedenen Herzrezepturen.

Abb. 10: Die Form der Walnuß charakterisiert die beiden menschlichen Hirnhälften.

Diese Pflanzenbeschreibungen ließen sich noch endlos weiterführen. Die Signatura plantarum naturae rerum hat ihren Stellenwert bis in unsere Zeit erhalten. Sie läßt sich auch auf Krankheitsbilder übertragen, wie sie z. B. in der Schriftenreihe von Jaap Huibers „Kräuter für Herz, bei Streß, gegen Kopfschmerzen, Rheuma, Arthritis, für Nieren, Haut und Augen, usw." (Aurum Verlag) beschrieben werden:

Der **Weißdornstrauch** mit seinen hartholzigen Zweigen weist spitzige Dornen auf. Herzbeschwerden, die durch Sticheleien des Lebens wie Ärger und Aufregung hervorgerufen werden, verlangen nach den Extrakten aus der stacheligen Weißdornpflanze.

Ein anderes Bild zeigt die **Mistel**. Als Parasit wächst sie auf den Bäumen und dringt mit ihren Saugwurzeln in die Äste ein. Sie besitzt keinerlei Verbindung zum Boden, sondern lebt nur in den Lüften der Baumkronen. Nach Huibers haben Kranke, die der Mistel bedürfen, ebenfalls keine Bodenständigkeit

im Sinne von Selbstvertrauen und Eigenverantwortlichkeit. Sie sind träumerisch veranlagt und zeigen wenig Interesse für irdisch materielle Werte. Als schrullig erscheinende Lebenskünstler schmarotzen sie auf Kosten ihrer pflichtbewußt arbeitenden Mitmenschen.

Auch der Krebs ist im wahrsten Sinne des Wortes ein Schmarotzer. Er vergrößert sich auf Kosten gesunden Gewebes. In der antroposophischen Medizin wird der Mistelextrakt Iscador aufgrund dieser Betrachtung in der Onkologie eingesetzt.

Die **Arnika** zeigt wiederum ein ganz anderes Bild. Sie wächst in den Alpen, wo Geröll und abgestürzte Felsen eine öde, triste Gegend schaffen. Huibers braucht deshalb Arnika für zusammengebrochene, depressive, „gefallene" Menschen, die kaum mehr die Kraft finden mit dem Leben fertig zu werden. Sie liegen in Trümmern umher und bohren Löcher in die Luft. Auch Traumatas wie Verletzungen durch Stürze, Prellungen und Quetschungen bedürfen der Arnika. Sie heißt im Volksmund auch Fallkraut.

Der **Hopfen** hat die Eigenschaft, mit seinen Trieben an natürlichen Stützen emporzuklettern. Immer ist er auf der Lauer, sich an passenden Hilfsmitteln hochzuschwingen. Auf den Menschen übertragen paßt er für Emporkömmlinge, für Opportunisten, die sich auf Kosten anderer Vorteile verschaffen. Um sich Vorsprung zu halten, müssen sie höchst wachsam sein. Dies führt schlußendlich zu nervöser Ermüdung mit Schlaflosigkeit. Wird die Erschöpfung so groß, daß ihre Energie zusammenbricht, so fallen sie in einen komatösen Schlaf, aus dem sie kaum mehr zu wecken sind, ähnlich wie die zapfenartigen Hopfenfrüchte, die nach Erreichung ihres Höhenzieles sich sackähnlich fallen lassen.

Die Signaturenlehre begegnet uns nach obigen Beispielen auf Schritt und Tritt in verschiedenen Formen. Selbst im keltischen Baumhoroskop erkennen wir neue Aspekte der gleichen Grundwahrheiten.

Eine **Eiche** strahlt Macht, Kraft, Stärke und Standhaftigkeit aus. Sie strotzt vor Gesundheit und glänzt durch eine außerordentliche Lebensdauer. Sie kann bis zu 500 Jahre alt werden. Gerne würden auch wir nur annähernd Teile dieser Lebenskraft für uns gewinnen.

Ein krasser Gegensatz bildet die zarte, feingliedrige **Birke** mit ihren nervösen, lebhaft zittrigen Ästen. Entsprechend dünnhäutig und fahrig zeigt sich ihr Nervenkostüm. Allerdings glänzt sie auch durch große Anpassungsfähigkeit, die es ihr erlaubt, sich verschiedensten Lebenssituationen leicht anzupassen.

Abb. 11: Die feingliedrige Birke nimmt Bezug auf den hageren Menschentyp mit zittrigem Nervenkostüm.

Die **Tanne** wirkt herb und kühl. Sie ist zurückhaltend und präsentiert sich mit kultiviertem Auftreten. Ihre kerzengerade Wuchsform verrät Egoismus und Zielstrebigkeit. Sie ist ausgesprochen ehrgeizig, fleißig und begabt. Bei Auseinandersetzungen kracht und knirscht es in den Wipfeln, ähnlich wie beim Sturm, der durch den Fichtenwald peitscht.

Die **Trauerweide** zeigt durch ihre ganze Haltung Wehmut und Melancholie an. Ihre gefühlsbetonte Art läßt sie einfühlsam und intuitiv veranlagt erscheinen. Unwillkürlicher Tränenfluß versiegt selten, da ihr Standort nah am Wasser ist.

Suchen wir ein mütterliches, warmes Gemüt, so finden wir dies bei der **Linde**. Sie breitet ihre Arme weit aus, um uns in ihrem Schoß aufzunehmen. Wie schutzbedürftige Glückskäferchen fühlen wir uns in ihrem Blättermantel geborgen und lassen uns von sommerwarmem Blütenduft in die süßesten Träume verführen.

Abb. 12: Mütterliche Linde − ihr sommerwarmer Blütenduft verleitet zu süßen Träumen.

Nicht nur in der Pflanzenheilkunde, sondern auch in der Homöopathie lassen sich Signaturenbeispiele aufführen. Ein Paradebeispiel dafür gibt uns die **Küchenschelle**, Pulsatilla pratensis: Ihre glockenähnlichen Blüten werden im Frühjahrswind scheinbar widerstandslos hin und hergeschlagen. Auch der Pulsatillatyp, meist weiblich, zeigt Charakterzüge wie Unentschlossenheit, starke Beeinflußbarkeit, − „läßt sich leicht beeindrucken, läßt sich lieber führen". Das Hin- und Herschlagen tritt im Konstitutionsbild in

Form von äußerst wechselhaften Beschwerden und Gemütsstimmungen, fließend ineinander übergehendem Lachen und Weinen zum Ausdruck. Die ganze Pflanze ist mit einem weichen, flaumigen Pelz überzogen, der beim Darüberstreichen ein angenehmes zärtliches Gefühl verursacht, gleich wie auch Pulsatilla-Frauen sich gerne anschmiegen und kuscheln. Eine erstaunliche Entsprechung findet sich auch bei den Gewohnheiten. Die Küchenschelle liebt die kühlende, frische Luft; sie befindet sich fast immer in kleinen Grüppchen in unmittelbarer Nachbarschaft von Eis und Schnee, kaum einmal alleine, und kann auf trockenem, wenig kalkhaltigem Boden ohne viel Wasser gut gedeihen. Diese Eigenschaften finden wir auch im Arzneimittelbild mit den Symptomen: „Verlangen nach frischer Luft, Verlangen nach Gesellschaft, kein Durst trotz trockener Mundschleimhaut." Betrachten wir die hängenden Glockenblüten, so spüren wir das bescheidene, schüchterne Wesen, das die Pflanze ausstrahlt. Aber auch das Gegenteil ist erkennbar. Sie können sich ausstrecken und ihre Fruchtkörper aufrecht gegen den Himmel richten. Beide gegensätzliche Verhaltensweisen kann der Pulsatillatyp in sich vereinen, einerseits starke Gehemmtheit und Unterwürfigkeit, andererseits, wenn sie sich einer Sache sicher fühlt, kann sie sich durch zielstrebiges, engagiertes Verhalten auszeichnen. Selbst die Farbe der Pflanze offenbart ihr inneres Wesen. Die hellen rosafarbenen bis violetten Blüten geben einen Hinweis auf die Sinnlichkeit und ausgeprägte Empfindsamkeit des Pulsatillagemüts.

Einen ganz anderen Menschentypen sehen wir in der Natur durch den **Bärlapp** (Lycopodium clavatum) vertreten. Er ist ein zäher, strebsamer, ehrgeiziger Zeitgenosse, der sich auszeichnet durch große Anpassungsfähigkeit und Ausdauer, gleich wie die Pflanze, welche sich über Jahrtausende hinweg unverändert erhalten hat, währenddessen andere Kulturpflanzen längst von der Erde verschwunden sind oder sich in andere Formen weiterentwickelt haben. Diese Beständigkeit zeichnet den Lycopodiumtypen besonders aus. Die ausgesprochen grüne Farbe der Pflanze läßt sich ebenfalls mit den Charaktereigenschaften des Arzneimittelbildes vergleichen. In der Farbpsychologie steht Grün für Willensstärke und Verlangen nach Anerkennung. Dabei kommen die Gefühle oft zu kurz, sie werden versteckt hinter einem glänzenden, charmanten, aber nicht immer ehrlichen Auftreten in der Öffentlichkeit. Derselbe liebenswürdige, allseits beliebte Mensch kann zu Hause innerhalb seiner Familie zum egoistischen, herrschsüchtigen, intoleranten Familienoberhaupt oder Ehemann werden. Diese Janusköpfigkeit hat schon manche Ehefrau zur Verzweiflung gebracht. Lycopodium ist in unserer Gesellschaft ein häufig indiziertes Homöopathikum. Die harten, keulenartigen Sporenkörper des Bärlapps können gut als vergleichendes Bild genommen werden für die unterdrückte Gefühlswelt und innere Distanz, welche wir beim Lycopodiumtypen oft erkennen können.

Ein letztes Beispiel für die Faszination der Signaturenlehre ist Colocynthis, die **Bittergurke**. Mit ihrer voluminösen, kugeligen Frucht kriecht sie schlangenartig am Boden entlang ohne jegliche Stütze. Klinisch wird sie gebraucht für Beschwerden der Hohlorgane, wenn sie den Menschen mit krampfartigen, kolikartigen Schmerzen plagen und ihn zur Krümmung zwingen. Auch ischiasähnliche Ausstrahlungsschmerzen mit Muskelkrämpfen gehören zum Arzneimittelbild. Die Colocynthisfrucht schmeckt bitter und läßt einem bei ihrem Genuß das Gesicht verziehen, gleich wie auch das Gemüt beim Menschen von Bitterkeit und Griesgrämigkeit gezeichnet ist.

Es könnten noch viele weitere solche Signaturen aufgezeigt werden, wie Mensch und Natur eine große Ganzheit bilden und in sich eins sind. Das, was wir letztendlich sehen können, hängt nur von unserem Blickwinkel und Standort ab, ähnlich wie eine mehrfarbige Kugel uns je nach Betrachtungswinkel verschiedenes Aussehen präsentieren kann, aber im Innern doch eine einheitliche Struktur aufweist.

In den einzelnen Pflanzenmonographien dieses Buches sind jeweils in Kurzform weitere Hinweise auf Signaturen beschrieben. Sie mögen zu weiterem Interesse anspornen, selbst in der Natur die verborgenen Geheimnisse aufzuspüren und zu enträtseln.

Hahnemann, der ein Genie der Nüchternheit und Sachlichkeit war, hat der Signaturenlehre wenig Bedeutung beigemessen. Aber auch er erkannte in den Arzneien machtvolle Verwandschaften zur Menschennatur, die er gelegentlich zum Ausdruck brachte. So beschreibt er: *„daß der unbedeutende Geruch oder Geschmack einer Pflanze auch keine merkbare Heilkraft erwarten lasse."* Von der Anchusa officinalis gibt er sogar eine signaturenhafte Erklärung: *„Die Wurzel ist geruchslos und hat einen süßlich schleimigen Geschmack. Sie kann daher wohl einige entwickelnde und nährende, aber keine entzündungswidrige Kräfte zeigen, wie man gewähnt hat."*

Auch bei Herings Arzneimittelprüfungen wurde die Signaturenlehre angesprochen: *„Es kann sein, daß Helbig recht hat, wenn er sagt: alle blaublühenden Blumen machen schwermütig; traurig alle roten heftig auffahrend. Die angefangenen Prüfungen der Lobelia cardinalis (rotblühend) und Lobelia coerulea (blaublühend) scheinen es zu bestätigen."*

Für mich sind die Entsprechungen der pflanzlichen Eigenschaften mit den Arzneimittelbildern in der Homöopathie eine großartige Hilfe, die Essenz einer Arznei zu begreifen und zu erfassen, abgesehen davon, daß ein stures Auswendiglernen von Symptomen weniger wichtig wird, wenn die großen Zusammenhänge einmal erkannt worden sind. Mit Hilfe der Signaturenlehre lassen sich Gedankenstützen aufbauen, die das Wesentliche einer Arznei in Erinnerung rufen. Die Homöopathie erfährt meines Erachtens durch die Signaturenlehre eine große Bereicherung; sie macht die sonst trockene Materia medica lebendiger.

Homöopathie – feinstoffliches, immaterielles Heilverfahren

Die Homöopathie ist ein feinstoffliches, immaterielles Heilverfahren, das dank seiner dynamischen Wirkung imstande ist, die Lebenskraft des Menschen zu stärken und damit die Selbstheilungskräfte anzuregen. Die dadurch zustandegekommenen Heilerfolge laufen auf der energetischen Ebene ab. Auf derselben Stufe sollte auch der Therapeut seine Sensitivität einsetzen können, frei von aller Kopflastigkeit und Technik, um das therapeutische Dreieck Patient-Arzneimittel-Therapeut zu vervollkommnen. Ein schönes Beispiel für die Bedeutung der Spiritualität in der Homöopathie gibt uns ein Zeitgenosse von Hahnemann, Arthur Lutze. Es ist bekannt, daß der oftmals in seiner Praxis überforderte Meister die Patienten an Lutze in Köthen verwies. Dieser war fähig, pro Tag bis zu 30 Fälle zu behandeln. Jeder praktizie-

rende Homöopath, dem bei seinen ausführlichen Fallaufnahmen und Repertorisationen die Zeit davonläuft, weiß was das heißt. Erklärbar ist dies nur, wenn wir akzeptieren, daß Homöopathie auch mit medialen Fähigkeiten faßbar sein kann. Auf diese Weise läßt sich der Zeitaufwand pro Patient massiv reduzieren. Indem wir die eigene Innerlichkeit bezüglich Patient und Homöopathikum öffnen und gleichsam schwingungsmäßig einpendeln, lassen sich Verbindungen aufbauen, die es uns ermöglichen, das Simillimum nicht nur rational, sondern auch intuitiv zu erfassen. Wahrscheinlich war Lutze zu solchem Therapieren fähig. Nicht umsonst hat Hahnemann seinem Schüler solch großes Vertrauen entgegengebracht. Er erkannte seine charismatische Begabung.

Das feinstoffliche Gespür für den Patienten befähigt uns, auch in der Natur die Heilanzeigen aufgrund der Pflanzenausstrahlun-

Abb. 13: Arthur Lutze, der Schüler Hahnemanns, unterstellte die Homöopathie einer gewissen Sensitivität.

Abb. 14: Jede Pflanze besitzt eine Ausstrahlung (Aura), die mit intuitivem Vermögen als feinstoffliches Arzneimittelbild erfaßt werden kann.

gen zu erfühlen. In der Stille der Natur, bei meditativer Ruhe und geschlossenen Augen lassen sich nicht selten die verschiedenen Auren unserer Kräuter differenzieren. Versuchen Sie doch selbst mal die Kraftschwingung verschiedener Bäume mit dieser Methode zu spüren. Möglicherweise erleben Sie ein unvergeßliches Ereignis, indem Sie von einem energetischen Schleier berührt werden, der gleich einem unsichtbaren Regen von den Blättern herunterfällt.

Denken wir nur an den englischen Arzt Dr. Bach, der bekanntermaßen die Begabung besaß, allein wenn er Blüten in den Mund steckte, die jeweiligen Heilkräfte der Wildblumen zu erahnen. Je mehr wir uns selbst diesen Möglichkeiten nähern, desto wertvoller und erfüllender wird für uns die Homöopathie.

Freilich, es muß aber auch gesagt werden, daß oben beschriebene Wahrnehmungen nur schlecht in Worte formuliert werden können. Die Beschreibungen in diesem Buch sind nur als eine kleine Einstiegshilfe zu betrachten und sollen zu weiteren Erfahrungen und Ergänzungen anregen. Um dies weiterzuentwickeln, habe ich eine homöotanische Gesinnungsgruppe ins Leben gerufen, die als Podium dienen soll, die verschiedenen Erkenntnisse vieler Homöopathen zu sammeln.

Frühling der Homöopathie

Nach all den einleitenden Erklärungen gilt es nun anhand dieses Buches den homöopathischen Frühling zu erleben. Gerade zu Beginn der Jahreszeiten ist der Streifzug über Stock und Stein ein erquickendes Vollbad der wiedererwachten Kräfte der Natur. Alles strahlt und leuchtet, alles blüht und duftet, sprießt und drängt aus unzähligen Knospen und Sprossen hervor. Ein gewaltiger Akt der Erneuerung macht sich sichtbar, nicht nur fürs physische, sondern auch fürs geistige Auge. Der erste Kontakt mit einer Schlüsselblume, einem Hahnenfuß, einer Haselwurz oder einem Seidelbast, einer Einbeere oder einem Adonisröschen trägt in sich die Kraft der Verzauberung. Denken wir aber daran, das, was uns von Blüte zu Blüte entzückt, könnte von homöopathischer Bedeutung sein! Wandern wir also homöopathisch voran, schnuppern wir an Blumen im Hinblick auf das Ähnlichkeitsprinzip, und erfühlen wir den Frühling als empfindsame Jünger Hahnemanns. Unsere Innenwelt wird dabei im wahrsten Sinne des Wortes „homöopathisch", d. h. ähnlich mit allen feinstofflichen Kräften der Natur. Was gibt es mehr!

Abb. 15: Streifzug durch den Frühling — ein erlebnisreiches, homöopathisches Bad.

Abb. 16: Christrose: Das Blütenwunder der Weihnachts- und Neujahrszeit.

Helleborus niger L./Christrose

Unser homöopathischer Streifzug durch die Natur beginnen wir mit der Christrose (Helleborus niger), die um Weihnachten und Neujahr ihre Blütensterne aus der kalten Erde streckt.

Gerade, wenn wir uns damit abgefunden haben, daß der Garten kaum mehr als dürres Laub und kahles Geäst zu bieten hat, bahnt sich in der Natur aller Regeln zum Trotz ein kleines Blütenwunder an. Obwohl Winterkälte und Schnee die Jahreszeit bestimmen, öffnen sich in südlichen Lagen die zarten Blütensterne der Christrose oder Schwarzen Nieswurz.

„Schön bist Du, Kind des Mondes
nicht der Sonne;
Dir wäre tödlich andrer Blumen Wonne,
Dich nährt, den keuschen Leib
voll Reif und Duft,
himmlischer Kälte balsamsüße Luft"
schwärmte Eduard Mörike in seinem Gedicht „Auf eine Christblume", die er vor ca. 150 Jahren auf einem Friedhof entdeckte.

Die schneeweiß blühende Christrose gibt dem Winter den Ton an. Sie ist die erste Blüte im Jahresreigen der großen Familie der Hahnenfußgewächse (Ranunculaceen). Nach ihr folgen der Winterling, später die Anemone, Küchenschelle, Sumpfdotterblume, Pfingstrose, Wiesenraute, Trollblume, Akelei, Rittersporn, Sommer-Adonisröschen, Waldrebe und Eisenhut. Die Christrose als sogenannter „Krokus" der Ranunculaceen wird ca. 30 cm hoch und besitzt einen schwarzbraunen Wurzelstock, aus dem winterharte, lederartige, dunkelgrüne, gefiederte (sieben bis neunteilig) Laubblätter emporsteigen. An einem kahlen, rotbraun gefärbten Blühstengel erscheint endständig zur Weihnachtszeit bis in den März hinein der schneeweiße, rosa bis rötliche Blumenstern. Die zauberhafte Winterpflanze ist vorwiegend in Süd-

Abb. 17: Helleborus niger: Schneeweiße Blüte, lederartige, dunkelgrüne, handförmige Blätter, schwarzbrauner Wurzelstock.

und Westeuropa in Buchenwäldern, im Krummholz, an Waldrändern und in steinigen Matten anzutreffen. Überall steht sie unter strengstem Naturschutz. Die Winzer der alten Zeit betrachteten die Christrose als Wetterprophetin: Je reicher sie blüht, desto besser wird der nächste Herbst; und wenn sie rot verblüht statt braun, kann man sich auf eine ertragreiche, gute Weinernte freuen.

In unseren Gegenden besitzt die Pflanze weitere Geschwister: Die Stinkende Nieswurz (Helleborus foetidus) mit traubenförmigem Blütenstand und glockigen, hellgrünen, rot gerandeten Hüllblättern; ferner die Grüne Nieswurz (Helleborus viridis) mit einzelnen,

Abb. 18: Stinkendes Nieswurz (Helleborus foetidus): Sie besitzt einen traubenförmigen Blütenstand mit rot gerandeten Hüllblättern.

Abb. 20: Christrosen-Varietäten aus dem Ziergarten mit verschiedenfarbigen Blüten.

Abb. 19: Grüne Nieswurz (Helleborus viridis): Sie ist an den hellgrünen Blüten, die der Christrose ähnlich sind, zu erkennen.

lang gestielten grünen Blüten, die der Christrose ähnlich sind.

Der Gattungsname der Christrose „Helleborus" wird vom griechischen Fluß „Helleborus" bei der Stadt Antikyra abgeleitet, wo die Pflanze (Helleborus orientalis) in der Antike ihren Standort hatte. Der Beiname „niger" = schwarz, nimmt auf den schwarzbraun gefärbten Wurzelstock Bezug. Die deutschen Volksnamen Christrose, Schneerose, Winterblumen, Eisblumen, Weihnachtsblume, Weihnachtsrose, Auferstehungsblume, beziehen sich auf die Blütezeit um Weihnachten. Schwarze Nieswurz wird sie genannt, weil früher das Pulver der schwarzen Wurzel als Schnupftabak verwendet wurde.

Die Christrose in der Pflanzenheilkunde

Ihre Berühmtheit als Heilpflanze soll die Christrose im Altertum jenem Zustand zu verdanken haben, indem ein Ziegenhirt namens Melampus die Tochter des Königs Proitos von Tiryns mit der Verabreichung der Wurzel vom Wahnsinn geheilt haben soll. Die Heilkraft der Pflanze war bereits Hippokrates, Dioskurides und Theophrastus bekannt, insbesondere gegen Epilepsie, Melancholie, Wutanfälle und Geisteskrankheit.

Theophrastus berichtet, daß die Weltweisen sich der Schwarzen Nieswurz als lebensverlängerndes Mittel bedient hätten. Zu diesem Zweck mußten die Blätter „zur rechten Zeit, nämlich bei hochstehendem Saturno, der durch einen guten Schein des Jupiters und des Mondes erleuchtet ist", gesammelt und an der Luft getrocknet werden. Bei den Römern gab es ein Sprichwort, das allgemein im Volksmund gebraucht wurde: „Helleboro opus habet." Dies bedeutet: „Er hat Nieswurz nötig! – Es fehlt ihm an Verstand."

Auch Paracelsus verordnete die Pflanze in seinem „Elixier zum langen Leben" und erwähnte: „Ich möchte mit viel Blättern Papier seine Tugend nicht beschreiben". In der Phytotherapie wird die Wurzel (sie enthält herzwirksame Glykoside, die den Digitalis-Glykosiden nahestehen) fein dosiert in äußerst kontrollierten Mengen bei Amenorrhoe (ausbleibende Menstruation), nervösen Herzbeschwerden, akuter Nephritis und als Geriatikum eingesetzt. Rudolf Steiner hat Helleborus eine Bedeutung als Krebsmittel zugewiesen, besonders für männliche Patienten in weit fortgeschrittenen Stadien.

Vergiftungen

Nicht nur die Wurzel, sondern auch das ganze Kraut mit Blüten und Blättern sind stark giftig. Als Giftstoff sind die beiden Glykoside Helleborein und Hellebrin, ferner das Saponin Helleborin bekannt. Sie wirken reizend auf die Haut und Schleimhäute; ferner führen sie zu Kratzen im Mund, Speichelfluß, Übelkeit, Magenschmerzen, Erbrechen, Kolik, Durchfall, Pulsverlangsamung mit späterem unregelmäßigem Puls, Atemnot, Schwindel, Bewußtlosigkeit und Herzstillstand.

Helleborus niger in der Homöopathie

Das homöopathische Mittel wird in verschiedenen Potenzen (dynamisierten Verdünnungsstufen) aus dem *getrockneten Wurzelstock hergestellt.*

Über den Arzneimittelversuch (Prüfung von Helleborus niger am gesunden Menschen durch überdosierte Verabreichung des homöopathischen Mittels) hat der Begründer der Homöopathie Dr. Samuel Hahnemann geschrieben: „Der Symptome, die ich und einige meiner Schüler gemacht haben, sind nur wenige, indes ist mit Erforschung doch an Anfang hierzu gemacht." Ferner berichtete er in seiner „Reinen Arzneimittellehre", Band 3, Dresden: „Aus verschiedenen Beobachtungen schliesse ich, daß Stupor, Abstumpfung des inneren Gefühls … – wo man bei gutem Gesichte nur unvollkommen sieht und das Gesehne nicht achtet, bei guten Gehörwerkzeugen nichts deutlich hört oder vernimmt, bei richtigem Geschmackswerkzeug an nichts Geschmack findet, immer oder oft gedankenlos ist, sich des Vergangenen oder kurz vorher Begegneten wenig oder nicht erinnern, an nichts Freude hat, nur leicht schlummert, ohne fest und erquickend zu schlafen, arbeiten will, ohne Aufmerksamkeit oder Kräfte dazu zu haben – eine erste Hauptwirkung des Schwarz-Christwurzel sey."

Leitsymptome:
Woran die kranke Helleborus-Konstitution zu erkennen ist

Dieses Mittel paßt für Personen mit *Funktionseinschränkungen des Sensoriums*, abgebauten, geistigen Fähigkeiten, starker Verlangsamung im Denken und Reden, schwierigem Verständnis, Betäubungsgefühl des Kopfes wie betrunken, sowie mit Gedächnisschwäche für das, was man soeben gehört oder gesagt hat oder sagen wollte. Der Patient/in *denkt lange nach, antwortet langsam*, manchmal verworren, als würde er an etwas anderes denken, und ist *äußerst schwierig im Begreifen*. Hahnemann bemerkt dazu: „Sieht, hört, schmeckt mangelhaft und es besteht eine allgemeine Schwäche, die bis zur kompletten Lähmung fortschreiten kann." Am Tage hat er ein enormes Bedürfnis zu schlafen – er nickt immer wieder ein.

Abb. 21: Helleborus-Konstitution: Funktionsgestörtes Sensorium, Nasenzupfen, Stirnrunzeln, heißer Kopf – kalte Glieder.

Helleborus-niger-Patienten/innen erscheinen oftmals mit einem blassen, eingesunkenen, abgemagertem Gesicht und mit *auffallenden Stirnrunzeln*. Sie fühlen *vielfach Hitze im Kopf bei gleichzeitigen kalten Händen und Füßen*. Es treten Muskelkrämpfe auf oder *unwillkürliche Bewegungen der Hände und Beine*, während das andere Glied wie gelähmt ist. *Verschlimmerung* aller Symptome von *16 bis 20 Uhr* (Lycopodium). Die Flüssigkeit wird vom Körper zurückgehalten, d. h. der Urin ist spärlich und es treten *Ödeme* auf.

Psychische Verhaltensweisen

Die Helleborus-niger-Konstitution zeigt sich vielfach depressiv und hartnäckig schweigsam — gleichgültig gegen Freud und Leid; ist leer und *hat keine Gefühle* wie Sepia. Sie ist in gedankenloses Starren bis hin zum Stupor versunken, *gibt langsame Antworten* wie merc-sol., seufzt anhaltend und sieht alles von der negativsten Seite. Sie will in Ruhe gelassen, nicht angesprochen werden und hat eine große Apathie gegen die eigene Familie oder sonstige geliebte Personen. *Trost verschlimmert den Zustand* (Kent. Rep.: arn., ars. 2, bell. 2, cact., calc., calc-p. 2, cham., chin., hell. 2, ign. 3, kali-c., lil-t. 2, lyc., merc., nat-m. 3, nitr-ac., nux-v., plat. 2, sep. 3, sil. 3, staph. tarant., thuja). Verschiedene Kranke haben das Gefühl, ein Unrecht begangen zu haben oder sie hätten ihr Seelenheil verloren. Es besteht die Wahnidee unrecht gehandelt zu haben und schuldig zu sein (Kent. Rep.: aur., nat-ars., ign.), oder das Gefühl, ständig etwas falsch zu machen.

Mitunter flackern übertriebene Phantasien auf (besonders abends), z. B. man könnte große Taten vollbringen. Kent schreibt (Kents Arzneimittelbilder, Karl F. Haug Verlag): „daß *er fixe Ideen hat,* von denen man sagt, sie seien ‚etwas meschugge‘ und von denen er nicht abzubringen ist." Die Patienten/innen haben auch die Eigenart, sich etwas *sonderbar*, ungeschickt oder unanständig *anzuziehen*. Letztlich tritt die Empfindung des Sinkens oder die Manie auf, sich an Lippe, Nase oder Kleidung *ständig zu zupfen*.

Signatur

Schon oft, wenn ich zum Jahresbeginn an den südlichen Waldhängen des Tessins die Christrose bewundert habe, ist mir bei der stillen Betrachtung ein seltsames Indiz, eine Pflanzensignatur aufgefallen. Vielmals streckt die anmutige Pflanze ihren Blütenkopf an die Wintersonne, während ihre Glieder, die gefiederten Blätter tief im kalten Schnee verborgen bleiben. Fast habe ich dann das Gefühl, als ob eine menschliche Helleborus-Konstitution vor mir stehen würde mit heißem Kopf und kalten Gliedern. Auf jeden Fall läßt sich dieses Merkmal im Arzneimittelbild von Helleborus bestätigt finden.

Absonderliche Beschwerden: Helleborus niger

Schlaf:
Zusammenfahren im Schlaf
Zucken beim Einschlafen
wacht auf mit plötzlichem Schreien
bohrt den Kopf ins Kissen von einer Seite zur andern
wacht am Morgen schwer auf — Delirium
Schlummersucht mit halboffenen Augen und aufwärts gedrehten Pupillen
komatöser Schlaf bis eine Woche lang

Kopf:
Schwindel beim Bücken oder Lesen mit erweiterten Pupillen
Gefühl, als ob das Gehirn hohl wäre
Leere im Gehirn, unmöglich zu denken, vergeßlich, geistesabwesend
Gefühl, als ob das Gehirn vorne zu groß wäre
Gefühl, als ob im Kopf schaukelndes Wasser wäre
Zucken des Kopfes beim Bücken oder Treppensteigen
Schweregefühl im Hinterkopf beim Erwachen

Völlegefühl auf dem Scheitel beim Lesen

Kopfschmerz nachmittags von 16 bis 20 Uhr (Kent. Rep.: caust., hell., lyc. 3,)

Augen:

erweiterte, träge Pupillen, eine größer als die andere

weit offene oder eingesunkene Augen

Rollen der Augäpfel – konvulsivisch im Schlaf

Augen sind nach oben verdreht bei Fieber

gedankenloses Starren der Augen

Nase:

auffallendes Gähnen bei Schnupfen

rußiges Aussehen der Nasenlöcher bei Fieber[Synth.]

Gesicht:

blaß, oft gelblich mit Hitze des Kopfes

gerunzelte Stirn, die Muskeln ziehen sich in Falten

Mund:

schrecklicher Mundgeruch

gräuliche Mundgeschwüre

bewegt die Zunge von einer Seite zur andern

stechende Schmerzen der Zungenspitze

gelbe Zunge, gelbes Zahnfleisch

Herz:

fühlt den Pulsschlag im ganzen Körper

Magen:

Abneigung auf Gemüse, fettes Fleisch, Sauerkraut, Apfel

hat beim Essen keinen Geschmack und bekommt plötzlich Ekel, der unmittelbar nach den Essen verschwindet

Magenschmerzen erstrecken sich in den Oberarm

Magenschmerzen drückend bei jedem Schritt

durstlos oder großer Durst auf reiche Mengen – Getränke laufen hörbar in den Magen

schnelles gieriges Trinken, beißt auf den Löffel oder ins Glas

Bauch:

Gefühl von Bewegung wie Wasser

Verdauung:

Durchfall nachmittags von 16 bis 20 Uhr (hell., lyc. 2,)

grüner Stuhl, gallenartig, schaumig wie Froschlaich

Nieren:

unwillkürliches Urinieren bei Menstruation (Kent. Rep.: cact., calc., canth. 2, hell., hyos. 2)

Haut:

Ausfallen der Haare, Augenbrauen, Schamhaare

wassersüchtige Anschwellungen nach unterdrücktem Hautausschlag

Glieder:

Muskelkrämpfe, unwillkürliche Bewegung der Hände und Beine während das andere Glied gelähmt ist

Ausfallen der Nägel (Kent. Rep.: alum., ant-c., apis, ars., chlor., form., graph. 3, hell. 2, merc. 2, rhus-t., sabin., scil., sec. 2, sulf., thuja,. ust. 2.

Muskeln gehorchen nicht dem Willen, wenn die Aufmerksamkeit abgelenkt wird

Schlechter:

Verschlechterung von 16 bis 20 Uhr (Kent. Rep.: alum., bov., hell. 2, lyc. 3, mag-m., nux-m., sulf.)

Besser:

Urinieren, im Freien

Besondere Anzeigen:

Langsamigkeit älterer Menschen, geistige Störung in der Pubertät, Depression bei Mädchen vor der Pubertät, Depression während der ersten Menstruation (Menarche), unregelmäßige Menses (1 bis 2mal im Jahr) bei melancholisch veranlagten, jungen Mädchen, Amenorrhoe nach Liebeskummer, Hirnsymptome bei Psychosen während Amenorrhoe, Hirnsymptome (Krämpfe) bei Zahnen der Kinder, Wassersucht nach Scharlach,[Synth.] Neigung, bei Fieber aus dem Bett zu steigen, zu entfliehen, mangelndes Interesse in der Schule (aur., ign., puls.), Gefühl, in der Schule immer Fehler zu machen, ständig etwas falsch zu machen.

Hauptindikation:

Meningitis (Gehirnentzündung), Vergeßlichkeit älterer Menschen, Leere im Gehirn, nach Kopfverletzungen oder Kopfoperationen (arn., op.), Apoplex oder Kopftrauma mit auffallenden Falten in der Stirne oder weiten, reaktionslosen Pupillen, Nephritis (Nierenentzündung), Kollaps, Herzschwäche mit Wassersucht, Depressionen.

Vergleiche:

apis, ars., bell., bry., dig., lach., sulf,. tub., zinc. (bes. bei Gehirnaffektionen)

Abb. 22: Seidelbast: Er streckt seine blühenden Ruten an die Frühjahrssonne und verströmt einen berauschenden Duft.

Daphne mezereum L./Seidelbast

Wer einmal dem Seidelbast (Daphne meze-reum L.) begegnen möchte, mache sich im zeitigen Frühjahr auf die Wanderschaft und begebe sich in den erwachenden Frühlings-wald. Wenn wir dabei von einem betäubend süß duftenden Windhauch überrascht wer-den, brauchen wir nicht lange zu suchen. Zwischen den Hainbuchenstämmen mit dür-ren eingerollten Blättern finden wir bald den kleinen Zwergstrauch, der etwas verschämt seine Rute in die milde Sonne streckt. Die Zweige sind voll mit rosaroten Blüten be-deckt, die sich scharf von der hellgrauen, kahlen Rinde abheben; sie erscheinen, noch bevor die Blätter zu treiben beginnen. Dies ist zwar nur möglich dank der letztjährigen Blätter, die bis in den vergangenen Herbst hinein fieberhaft arbeiteten, um möglichst viel Reservestärke in den verholzten Stämm-chen aufzuspeichern. Diese Reserven werden gegen Jahresende verflüssigt und liefern das Baumaterial für die zauberhaften Blüten, welche sich bereits schon im milden Winter entfalten. Ein Blütenwunder besonderer Art!

Der lockerwüchsige, spärlich verzweigte, bis 150 cm hohe Zwergstrauch gehört zur bo-tanischen Familie der Thymelaeceen. Die Gattung der Seidelbastgewächse umfaßt ca. 50 Arten, von denen in unseren Gegenden fünf heimisch sind. Der Seidelbast (Daphne mezereum) ist der bekannteste und kommt in unseren Wäldern von der Ebene bis auf 2.000 m Höhe vor. Die kleinen alpinen Ver-treter klettern teilweise bis auf 3.000 m hin-auf: Daphne laureola (Lorbeer-Seidelbast), Daphne alpina (Alpenseidelbast), Daphne cneorum (Flaumiger Seidelbast – oder Ros-marin-Seidelbast) und Daphne stridata (Ge-streifter Seidelbast oder Steinröschen).

Abb. 23: Lorbeer-Seidelbast (Daphne laureola): Ein Verwandter des Seidelbastes (Daphne mezereum).

Abb. 24: Rosmarin-Seidelbast (Daphne cneorum): Ein Vertreter der alpinen Regionen.

Im Frühjahr erscheinen in den Achseln der vorjährigen (abfallenden) Blätter büschelweise wohlriechende, rosafarbene Blüten. Die Seidelbastblüten haben vier eiförmige Blütenhüllzipfel mit einer seidenhaarigen Röhre, in der acht Staubgefäße in zwei Reihen angeordnet sind. Im Sommer (Juli bis August) reifen eiförmige, scharlachrote, einsamige Beeren. Die Blätter, die im Herbst abfallen, sind lanzettlich, keilig in den Stiel verschmälert und kahl. Die Pflanze wird auch als Zierstrauch im Garten gezogen.

In Erinnerung an die liebliche Nymphe Daphne, die Tochter des Flußgottes Peneus, die laut griechischer Mythologie in einen Lorbeerkranz verwandelt wurde, trägt der Seidelbast in der Botanik den Gattungsnamen „Daphne". Die Pflanze besitzt eine Ähnlichkeit mit dem Lorbeerbaum (Laurus nobilis). Der Beiname „mezereum" stammt aus dem Arabischen (mazerium = töten) und charakterisiert die Giftigkeit des Zwergstrauches. Die deutsche Bezeichnung Seidelbast ist auf das Bastgewebe zurückzuführen, das wie Seide glänzt (aus der zähen Rinde wurden früher Schnüre hergestellt). Ferner nimmt der Ausdruck Beziehung auf die Zeidler (Bienenzüchter) und erklärt, daß die Blüten im ersten Frühjahr von Bienen besucht werden.

Abb. 25: Scharlachrote Giftbeeren des Seidelbastes: Sie reifen bereits im Hochsommer.

Im Volksmund kennt man den Seidelbast auch als Kellerhals, Zittelbast, Zylunder, Zwilinde, Zillingsbeere, Zylander, Zeietli, Warzebast, Zahnwehholz, Giftbäumli, Hühnertod, Schlangenbeer, Waldlorbeer und Lausholz.

Seidelbast in der Pflanzenheilkunde

Im griechischen und römischen Altertum war Daphne mezereum unbekannt, dagegen standen verschiedene andere Arten der Gattung, darunter Daphne gnidium als Arzneipflanze in hohem Ansehen. Die ersten Nachrichten vom Seidelbast stammen aus dem 16. Jahrhundert durch den Kräutergelehrten Hieronymus Bock, der eine genaue Beschreibung und Abbildung lieferte. Früher verwendete man die Rinde als Bestandteil des Spanischen Fliegenpflasters. Das enthaltene Daphnin ist ein ausgezeichnetes Hautreizmittel. Frische Rinde, die man auf die menschliche Haut legt, bewirkt an der betreffenden Stelle eine erhöhte Blutzufuhr, ähnlich wie beim Senfpflaster. Es ist jedoch äußerste Vorsicht geboten, da die Haut unter diesem Reiz leicht Blasen wirft. Dieser Effekt wurde vor nicht langer Zeit zur Schmerzstillung bei Rheuma medizinisch ausgenutzt. Die Rinde soll auch Warzen vertreiben und der Absud bei der Vertilgung von Läusen beim Vieh gute Dienste leisten.

Vergiftungen

Der Seidelbast ist in allen Teilen außerordentlich giftig. Als Giftstoff sind Mezerein und Daphnin bekannt. Bereits bei der Berührung löst die Pflanze eine Entzündung von Haut und Schleimhäuten aus. Große Gefahr droht jedoch bei Genuß der leuchtend roten Beeren, die besonders für Kinder verlockend sind. Eltern müssen die Kinder unbedingt auf die Giftigkeit aufmerksam machen; der Verzehr weniger Beeren könnte tödlich sein. Linné, der „schwedische Blumenkönig", weiß zu berichten, daß schon sechs Früchte einen

Wolf töten können. Auch für Pferde ist der Seidelbast tödlich, wenn sie ca. 30 g der getrockneten Blätter gefressen haben.

Doch für manche Vogelarten ist der Seidelbast nicht giftig. Drosseln, Rotkehlchen, Grasmücken und Bachstelzen verzehren die Beeren ohne Schaden zu nehmen. Sie sorgen mit der Seidelbastmahlzeit sogar für die Verbreitung der Pflanze.

Vergiftungen beim Menschen rufen heftiges Erbrechen, Brennen im Mund und Hals, Speichelfluß, Schlingbeschwerden, Schwellung der Lippen und der Mundschleimhaut, Schlafmangel, gänzliche Abschälung der Haut am ganzen Körper, ferner Darmkrämpfe mit Durchfall, erhöhte Temperatur, beschleunigter Puls und Nierenschädigung hervor.

Obwohl die Pflanze in der Homöopathie als wertvolle Arznei geschätzt wird, ist sie im rohen Zustand höchst gefährlich.

Karl Heinrich Waggerl schreibt über sie in seinem „Heiteren Herbarium" (O. Müller Verlag, Salzburg):

„Wie lieblich duftet uns im März
der Seidelbast! Doch innerwärts
ist er voll Gift und Galle!
weil wir, in diesem Falle,
das Wunder nur beschauen sollen.
(Man muß nicht alles kauen wollen!)"

Mezereum in der Homöopathie

In der Homöopathie ist Mezereum ein verläßliches Mittel bei *Hautbeschwerden* (Dermatopathien), *mit brennenden, schießenden Schmerzen und unerträglichem Jucken, bei Ausschlägen mit Geschwüren, dicken Krusten, unter denen sich eitriges Sekret ansammelt (Ekzeme, Milchschorf, Nesselausschlag, Gürtelrose)*, sowie bei *Neuralgien* (Trigeminus-, Ziliarneuralgie [Augenmuskeln], Ischias). *Knochenschmerzen* besonders der Gesichtsknochen, *Röhrenknochen* und *der Knochenhaut*. Die häufigsten Symptome spielen sich an den Schleimhäuten, an der Haut und am

Periost (Knochenhaut) ab, oftmals verbunden mit starkem Brennen, Kribbeln, Jucken – von einer Stelle zur anderen auftretend.

Hahnemann, der Begründer der Homöopathie, zählte Mezereum unter die antipsorischen Mittel, die nach dem Verschwinden oder Vertreiben von Ausschlägen angezeigt sind. Kent schreibt dazu: „Das Mittel neigt dazu, die körperlichen Leiden sichtbar zu machen; daher geht es dem Mezereum-Patienten leidlich gut, solange die Ausschläge bestehen, wenn diese aber unterdrückt werden, erscheinen Katarrhe, Knochenkrankheiten, nervöse Störungen, eigentümliche, geistige Symptome, Verstopfung, Rheuma, Gelenkssymptome; der Patient wird ein geistiges und körperliches Wrack."

Die Urtinktur von Mezereum wird aus der *frischen Zweigrinde* hergestellt, die kurz vor der Blüte im Februar bis März gesammelt wird.

Leitsymptome:
Woran die Mezereum-Konstitution zu erkennen ist

Mezereum-Patienten haben eine *entzündliche Haut mit heftigem Juckreiz und Brennen (wie Feuer), nässende Ausschläge mit Geschwürs- und Krustenbildung, darunter eitrige Sekrete, besonders am Kopf,* Kopfhaut (zerfrißt das Haar), hinter den Ohren, am Gesicht oder am übrigen Körper. Es besteht eine starke *Empfindlichkeit auf Kälte (kalte Luft), aber auch auf Bettwärme* oder *Zimmerwärme,* was die Beschwerden verschlechtert.

Ferner ist Mezereum angezeigt bei *Neuralgien* (Trigeminus, Ziliar und Zähne) mit *scharfen, schießenden, brennenden (caps.) Schmerzen, gefolgt von Taubheitsgefühl.* Oftmals erscheinen die neuralgischen Schmerzen im Verlauf eines Ausschlages. Letztlich zeigt das Mittel eine starke Beziehung zu *Knochenschmerzen, die besonders nachts auftreten,* vorwiegend an den langen *Röhrenknochen* (Schienbein) und an der *Knochenhaut* (Periost). Die Schmerzen haben die Tendenz *nach oben zu schießen,* oftmals mit dem

Abb. 26: Mezereum-Konstitution: Entzündliche Haut mit heftigem Jucken und Brennen wie Feuer; nässende, geschwürige Dermatosen mit Krusten, darunter eitrige Sekrete, neuralgische Schmerzen an den Röhrenknochen oder am Periost.

Empfinden, der Kranke würde nach oben aus dem Bett gezogen.

Psychische Verhaltensweisen

Mezereum-Konstitutionen sind oftmals unentschlossene Menschen mit phlegmatischem Temperament. Sie sind gleichgültig und können sich an nichts freuen; einzig zeigen sie nach dem Essen eine gewisse Fröhlichkeit. Es mangelt ihnen an Ideen und Einfällen, besonders nach Überanstrengung. Stundenlang können sie aus dem Fenster schauen, ohne an etwas zu denken. Sie sind wortkarg, traurig und verzweifelt. Es besteht aber auch eine Reizbarkeit, vielfach nachmittags mit heftiger Streitsucht wegen banalsten Dingen, anschließend machen sie sich große Vorwürfe. Manchmal möchten sie *andere mit Worten ärgern* und schikanieren. Beim Sprechen verschwinden die Gedanken; die Konzentration wird schwierig, wenn sie im Gespräch unterbrochen werden, bisweilen entsteht Verwirrung. Vor dem Essen neigt der Mezereum-Patient zu Angstgefühlen − er erwartet unangenehme Nachrichten; es besteht ein *banges Gefühl in der Magengrube.* Er hat das Gefühl, als ob das Gehirn zu hart sei oder daß er *überall Warzen* habe; alles erscheint ihm tot. Das Gemüt ist entweder abgestumpft (schwieriges Denken und Verstehen) oder zornig und ärgerlich (üble Laune, Verdruß).

Signatur

Wenn ich auf einsamen Frühjahrswanderungen dem betäubenden Seidelbast begegne, bin ich oftmals versucht, die rutenförmigen Zweige des Zwergstrauches entweder mit menschlichen Nervenbahnen oder mit röhrigen Knochen zu vergleichen. Und wenn dann aus der kahlen, sehnigen Rinde die vierzipfeligen, rosaroten Blüten erscheinen, sehe ich darin eine Heilanzeige für Neuralgien und Knochenhautschmerzen. Wachsen aus den Stengelenden die ersten Blätter struppig in die Höhe, erinnert mich der Seidelbast an

Abb. 27: Signatur des Seidelbastes: Röhrenknochenschmerzen (rutenförmige Zweige) und „haariger" Kopfausschlag mit eitrigen Krusten (struppige Blätter an den blühenden Stengelenden).

viele Patienten mit „haarigen" Kopfausschlägen, die ich mit Erfolg behandelt habe.

Im homöopathischen Arzneimittelbild von Mezereum dient mir diese Beobachtung, aufgefangen in der Wildnis der Natur, oftmals als wertvolle Gedankenstütze.

Clarke schreibt: „Die Pflanze blüht sehr früh im Frühling, auch wenn noch Schnee liegt, und das Mittel eignet sich für Beschwerden, die in den ersten Monaten des Jahres beginnen."

Absonderliche Beschwerden: Mezereum

Schlaf:
Schlaflosigkeit nach Impfungen
Schlaflosigkeit durch Hautjucken bei älteren
  Menschen

Träume, als ob der Rücken mit Warzen bedeckt wäre[Synth.]

Träume von wuchernden Krankheiten oder Warzen

Kopf:

Hitze im Kopf mit Frieren des Körpers

schuppiger Ausschlag auf der Kopfhaut mit weißen Borken (wie Kreide) und dicken Krusten, darunter Eitersekrete

Ausschlag der Kopfhaut zerfrißt das Haar, die Haare werden lockig

bei Kratzen der Kopfhaut wechselt die juckende Stelle

Kopfschmerzen, als ob der Schädelknochen abgeschabt würde

Kopfschmerzen an Stirne, Schläfe, Scheitel, Hinterkopf verschiedenartig: pochend, betäubend, brennend, drückend, ausstrahlend in Wange oder zur Nase

Schweregefühl im Hinterkopf, besonders beim Liegen auf dem Rücken

Gefühl im Kopf von Schaudern

Auge:

Fissuren in den Augenwinkeln

juckende, entzündete Augen mit Gefühl von Trockenheit oder als würden die Augen nach hinten in den Kopf gezogen

Zucken des oberen Augenlides, Herabfallen der Lider beim Lesen

Verlangen, bei der Arbeit die Augen zu schließen

Augen verdrehen sich beim Einschlafen

Augenschmerzen nach Operation

Ohr:

Gefühl, als ob kalter Wind durch den Gehörgang blasen würde

Gefühl, als ob der Gehörgang zu weit offen wäre

Gefühl von Luft im Ohr, als ob sie sich ausdehnen würde

Ohrengeräusche besonders morgens: Brummen, Klingen, Klopfen oder das Geräusch einer Mühle aus der Entfernung

schwerhörig nach unterdrückten Hautausschlägen am Kopf

Nase:

Entzündung der Nasenränder

Gesicht:

ziehende Schmerzen im Gesicht oder Gesichtsknochen

Jucken der Gesichtsmuskeln besonders beim Warmwerden

nach Gesichtsschmerzen:

Taubheit, Gefühllosigkeit der Wangen

Hautausschlag — Herpes mit Brennen und Jucken

Mund:

Ekzem um den Mund

Brennen wie durch Pfeffer (caps.)

wie verbrannt am Morgen (Zunge); oder als würde die Zunge nach hinten gezogen

Gefühl wie weiche Zunge

schmerzhaft entzündete Zunge mit Bläschen und Geschwüren (Aphthen)

Zähne:

Zahnschmerzen durch Kälte, Einatmen kalter Luft, Berührung

verfaulte Zahnwurzeln

Empfindung, als ob die Zähne zu lang wären

übelriechender Schleim auf den Zähnen

Hals:

brennend nach Essen und Trinken von Wasser

juckend, beißend während Menses

Brust:

Hustenanfälle nach Essen, nicht nachlassend bis Erbrechen

Magen:

Magengeschwür mit starkem Brennen (Magenkrebs)

Aufstoßen — schmeckt wie Fleisch

Aufstoßen in zwei Stößen

Erbrechen nach Biertrinken

Appetit nach Schinken, Speck, (Kent Rep.: Verlangen: calc-p. 2, cench., mez. 2, sanic., tub. 2)

Plätschern am Morgen

Bauch:
Empfindung, wie von kaltem Wasser be-
spritzt
Rumoren im Bauch nach dem Erwachen

Nieren-Blase:
milchig-klebriger Ausfluß vor dem Wasserlassen
Urin mit oberflächlich schwimmenden roten
Flocken
nach Miktion Abgang von wenigen Tropfen
Blut

Genitalien:
Jucken nach Urinieren, bes. bei Männern
stark wundmachender Weißfluß

Glieder:
Sehnenabszeß, Sehnenhüpfen
Ameisenlaufen Großzehe
Haarausfall Handrücken
Hitzegefühl in der Hand beim Schreiben
Knacken der Schultergelenke nachts
Hand, abgestorbene Haut
Knochenschmerzen, als ob sie platzen wür-
den
geprelltes Gefühl in den Knochen

Rücken:
Hautausschlag wie Fischschuppen
Psoriasis in großen Flecken

Haut:
Gänsehaut im warmen Zimmer
Hautausschläge mit Jucken, Brennen, Krusten, Geschwüren und eiterigem Unter-
grund an verschiedenen Körperstellen

Besser:
Kälte, kalte Luft, im Freien

Schlechter:
Bettwärme, warmes Essen, Berührung
nachts, naßkaltes Wetter

Besondere Anzeigen:
Ausschlag nach Impfungen, Ziliarneuralgien
(Augenmuskeln) nach Augenoperationen,
eingeklemmter Leistenbruch bei Säuglin-
gen, Quecksilbervergiftungen (Amalgam),
bei Knochenkrebs, Schnarchen der Kinder[Synth.], schwerhörig, taub nach Hautausschlägen

Hauptindikationen:
stark juckende Ekzeme mit eitriger Krustenbildung, Milchschorf, Gürtelrose, Neuralgien (Gesicht/Augen/Zähne), Knochenschmerzen, Knochengeschwülste, Knochenfraß.

Vergleiche:
nitr-ac., ars., canth., caust., cinnb., euph.,
guaj., merc-s., phyt., ran-b., rhus-t.,
symph., thuj.

Abb. 28: Schneeglöckchen (Galanthus nivalis) – ein dreifächerig gespreiztes Glöckchen.

Galanthus nivalis L./Schneeglöckchen

Die ersten Blüten im Jahr, welche sich oft durch die schmelzende Schneedecke ans Licht drängen, oder von einem späten Schneefall noch einmal winterlich eingehüllt werden, begrüßt jedermann mit besonderer Freude. Sind sie doch das Symbol der ständigen Erneuerung der Natur. Bereits, wenn schon im Januar die Haseln stäuben, schiebt sich das Schneeglöckchen wie ein Bohrer durch den noch gefrorenen Boden und bringt seine beiden Scheidenblätter an den Tag. Manch einer stellt sich dabei die bange Frage, ob die kecke Pflanze wohl nicht zu früh aus dem Winterschlaf erwacht sei und unter der noch herrschenden Kälte erfrieren

Abb. 29: Märzenbecher (Leucojum vernum): Ein hängender Becher mit grünen Spitzen; wird oft mit dem Schneeglöckchen verwechselt.

könnte. Doch keine Angst! Obwohl die Zellflüssigkeit in den Geweben unter dem Frost erstarren kann, nimmt das Schneeglöckchen keinen Schaden. Geduldig wartet es ab, bis ein paar warme Sonnenstrahlen die Knospe emporziehen und wenn bereits trockene Tage in Aussicht stehen, öffnet sich die Blüte im frischen Frühjahrswind. Als Inbegriff des mutigen Erwachens krönt sie das neue Jahr. Jeder meint sie zu kennen, und doch wird sie oft mit dem Märzenbecher (Leucojum vernum), auch Frühlingsknotenblume genannt, verwechselt. Obwohl beide Pflanzen der gleichen botanischen Familie der Amaryllisgewächse (Amarylidaceae) angehören und zur gleichen Zeit erblühen, besitzen sie unterschiedliche Blütenformen. Der Märzenbecher mit seinen sechs gleichartig gestalteten Blütenblättern und grünen Spitzen bildet einen weit geöffneten kronförmigen, hängenden Becher, während das Schneeglöckchen drei innere und drei äußere Blütenhüllblätter besitzt und wie ein langgezogenes, bisweilen dreifächrig gespreiztes Glöckchen aussieht. Während die geöffneten Knotenblumen statisch bleiben, beobachten wir bei den Schneeglöckchenblüten intensive Bewegungen. Nachts bei großer Kälte und bedecktem Wetter legen sich die drei äußeren schützend über die drei inneren Blütenhüllblätter. Bei sonnigwarmem Klima dagegen spreizen sie sich waagrecht auseinander.

Als Bestäuber fungieren vor allem Honigbienen, denen die grünen Saftmale den Weg nach dem Blütengrund und zu den zuckerhaltigen Geweben weisen. Bleibt infolge schlechten Wetters der Besuch aus, so fallen die Pollen direkt auf die Narbe herunter zur Selbstbestäubung.

Die ca. 8 bis 20 cm hohe, mehrjährige Pflanze verbirgt im Boden eine kugelige Zwiebel (Speicherorgan), die von drei trokkenhäutigen, braunen Schalen umhüllt wird. Daraus wachsen im zeitigen Frühjahr zwei grundständige, lineale Laubblätter, aus deren Mitte der Blütenstengel mit seinen schneeweißen hängenden Glöckchen emporsprießt. Bald nach der Blüte im April erschlafft der Stengel, so daß die Fruchtkapsel direkt auf die Erde zu liegen kommt. Die Samen besitzen ein deutliches, hornartiges Anhängsel (Elaiosom), das von Ameisen gefressen wird, womit die Pflanze neue Verbreitung findet.

Botaniker betiteln das Schneeglöckchen als „Galanthus nivalis", dessen Gattungsname aus dem Griechischen (gale = Milch, anthus = Blüte) übersetzt wird und Bezug auf die schneeweiße Blüte nimmt. Der Beiname „nivalis" ist lateinischen Ursprungs aus: nivis = Schnee. „Milchblüte im Schnee" ist also die richtige Übersetzung.

In der früheren Volksmedizin war die Pflanze verschiedentlich in Gebrauch. Samuel Hahnemann schreibt in seinem „Apotheker-Lexikon" (Karl F. Haug Verlag) über die „Schneeglockenknotenblume": „Daß man die Wurzel im Absud innerlich gegen Fieber, äußerlich aber aufgelegt als erweichendes, zerteilendes Mittel empfohlen, und den Absud der Blume im Seitenstechen und das destillierte Wasser im Staare gerühmt hat, ruht noch auf zweideutiger Empirie."

Mit dem Schneeglöckchen beginnt nicht nur ein neues Pflanzenjahr, auch der homöopathische Kalender wird mit dieser fantastischen Blüte eröffnet. Doch nur in wenigen homöopathischen Arzneimittelbüchern wird Galanthus nivalis erwähnt, so z.B. im „Handbuch der homöopathischen Materia medica" von William Boericke (Karl F. Haug Verlag, Heidelberg).

Galanthus in der Homöopathie

Die Urtinktur wird aus der im zeitigen Frühjahr (vor der Blüte) gesammelten Zwiebel hergestellt. Dr. A. Whiting aus Vancouver hat mit Galanthus nivalis einen ersten Arzneimittelversuch durchgeführt und die Arznei bei *Herzmuskelentzündung* (Myokarditis) im Zusammenhang mit einer leichtgradigen Mitralklappeninsuffizienz (schwache Herzklappentätigkeit) empfohlen. Das Mittel zeigt im Krankheitsfall folgende absonderliche Eigenheiten: *Die Kranken liegen im Halbbewußtsein* und *in Sorgen vertieft* im *Schlaf*; Tagsüber neigen sie zu *Kollapsgefühl, als ob sie hinfallen müßten.* Über der Herzspitze besteht ein *systolisches Geräusch*, während der *Puls unregelmäßig* und *beschleunigt* (heftiges Herzklopfen) ist. Bei solchen Anzeigen könnte die Pflanze das „Kleine Mittel der Wahl" sein. Galanthus dürfte jedoch in der Homöopathie noch weiter erforscht werden.

Signatur

Wenn man das Schneeglöckchen in den ersten Tagen des Frühjahrs betrachtend begrüßt, weiß man nicht, ob es schon gänzlich erwacht ist oder sich erneut unter einer neuen Schneedecke zur Ruhe begeben wird. Die drei äußeren Blütenhüllblätter gleichen einer Schlafmütze, die drei Zipfel tief übers Gesicht gezogen; bald aber spreizen sie sich bei schönem Wetter auseinander. Die bewegliche Blüte besitzt das Symbol des Halbschlafes,

Abb. 30: Signatur von Galanthus: Die beweglichen Blüten hängen wie Schlafmützen — sind in Halbschlaf vertieft.

das auch beim entsprechenden Myokard-Patienten zu erkennen ist: „Im Halbschlaf in Sorge vertieft." Ständig müssen die Blüten dagegen kämpfen, daß sie nicht von einer neuen Schneemasse zu Boden gepreßt werden. Dies könnte man bei der Galanthus-Konstitution mit der Kollapsneigung und der Empfindung hinzufallen vergleichen. Obwohl Galanthus äußerst selten in der homöopathischen Praxis zur Anwendung kommt, habe ich mir diese markante Signatur „hinter die Ohren geschrieben".

Abb. 31: Das Leberblümchen wird von den Homöopathen „Hepatica triloba", von den Botanikern „Anemone hepatica" genannt.

Hepatica triloba L./Leberblümchen

In den sonnigen Frühlingstagen, wenn der giftige Seidelbast am Waldrand seinen Hyazinthenduft verströmt, die Haselnußkätzchen ihren Blütenstaub mit dem Wind auf die Reise schicken und ein früh erwachter Zitronenfalter um die noch kahlen Sträucher gau-

kelt, entfaltet sich da und dort das blaue Leberblümchen (Anemone hepatica L.). Seine lieblichen Blüten sind die allerersten Frühlingsblumen, zeigen sie sich doch schon Ende Februar. Der Franke nennt diese Wildblume „Vorwitzchen", weil sie den Frühling kaum erwarten kann und oft noch unter Eis und Schnee ihre Blütenaugen zu öffnen beginnt. Nach Carl von Linné, dem „Blumenkönig" und Taufvater von vielen Pflanzen, trägt das Leberblümchen in der Botanik den wissenschaftlichen Namen „Anemone hepatica L". Der Gattungsname „Anemone" stammt aus dem Griechischen (anemos = Wind) und nimmt Bezug auf die im Frühlingswind be-

Abb. 32: Auffallend beim Leberblümchen sind die dreilappigen Blätter, die auf der Hinterseite eine Leberfärbung vorweisen.

Abb. 33: Das Buschwindröschen (Anemone nemrosa) ist mit dem Leberblümchen verwandt.

Abb. 34: Gelbes Buschwindröschen (Anemone ranunculoides): Es gehört wie das Leberblümchen zur botanischen Untergattung der Windröschen (Anemonen).

wegten zarten Blüten. Der Beiname „hepatica" ist ebenfalls griechischen Ursprungs (hepar = Leber) und deutet auf Form und Farbe der Blätter. Auch der deutsche Name verdeutlicht die leberanzeigende Signatur der Pflanze. In anderen Botanikbüchern wird das Pflänzchen auch als Hepatica nobilis (= edel) Schreb. oder in der *Homöopathie als Hepatica triloba* (= dreilappig) Gilib., bezeichnet.

Als Volksnamen sind je nach Gebiet folgende Bezeichnungen bekannt: Fastenblume, Blaues Herzblumenkraut, Hirschklee, Himmelsstern, Blaue Schlüsselblume, Leberwindblume, Windrosenkraut, Waldanemone.

Das Leberblümchen ist ein ca. 15 cm hohes, mehrjähriges Hahnenfußgewächs (Ranunculacea) und gehört zur Untergattung der Windröschen (Anemonen). Bereits Ende Februar entwickelt es seine zahlreichen Blüten, noch bevor die typischen dreilappigen Blätter erscheinen. Seine nächsten Verwandten, die etwas später im Frühling zu Tage treten, sind das giftige Buschwindröschen (Anemone nemorosa) und das eher seltene Gelbe Buschwindröschen (Anemone ranunculoides). Mehrere Blüten stehen in lockeren Büscheln beim Leberblümchen endständig an einem langen, behaarten Stengel. Die einzelne Blüte, welche in ihrer Farbe von blau, violett, rosa bis weiß variieren kann, besitzt sechs bis zehn Blumenblätter. Blütezeit: Februar bis Ende März. Ameisen verschleppen den ölhaltigen Samen auf ihren Straßen durch den Wald. Der Lieblingsstandort ist ein der Sonne zugeneigter Waldboden, meistens im Buchenwald. Das dünne Laub des Vorjahres gibt der Pflanze Nestwärme, um sich im zeitigen Frühjahr entfalten zu können. Die milden Gegenden des Voralpenlandes mit Nagelfluhgestein scheinen dem Leberblümchen am besten zu bekommen.

Das Leberblümchen in der Pflanzenheilkunde

Die inhaltlichen Wirkstoffe des getrockneten Krautes, Glykoside wie Hepartrilobin, Aglycon, Cyanidin, Invertin, ferner Antho-

Abb. 35: Die Blütenfarbe des Leberblümchens kann von blau, violett, rosa bis weiß variieren.

cyane, Flavone, Delphinidin und Saponin zeigen im klinischen Versuch leber- und galleanregende Eigenschaften. Es wurde sogar eine bakteriostatische Wirkung nachgewiesen, welche imstande ist, Tuberkulosebazillen zu hemmen. Doch das Leberblümchen fristet in der Phytotherapie immer noch ein Schlummerdasein und wartet darauf, in der Heilkunde neu entdeckt zu werden.

Hahnemann selbst beschrieb die „Leberwindblume" in seinem Apotheker-Lexikon als adstringierendes Wesen, „das von den Alten als ein zusammenziehendes Mittel bei Zäpfchengeschwulst, Darmdrücken, Nachtripper, Blutharnen, Blutspeien und in Wunden gebraucht wurde; auch als ein Hausmittel gegen hypochondrische Schwäche des Speisekanals."

Vergiftungen

Das Leberblümchen muß nach dem Sammeln gut getrocknet werden. Im frischen Zustand beinhaltet die Pflanze einen reizenden Stoff, das sogenannte Anemonol, das sich allerdings bei der Trocknung gänzlich verflüchtigt und daher keinen Schaden hervorrufen kann. Kein Tier nagt deshalb am frischen

Leberblümchen, weil dieses seine Schleimhäute reizen könnte. In getrocknetem Zustand jedoch ist die Pflanze ungefährlich und besitzt sogar verschiedene Heilwirkungen.

Signatur

Wußten Sie, daß diese Pflanze bei unseren heilkundigen Vorfahren ein zuverlässiges, natürliches Lebermittel war? Ihre Heilanzeige haben unsere Ahnen aus der Zeichensprache der Natur abgelauscht. Unsere Vorväter waren nämlich imstande, viele Heilgeheimnisse der Kräuter durch liebevolle Betrachtung der Pflanzen zu ergründen. Man nannte dies die „Kunst der Signaturenlehre". Dabei wurde versucht, die Geheimsprache zu deuten, die bei manchem Gewächs im Gesicht geschrieben steht. Nach ihrer Ansicht offenbart die Natur dem Heilbeflissenen durch Form, Gestalt, Farbe und Standort manchen Hinweis über die den Heilkräutern innewohnenden Kräfte. Selbst Paracelsus war mit der Kunst der Signaturenlehre vertraut und sah bei manchen Pflanzen sichtbare Merkmale, sogenannte Fingerzeige, die auf ihre Wirkung hinweisen. Wenn wir zum Beispiel das Leberblümchen betrachten, so sehen wir, daß es mit den dreilappigen Blättern auf seine Nützlichkeit bei Leberkrankheiten aufmerksam machen will. Denn auch die menschliche Leber hat eine dreilappige Form, ferner entspricht ihre Farbe genau derjenigen der Rückseite des Leberblümchenblattes. Diese heilanzeigende Farbe und Form dürfte unserer hübschen Frühlingspflanze auch zu ihrem Namen „Leberblümchen" verholfen haben.

Leider läßt sich jedoch diese Signatur nicht auf die homöopathische Wirkung verbinden.

Hepatica triloba in der Homöopathie

Den Einzug in die Homöopathie erhielt Hepatica triloba durch ein Experiment, das von Dr. D. G. Kimball vor vielen Jahren vorgenommen wurde (Clarke). Aufgrund einer *chronischen Reizung in Hals und Lungen*

Abb. 36: Hepatica triloba: In der Homöopathie bei charakteristischen Halsbeschwerden im Gebrauch (kratzendes, kitzelndes Gefühl im Kehlkopf als wären Nahrungsreste steckengeblieben).

kaute er jeden Tag die Blätter des Leberblümchens, wobei seine eigenartigen Beschwerden gebessert wurden: *kitzelndes Gefühl im Hals und am Kehlkopfdeckel (Epiglottis) mit der Empfindung, als ob Speisereste steckengeblieben wären* (Kent Rep.: Husten — Empfindung Kitzeln im Kehlkopf: agar. 2, caps., jod. 2, mag-m., sep.). Auch der *klebrige, zäh angesammelte Schleim* wurde ausgeschieden, während die Lungentätigkeit und die Verdauung sich verbesserten.

In diesem Sinne bewährt sich Hepatica als Kleines Mittel der Wahl, insbesonders bei *Rachenkatarrh* mit *kitzelnder und kratzender Reizung* und der *Empfindung, als ob Nahrungsreste zurückgeblieben wären.* Die Erkrankung ist vielfach verbunden mit zäh verschleimtem Gefühl in der Gegend der Epiglottis und *reichlichem, rahmartigem, süßem Auswurf.*

Absonderliche Beschwerden: Hepatica triloba

Augen:
morgens, juckende, verklebte, lichtempfindliche Augen mit Brennen

Nase:
wunde Stellen am Naseneingang[Synth.]
blutiger Schleim läuft aus der linken Öffnung

Hals:
kratzendes, kitzelndes Gefühl im Kehlkopf
als wären Nahrungsreste steckengeblieben
rahmartiger Schleim, der süß schmeckt und
reichlich ausgeworfen wird

Hauptindikationen:
Kehlkopf – Rachenkatarrh, Bronchitis,
Lungenentzündung, Halsweh, Nasenbluten

Vergleiche:
caust., cist., kali-bi., lach., phos., rumx.,
sang., stann.

Narcissus pseudonarcissus L./Gelbe Narzisse

Narzissus kennen wir aus der griechischen Sagenwelt: Ein schöner Jüngling, der sich in sein eigenes Gesicht verliebte, nachdem er an einer Quelle im Wasserspiegel sein Anlitz sah. Aufgrund der unerfüllten Sehnsucht ging er zugrunde. Doch sein sterbender Körper verwandelte sich in eine Blume, die den Namen Narzisse bekam.

Kein Frühling ohne Narzissen, das ist die Devise eines echten Blumenfreundes. Damit meint er nicht die Topfnarzissen, die hier und dort aus den Kübeln und Kästen erblühen. Nein, die wilden Narzissen, die vereinzelt massenweise in den Frühlingsmatten zu bewundern sind, so z.B. in der Schweiz, im Appenzellerland oder im Juragebirge.

Diese fantastische Blume wird von den Botanikern als Narcissus pseudonarcissus bezeichnet; ein mehrjähriges Zwiebelgewächs aus der Familie der Amaryllen (Amaryllidaceen). Es besitzt lineale Laubblätter und einen 15 bis 40 cm hohen, einblütigen Stengel. Die endständige Blume ist zusammengesetzt aus einer dottergelben Nebenkrone und sechs blaßgelben Perigonzipfeln. Blütezeit: März bis April. Der Gattungsname wird von Narzissus abgeleitet oder vom griechischen narkao = betäuben, wegen des intensiven Geruchs der Blüte. Der Beiname pseudonarcissus heißt unecht, da früher Narcissus poeticus — die weiße Narzisse — als echte Narzisse galt. Diese ist z.B. wild in der Schweiz in den bergigen Matten von Seewis im Prätigau, im Tessiner Centovalli oder auf dem Pilatus nahe Luzern zu besichtigen.

Im Volksmund heißt die Gelbe Narzisse: Osterblume, Märzstern, Zittlosen, Osterlilie, Trompetennarzisse und Gänsekragen; die Weiße Narzisse: Dichternarzisse, weil sie in früherer Zeit von Sängern und Dichtern besungen wurde.

Abb. 37: Weiße Narzissen, auch Poeten-Narzissen (Narcissus poeticus) genannt, sind wildwachsend im Centovalli des Tessins (Schweiz) anzutreffen — die Blüten verströmen einen betäubenden Duft.

Die Narzisse in der Pflanzenheilkunde

Hippokrates verordnete Narzissenwurzeleinlagen zur Erweichung des Muttermundes bei Frauen. Ferner galt früher die gelbblühende Narzisse als Heilmittel bei Schleimhautreizungen, Bronchitis, Keuchhusten, Schnupfen und Asthma. Heute ist sie nicht mehr in Gebrauch.

Vergiftungen

Narzissen sind für das Weidevieh giftig. Diese erkranken an Magen- und Darmentzündungen. Oft wird die Pflanze von Hobby-Botanikern im blühenden Zustand infolge der Ähnlichkeit mit dem Lauch verwechselt, wobei nach der Einnahme die Herz- und Atemtätigkeit geschädigt werden. Die inhaltlichen Alkaloide Narzissin und Lycorin wirken beim äußerlichen Kontakt wie Musarin

Abb. 38: Kein Frühling ohne Narzissen, das ist die Devise eines echten Naturfreundes.

aus dem Fliegenpilz, indem die Haut entzündlich wird; innerlich kommt es zum Würgen im Hals, Erbrechen, Durchfall, Schweißausbruch, Benommenheit, Kollaps und Lähmung. Alkaloide (Odutin, Masorin) enthalten auch die Zwiebeln unserer Gartennarzissen, die Hybriden der Weißen Poeten-Narzisse und der Jonquille (Narcissus jonquilla).

Narcissus in der Homöopathie

Die Urtinktur wird von der Zwiebel, *sowohl vor und nach der Blüte hergestellt*. Erstere führt bei der dosierten Abgabe zu Mundtrockenheit, Pupillenerweiterung, Pulsbeschleunigung, Herzinsuffizienz und Verdrängung von Hautabsonderungen, während die Tinktur nach der Blüte hergestellt, andere Alkaloide besitzt und Speichelfluß, Verstärkung der Hautabsonderungen, Pupillenerweiterung, Pulverlangsamung und Übelkeit verursacht. J. Meredith ist der einzige, der Narcissus für die homöopathische Praxis beschreibt und zwar nachdem er anhand dieser Arznei eine Bronchitis mit anhaltendem Husten heilte, wobei viele andere Standardmittel versagt hatten. Die Pflanze ist in der Homöopathie noch zu wenig erforscht. Einzig Boericke und Clarke beschreiben einige wenige absonderliche Symptome, so z. B. *konvulvisches Stadium des Keuchhustens* (wird leicht ohnmächtig): *Ohnmacht bei Husten*: Synth.: ars. 2, cadm-s., cina, coff., cupr. 2, ip., phos. 2.; ferner Durchfall mit heftigem Schmerz unter den linken falschen Rippen. Die Patienten zeigen sich äußerst geschwächt und schläfrig, besitzen *erst zusammengezogene, dann stark erweiterte Pupillen* und reichlich vermehrten Speichelfluß.

Auch von der Weißen Poeten-Narzisse (Narcissus poeticus) sind einige wenige Symptome bekannt: nachts zittriger Puls (Synth.: calc. 2, narc-p.) — wird leicht ohnmächtig.

Signatur

Man könnte fast ohnmächtig werden vor lauter Enttäuschung, daß die zauberhafte Narzisse in der Homöopathie noch nicht ausreichend erforscht wurde. Wer sich angesprochen fühlt, sollte unbedingt mit diesen Zwiebeln einen ausführlichen Arzneimittelversuch durchführen. Ich bin überzeugt, daß eine Vielzahl von charakteristischen Symptomen ausgewertet werden könnten, womit sich das Repertorium wesentlich bereichern würde.

Abb. 39: Die gelbe Narzisse wird im Volksmund auch Osterblume genannt und bewährt sich in der Homöopathie bei Husten mit Ohnmacht.

Abb. 40: Adonisfeld in Charrat, Unterwallis (Schweiz). Die Blütenpolster schmücken die Ränder von Weinbergen.

Adonis vernalis L./Frühlings-Adonisröschen

In Gärten, Fluren und Matten ist das blütenreiche Leben neu erwacht. Überall schimmern uns leuchtende Farben entgegen. Wir brauchen nur eine Hummel oder eine Biene zu beobachten; bald finden wir hier und dort zarte Blumen, die uns den Frühling versprechen. Auch das Frühlings-Adonisröschen drängt sich durch den Boden und erfreut uns mit seinen goldigen Blütensternen, die von krausigen Kragen umwoben sind. Besonders die Südhänge im Rhonetal des Wallis sind seine beliebten Heimstätten, wo sie sich in den trockenen Wiesen auf rasch erwärmender Kalkunterlage entfalten können. Aber auch in Deutschland ist die zauberhafte

Abb. 41: Ein feierlicher Anblick, ins Blütenauge des Frühlings-Adonisröschens zu schauen.

Pflanze vereinzelt zu finden. So z. B. auf den Kalkhügeln des Mainzer Beckens, in dessen Gebiet die Pflanzen vom Rhein und vom Taunus umsäumt werden, in Bayern bei Garchingerheide in der Nähe von München, von Dürkheim bis Bingen im Rheingebiet, im Elsaß bei Hardtwald und im Odertal kann das Frühlings-Adonisröschen ebenfalls bewundert werden. Überall stehen die Pflanzen unter strengstem Naturschutz. Auf einem südlichen Wanderweg über Ungarn und Böhmen drangen sie in unsere Gegenden; sie sind aber stark vom Aussterben bedroht. Ihre ursprüngliche Heimat sind die Steppengebiete nördlich des Schwarzen Meeres in Südrußland.

Es ist ein feierlicher Augenblick, das Frühlings-Adonisröschen mit seinen goldglänzenden Blütensternen bewundern zu können. Aus einem mehrjährigen, schwarzbraunen Wurzelstock treibt die Pflanze feinst zerfiederte Blätter zu einem knappen Krautwerk heraus, das sich mit sehr großen, endständigen, leuchtend gelben Blüten krönt. Aufrecht, weit in der Sonne geöffnet, ihr sich entgegenwendend, gleichen sie selbst dem Sonnenbild. Man fühlt sich von diesen strahlenden Blumensternen angezogen. Schimmernd gelbe Scheiben, die wie mit gelber Atlasseide überzogen sind, glänzen uns ins Auge. Die üppigen Blütenpolster ziehen uns in ihren Bann. Jede Pflanze steckt ihre Blüten immer höher und offener dem Licht zu. Als eine der wenigen Giftpflanzen unserer Heimat getraut sie sich, der Sonne direkt ins Gesicht zu schauen. Sobald aber die Sonne hinter den Wolken verschwindet, legen sich die Blütenblätter zusammen. Neigt sich die Lebensdauer der Adonisblüte ihrem Ende zu, dann vermag sie sich im letzten Lebensabschnitt nur noch halb zu schließen, und bereits Tage darauf schlägt sie im Verblühen die Blütenblätter leicht rückwärts, ehe sie eines nach dem anderen abfallen läßt.

Adonis, Liebling der Aphrodite

Nach einer alten griechischen Legende wird uns die Entstehungsgeschichte des Adonisröschens beschrieben. Ovid berichtet, daß Adonis, der Liebling von Aphrodite, von einem Eber des eifersüchtigen Ares überfallen und verwundet worden sei. Die Tränen der Aphrodite hätten sich danach mit dem Blute des Adonis vermischt und so das Adonisröschen erzeugt. Zum Gedächtnis des von Aphrodite geliebten schönen Jünglings wurden in alter Zeit besonders von den Frauen alljährlich Adonisfeste gefeiert, die das Sterben und Wiedererwachen der Natur sinnbildlich verkörperten.

Die Frühlings-Adonisröschen (Adonis vernalis) haben mit Rosen nichts zu tun; sie gehören der botanischen Familie der Hahnenfußgewächse (Ranunculaceen) an. Mit ihrem Gattungsnamen ehrt die Pflanze den griechischen Gott Adonis. Der Beiname „vernalis" versinnbildlicht das Blütenfest im Frühling. Im Volksmund bezeichnet man den goldenen Blütenstern auch als Frühlingsteufelsauge oder Sonnenröschen. Ein Verwandter des

Abb. 42: Sommer-Adonisröschen (Adonis aestivalis): Es ist mit den Frühlings-Adonisröschen verwandt und nur noch selten in unseren Äckern zu finden.

Frühlings-Adonisröschens ist das nur einjährige Sommer-Adonisröschen (Adonis aestivalis), welches durch die chemische Unkrautbekämpfung in unseren Äckern fast gänzlich ausgestorben ist. Dieses wird auch Teufelsauge oder Blutströpfchen genannt, aufgrund der hochroten Blüten mit schwarzem Grund.

Insbesondere das Frühlings-Adonisröschen ist ein beliebtes Ziergewächs im Garten und kann beim Gärtner als Jungpflanze eingekauft werden. Die goldschimmernden Blütenpolster breiten in Nachbarschaft von Schlüsselblumen, Veilchen, Primeln, Küchenschellen, Märzenbecher und Krokus einen bunten Frühlingsteppich aus.

Frühlings-Adonisröschen in der Pflanzenheilkunde

Das Frühlings-Adonisröschen ist in der Pflanzenheilkunde, sachkundig eingesetzt, ein ausgezeichnetes Mittel bei nervösen Herzbeschwerden, Rhythmusstörungen des Herzens, bei Extrasystolen und Myokardschäden (Herzmuskelschäden) des Herzens. Vor allem Dr. med. R. F. Weiß empfiehlt das Extrakt in seinem „Lehrbuch der Phytotherapie" unter kontrollierten Dosierungen bei funktionellen Herzbeschwerden, nervöser Herztätigkeit und herzbedingter Wassersucht. Die Arzneipflanze muß jedoch in fein abgestimmten Mengen verabreicht werden, da sonst starke Nebenwirkungen in Erscheinung treten können.

Vergiftungen

Wurzel, Blatt und Blüte des Frühlings-Adonisröschens enthalten die digitalisähnlichen Glykoside Adonidosid, Adonivernosid, Adonitoxin, die in der falschen Dosierung toxisch sind. Sie verursachen eine periphere Gefäßverengung, Blutdruckerhöhung, Herzarhythmie, nervöse Erregung, Erbrechen, Magenschmerzen und Durchfall.

Adonis vernalis in der Homöopathie

Ähnlich wie die Pflanze im Vergiftungsfall beim Menschen Beschwerden verursacht, ist Adonis vernalis als homöopathische Arznei bei Krankheiten angezeigt. Aus der Urtinktur, die vom *frisch blühenden Frühlings-Adonisröschen* hergestellt wird, verwendet man je nach Schweregrad der Erkrankung stufenweise potenzierte Verdünnungen. *Das homöopathische Mittel verbessert die Kontraktionskraft des Herzens, vermehrt die Harnabsonderung und reguliert die Pulstätigkeit.* In diesem Sinne ist Adonis vernalis ein hervorragendes *Alternativmittel für Digitalis*, indem es *kumulativ oder rascher wirkt.* Clarke berichtete von einem durch Cash behandelten 47jährigen Kranken voller Wasser mit Mitralinsuffizienz, der durch 8stündige Gabe von Adonidin große Erleichterung erfuhr und innerhalb von 24 Stunden bis zu 750 ml mehr Urin ausschied, nachdem Digitalis und Arsenicum versagt hatten.

Abb. 43: Adonis ist homöopathisch ein Kumulativmittel zu Digitalis und verbessert Herzbeschwerden mit Pulsveränderungen.

Leitsymptome: Woran die Adonis-Konstitution zu erkennen ist

Sehr oft sind Adonis-Patienten fettleibige Personen, die an *Herzbeschwerden, Wassersucht, beschleunigtem, verlangsamtem oder* *unregelmäßigem Puls, erhöhtem Blutdruck* und Schwindel leiden. Sie klagen über *wandernde rheumatische Schmerzen* über den ganzen Körper, wobei die *linke Seite bevorzugt* ist, Bewegung verschlechtert, Druck bessert die Beschwerden.

Psychische Verhaltensweisen

Die Adonis-Konstitution zeigt oft ein mürrisches, mißmutiges Verhalten. Der Kranke ist häufig schlecht gelaunt, niedergeschlagen, verzagt, depressiv und ängstlich. Manchmal fühlt er sich versteift und verkrampft oder besitzt das *Empfinden der Leichtigkeit* (Kent Rep.: Gefühl von Leichtigkeit: asar., lach., op. 2, thuj., visc.). Nicht selten handelt es sich um Alkoholiker mit starken Herzbeschwerden.

Signatur

Wer dem Frühlings-Adonisröschen begegnet, gerät oft aufgrund des einzigartigen Blütenzaubers völlig „aus dem Häuschen". Das Herz beginnt kräftig zu schlagen, der Puls beschleunigt sich, und die Stimmung hellt sich auf. Dies sind für mich blütenbedingte Heilanzeigen, die ich mir bei der Behandlung von kranken Menschen in Erinnerung rufe. Nicht selten erkenne ich bei den im Winde arhythmisch sich bewegenden, zerfiederten Blättern ein Indiz für Rhythmusstörungen von Herzpatienten.

Absonderliche Beschwerden: Adonis vernalis

Schlaf:
ruhelos durch Herzklopfen

Kopf:
Schwindel beim Aufstehen, beim raschen Kopfdrehen oder Hinliegen
Kopfschmerz vom Hinterkopf rund um die Schläfen zu den Augen
Kopfspannung, Empfindung von Zusammenschnüren des Kopfes
Gefühl der Leichtigkeit im Kopf[Synth.]

Abb. 44: Adonis-Konstitution: Ruheloses Herz, Präkordialangst und Gefühl von Leichtigkeit.

Augen:
erweiterte Pupillen

Mund:
dunkelgelbe Zunge

Brust:
Gefühl eines Gewichtes auf der Brust
Beklemmung, zusammenschnürendes Gefühl

Herz:
Herzklopfen mit Schwindel oder Atemnot
Präkordialangst mit Herzklopfen oder
   Atemnot

Atmung:
Atemnot bei Berührung des Rückens
Verlangen (Zwang), tief zu atmen

Magen:
Leeregefühl, Schwächegefühl, Ohnmachtsge-
   fühl im Magen
Magenbeschwerden mit Schwindel
Gefühl eines Gewichts auf dem Magen
Angst steigt vom Magen auf

Urin:
öliges oder fettes Häutchen auf der Oberfläche der abgegangenen Harnflüssigkeit

Glieder:
wassersüchtige Anschwellungen Neigung zu
   Ödemen

Besser:
nach Essen

Schlechter:
Bewegung, Kälte

Besondere Anzeigen:
Herzstörungen durch Alkoholmißbrauch
Aorten- oder Mitralklappenfehler,

Hauptindikation:
Herzmuskel- und Herzbeutelbeschwerden,
   fettartige Degeneration des Herzens, Basedow-Herz (Herzbeschwerden durch Über-
   funktion der Schilddrüse), Arhythmien des
   Herzens, nervöse Herzstörungen nach
   Grippe oder Lungenentzündung mit Herzbeschwerden, Herzjagen (Tachykardie),
   nach Infektionen, fieberhafte Erkrankungen mit Herzbeschleunigung, Herzbeschwerden nach Rheuma oder Brightscher
   Krankheit, Aortenrückstau, rheumatische
   Endokarditis, (Entzündung der Herzin-
   nenhaut oder der Herzklappen), Herz-
   asthma (Quebracho), Myokarditis (Herzmuskelentzündung), unregelmäßiger beschleunigter Puls, Wassersucht infolge un-
   genügender Herztätigkeit.

Vergleiche:
crat., conv., stroph., acon., dig., scil., kalm.,
   spig., kali-c., lyc., olnd.

Abb. 45: Wiesen-Schlüsselblumen (Primula veris): Sie leuchten uns im frischen Wiesengrün als Frühlingsboten entgegen.

Primula veris L./Wiesenschlüsselblume

Eine zauberhafte Legende erzählt: „Als der heilige Petrus, der die Tore zum Himmelreich hütet, vernahm, daß Unholde sich einen Nachschlüssel angefertigt hätten, um durch die goldene Pforte in den Himmel eindringen zu können, ließ er vor Schreck seinen ganzen Schlüsselbund fallen, worauf dieser von Stern zu Stern immer tiefer zur Erde sank. Wohl sandte er sofort einen Engel nach, daß er den Schlüssel aufhebe und zurückbringe. Allein der Bund hatte schon den Erdboden berührt, worauf an dieser Stelle eine goldene Blume erblühte, welche die Gestalt der Himmelsschlüssel annahm." — Zwar vermögen diese Blüten den Himmel nicht aufzuschließen, doch wenigstens eröffnen sie uns das Tor zum Frühling. Die Geschichte ist so schön, manchmal glaub' ich sie selber.

Die lateinische Bezeichnung „Primula veris" ist geradezu ein Charakteristikum für das Erscheinen der Pflanze im Blütenjahr. Die Schlüsselblume gehört zu den ersten Frühlingsblumen. (Primus = der Erste, veris = Frühling; aus dem Lateinischen übersetzt). Die deutsche Bezeichnung „Schlüsselblume" bringt die Ähnlichkeit der Blüte mit einem alten Hohlschlüssel zum Ausdruck.

Im Volksmund heißt die Pflanze auch: Himmelsschlüssel, Madäneli, Petriblume, Heiratsschlüssel, Marienschlüssel oder Gichtblume.

Die bei Jung und Alt als Frühlingsboten beliebten Schlüsselblumen leuchten uns im frischen Wiesengrün an trockenen Stellen, an Abhängen, im Gebüsch bis auf 2.000 m Höhe entgegen. Ganz deutlich können wir erkennen, wie verschiedene Standorte und Böden ganz verschiedene Formengestalten hervorrufen. Denn dort, wo sich die Wiesenhänge heben, wo schon die goldenen Sonnen des Löwenzahns und die weißen Sterne der Margeriten aus dem Rasen leuchten, dort sind die Schlüsselblumen beträchtlich kleiner, die Blüten wesentlich dunkler und viel bauchiger und glockiger als bei der Waldschlüsselblume, die eine Gefährtin der feuchten Stellen in Wiese, Wald, an Quellen und Bächen ist. An der Gestalt der Blüte können wir den Unterschied beider Pflanzen feststellen: Echte Schlüsselblume (Primula veris) mit goldgelben, glockigen, frühlingshaft duftenden Blüten, Waldschlüsselblume (Primula eliator) mit offenen, hellgelben, fast geruchlosen Blüten. Beide Pflanzen können für die Frühjahrsapotheke eingesammelt werden, doch die Echte Schlüsselblume ist viel stärker und wirkstoffreicher.

Abb. 46: Wald-Schlüsselblume (Primula elatior): Schwester der Wiesen-Schlüsselblume, wächst auf feuchtem Standort.

Abb. 47: Stengellose Schlüsselblume (Primula vulgaris): Sie besitzt kurzgestielte, hellgelbe Blüten.

Abb. 48: Aurikel (Primula auricula): Besitzt filzig-grüne, ohrenförmige Blätter und klebt am Fels.

Die Schlüsselblume ist ein Kind der formenreichen Gattung der Primelgewächse (Primulaceae), eine mehrjährige Pflanze, die etwa 20 cm hoch wird. Weltweit sind rund

300 Primelarten bekannt; bei uns wachsen ungefähr 15 Arten, meistens im Gebirge. Nur wenige kommen in tieferen Lagen vor, zum Beispiel die Stengellose Schlüsselblume (Primula vulgaris) mit kurzgestielten, hellgelben, offenen Blüten. Die Aurikel (Primula auricula) findet man in den Bergen zwischen Felsspalten und im Geröll, ausgerüstet mit filzig-grünen Blättern und offenen goldgelben Blüten. Sie steht unter strengstem Naturschutz. Auch rotblühende Arten wie die Behaarte Primel (Primula hirsuta) wachsen in den Bergen. Die Mehrprimel (Primula farinosa) ist ein zartes Primelgewächs im moorigen Boden mit zarten, purpurroten bis violetten Blüten und mehligem Blütenstengel. Die Pflanze ist hochgiftig. In der Homöopathie wird sie bei Dermatitis an Zeigefinger und Daumen eingesetzt.

Auch hat man durch Kultur der Primelgewächse eine Vielzahl von reizendsten Spielar-

Abb. 49: Mehlprimel (Primula farinosa): Sie besitzt violette Blüten und mehlig überzogene Stengel.

ten und Kreuzungen gezüchtet, die im Frühjahr unsere Gärten und Stuben zieren. Die Blütenfarben variieren von Gold bis Blau.

Schlüsselblume in der Pflanzenheilkunde

Pfarrer Sebastian Kneipp, der Wasserdoktor mit Gummischlauch und Gießkanne, berichtet: „Wer Anlagen zur Gliedersucht hat oder an diesen Gebrechen leidet, trinke längere Zeit hindurch Schlüsselblumentee. Die Schmerzen werden sich lösen und allmählich verschwinden." Auch Kräuterpfarrer Künzle aus Zizers lobte die Pflanze und zwar mit einem vielversprechenden Vers: „D' Schlüsseli machet ring im Chopf, Nimmet d' Gsüchti mängem arme Tropf, − Macht fry und lostig wie nes Reh, s' got nüt meh über de Schlüsselitee."

Neueste Untersuchungen haben nachgewiesen, daß die Schlüsselblumenblüte samt Kelch bis zu 8% Saponin, Flavone, ätherisches Öl, Enzym, Glokosid als Primulaverin und Primverin, Cyclamin, Vitamin C und Primulakampfer enthalten mit harnsäureausscheidender, auswurffördernder, hustenlösender und beruhigender Wirkung. In diesem Sinne wird der Kräutertee eingesetzt.

Abb. 50: Primula veris ist in der Homöopathie bei Migräne mit Bandgefühl um den Kopf (kann keinen Hut tragen) indiziert.

Primula veris in der Homöopathie

Die Wiesenschlüsselblume ist in der Homöopathie noch nicht eingehend erforscht worden. Deshalb sind nur wenige Merkmale bekannt. Die Urtinktur wird aus der ganzen, *frischen Pflanze hergestellt*.

Das Mittel paßt für *Neuralgie-, Migräne- und Gichtpatienten* mit charakteristischen Symptomen wie: *Blutdrang zum Gehirn, Bandgefühl um den Kopf − kann keinen Hut tragen* (Abneigung gegen Hut: Kent Rep.: carb-an., jod. 2, led. 2, lac. 2, siehe auch Kopfschmerz durch Druck des Hutes) und gespannte Stirne).

Die Kranken haben oftmals eine schwache Stimme und *fürchten sich vor dem Hirnschlag*. Es besteht die *Einbildung, nach hinten zu fal-*

len und nicht selten zeigt sich eine *dickköpfige* Persönlichkeit.

Absonderliche Beschwerden: Primula veris

Kopf:
Gefühl nach hinten zu fallen, Furcht zu fallen beim Aufstehen
Gefühl von einem Band quer über Stirn
Schwindel, als ob sich alles drehe

Augen:
Fliegen vor den Augen

Gesicht:
rote Flecken auf den Wangen mit heißem Kopf

Verdauung:
Gänsehaut während Stuhlgang

Nieren:
trüber, brauner Urin riecht nach Veilchen:
(Kent Rep.: clem., cop. 2, cub., inul., lact.,
nux-m., osm., phos., sel., ter.)

Glieder:
Schweregefühl und Schmerzen in der rechten
Achselmuskulatur
ziehende Schmerzen am Daumen und Großzehe (Gicht)

Rücken:
Müdigkeitsgefühl in den Schultern
rechte Halsseite versteift

Besondere Anzeige:
Furcht vor drohendem Apoplex

Hauptindikation:
Neuralgie, Migräne, Gicht, Schwindel, rheumatische Schmerzen

Vergleiche:
cycl., anag.

Asarum europaeum L./Haselwurz

Wer im Lenz frohgemut durch den Buchenwald schlendert, wird nicht selten von einem lichtgrünen, rundlichen Blätterteppich überrascht, den die Haselwurz im Frühlingsboden ausbreitet. Es handelt sich um ein mehrjähriges Osterluzeigewächs (Aristolochiacea), das sich mit kriechender Grundachse vermehrt. Die Pflanze besitzt Dutzende von dunkelgrün glänzenden, nierenförmig eingebuchteten, rundlichen Blättern. Die darunter liegenden, unscheinbaren rachenförmigen, bräunlichen Blüten, welche vom April bis Juni erscheinen, dienen vielen kleinen Insekten des Waldes als Schlupfwinkel. Mit Pfeffer- und Kampfergeruch wird das Kleingetier angelockt. Die Pflanze wird nicht größer als 10 cm und ist ein Begleiter der Haselsträucher − deshalb wird sie Haselwurz genannt. Die botanische Bezeichnung „Asarum" stammt vom griechischen „asaron", was Ekel, Unbehagen bedeutet, und Bezug auf die brecherregende Kraft der inhaltlichen Wirkstoffe nimmt. „Europaeum" als Beiname bringt die Verbreitung in Europa zum Ausdruck. Im Volksmund kennt man die Pflanze auch als Hasenzeltchen, Scherbelkraut, Pfefferwurz, Hasenpfeffer, Haselmusch, Haselmönch.

Haselwurz in der Pflanzenheilkunde

In früheren Zeiten war die Haselwurz ein Geheimmittel gegen Trunksucht. Ferner verwendete Paracelsus die Blätter als Pflaster bei „Sausen der Schläfenarterien". Heutzutage ist das Wurzelextrakt (Asari rhizoma) in vorsichtiger Dosierung bei Bronchitis und Asthma im Einsatz und zwar aufgrund der expektorierenden und bronchospasmolytischen Wirkung.

Vergiftungen

Die Wurzel beinhaltet als toxisch wirksame Inhaltsstoffe Asari oleum mit Asaron (Haselwurzkampfer), welche bei der überdosierten Einnahme Mund-und Rachenbrennen, Übelkeit, heftiges Erbrechen, Abortus (Frauen legten sich früher auf die Haselwurzblätter, um die Frucht abzutreiben), Nierenschädigung und zentrale Lähmung verursachen.

Abb. 51: Charakteristisches Merkmal für Haselwurz: dunkelgrün glänzende, nierenförmig eingebuchtete Blätter.

Asarum in der Homöopathie

Die Urtinktur wird aus der *frischen Wurzel* sowie aus der *ganzen Pflanze* hergestellt. Mezger führte nach Hahnemann einen Arzneimittelversuch mit 18 Personen durch, wobei auffällige Beobachtungen festgestellt werden konnten: Empfindung der Levitation; man *glaubte in der Luft zu schweben* (Synth.: asar., manc., nux-v., op., stict., valer.), *Leichtigkeit aller Glieder* und berauschendes Gefühl.

Abb. 52: Haselwurz (Asarum europaeum) ist in ganz Europa als Haselstrauchbegleiter heimisch.

Das Mittel ist indiziert bei enormer *Erregbarkeit*, z.B. beim Auffahren der Nerven, *wenn auf Seide oder Papier gekratzt wird* und dabei Kälteschauer und Reizbarkeit auftreten. Auch das *Schlagen von Uhren,* Klingen der Glocken, *Rascheln von Papier,* Zeitung (Kent Rep.: bor. 2, calad., ferr., nat-c. 2, nat-s., zinc.) oder *schrille Töne* können ärgerliche Nervosität verursachen.

Leitsymptome: Woran die Asarum-Konstitution zu erkennen ist

Asarum-Patienten *haben immer kalt und sind merklich mit Gänsehaut* und bläulich verfärbtem Gesicht befallen. Bei Kälte schrumpfen sie zusammen. Es besteht ein großer *Mangel an Lebenswärme verbunden* mit chronisch kalten Händen und Füßen. Das Mittel paßt für Intellektuelle mit sitzender Lebensweise, die immer kränkeln und frostig sind (Clarke). Auch der Speichel fühlt sich kalt an (mitunter vereinzelt auch heiß). Die Kranken haben eine große Abneigung gegen Fleisch, dafür Verlangen auf Saures, frisches Gemüse und Nüsse. *Das Brot schmeckt bitter.* Nachts können sie *nicht schlafen, wenn kein gedämpftes Licht angezündet ist* (stram. 3, calc.). Charakteristisch ist die Überempfindlichkeit der Nerven. Jedes Hundegebell oder Autohupen führt zum Erschrecken. Auffallend ist, daß *bei jeder Erregung Kälteschauer* auftritt. Oftmals zeigt sich die Konstitution mit *starrem Blick*, mit matten, glanzlosen Augen, die zu chronischen Entzündungen neigen können. Das Brennen und die Hitze in den Augen wird durch kalte Augenbäder kurzfristig gebessert.

Psychische Verhaltensweisen

Das Asarum-Krankheitsgefühl präsentiert sich mit einer geistigen Erschöpfung und einem Versagen des Intellektes. Das bedeutet, Konzentration und Gedächtnis sind arg angeschlagen, ansonsten hat bei Gesundheit ein gutes Erinnerungsvermögen für Namen bestanden. Die Stimmung wechselt von Froh-

sinn zur Schwermut. Diese Konstitution zeigt sich äußerst sensibel; sie ist ein *richtiges Nervenbündel.* Depressionen stehen oft in Zusammenhang mit gleichzeitiger Erschöpfung. Vielfach besteht auch die Einbildung, sterben zu müssen. Bereits morgens beim Erwachen steigt dem Patienten ein banges, ängstliches Gefühl auf. Ansonsten besteht das Empfinden der Schwerelosigkeit, Leichtigkeit. Vereinzelt klagen die Kranken, sie würden bei geringster Gelegenheit einschlafen oder ihre Gedanken würden plötzlich verschwinden. Andere verlangen suchtmäßig nach Alkohol.

Signatur

Wer die Blüte der Haselwurz betrachtet, erkennt in ihrer Erscheinung ein ärgerlich aufgewühltes, erregtes Gesicht. Sie liegt unter dem Blätterwerk verborgen und möchte ihre Ruhe haben. Der Rachen ist weit geöffnet, als würde er sich zum Reflex des Erbrechens vorbereiten. All dies sind Heilanzeigen für die Verwendung von Asarum in der homöopathischen Praxis.

Abb. 53: Die Blüte der Haselwurz zeigt ein erregtes, zum Brechreiz veranlaßtes Gesicht, was als Signatur gewertet werden kann.

Absonderliche Beschwerden: Asarum

Schlaf:
träumt von Schmerz, Demütigung oder Schuld

Kopf:
Schwindel durch geringstes Geräusch
Schwindel als ob sich das Zimmer drehen würde
bei Anstrengung der Gedanken: Kopfschmerzen und Übelkeit
hat das Gefühl, kopflos zu sein[Synth.], etwas Lebendiges im Kopf zu haben
die Kopfhaare sind schmerzempfindlich – Kämmen ist unerträglich (Kent Rep.: acon., anac., arg-n. 2, aur. 2, bell. 2, cham., chin., coff. 2, colch. 2, graph., ign. 2, lyc. 2, nux-v., phos. 2, sel., sil. 2, sulf. 2)

Augen:
steifes Gefühl mit Kälte und Brennen
Gefühl, als ob die Augen auseinander oder nach außen gedrückt wären, insbesondere beim Lesen (kaltes Augenbad bessert)
entzündliche, brennende Augen bessern sich durch kaltes Wasser

Ohren:
Hitzeempfinden im äußeren Ohr
Gefühl, als ob die Haut über die Ohrmuschel gezogen sei (Clarke)

Mund:
entzündliche Mundschleimhaut mit Kältegefühl und Brennen
Mund läuft mit kaltem Speichel zusammen

Magen:
immerwiederkehrender Schluckauf (Singultus) mit stündlichen Pausen
kolikartiges Erbrechen – chronische Übelkeit
Magenschmerzen verbessern sich durch warme Milch
Verlangen nach Saurem, Nüssen, frischem Gemüse

Brust:
kurzer nervöser Reizhusten mit ruckweiser Atemtätigkeit (Boericke)

Herz:
Herzstiche wie das Ticken einer Uhr (Mezger)

Genitalien:
Regel zu früh, zu lang dauernd, schwarz
Fisteln an der Vagina (Kent Rep.: asar. 2, calc. 3, carb-v., caust., lach. 2, lyc. 2, nit-ac. 2, puls. 2, sil. 3)

Glieder:
linker Unterschenkel taub, eingeschlafen wie abgestorben
Leichtigkeit der Glieder (Kent Rep.: agar., asar. 2, cann-i., chin., nux-v. 2, op. 2, ph-ac. 3, rhus-t., spig., stict., stram. 2, thym.)

Rücken:
Gefühl, als würde Luft über den Rücken strömen[Synth.]
Ischias im Sitzen, besser im Liegen oder Gehen

Besser:
Spazierengehen, kaltes Wasser (Augen), Waschen des Gesichtes

Schlechter:
Geräusche, geistige Anstrengungen, Sonnenlicht, Wind, Kälte, Föhn, Wetterwechsel.

Besondere Anzeigen:
stechende Augenschmerzen nach Operationen (Boericke)
schwerhörig nach Masern[Synth.]
Amenorrhoe nach Erkältung
Erregbarkeit in der Schwangerschaft

Hauptindikationen:
Übelkeit, Erbrechen, Gastritis, Bronchitis mit Erbrechen (ipec.) Konjunktivitis, Augenerkrankungen, Augenoperationen, Hysterie, Nervosität, Schwebegefühl, Alkoholismus (populäres Mittel in Rußland)

Vergleiche:
aloe., caust., hep., nux-v., phos., podo., sep. ipec.

Pulsatilla pratensis Mill./Wiesenküchenschelle

Nach alter griechischer Sage soll die Küchenschelle aus den Tränen der Venus entstanden sein, als sie den Jüngling Adonis, der auf der Jagd von einem Eber getötet wurde, beweinte. Dies schreibt Dodaneus in seinem Kräuterbuch von 1644.

Küchenschellen sind Frühlingsblumen, die gleich nach der Schneeschmelze erblühen; früh im Tal – später gegen den Sommer in den Bergen. Die Begegnung ist ein eindrückliches Erlebnis. In enger Nachbarschaft von Eis und Schnee zaubert sie neue Akzente in sonnige Hügel, trockene Heiden und lichte Wälder, kalkhaltige Stellen. Mit Hilfe einer langen Pfahlwurzel ist die Pflanze in der Lage, trockene Zeiten ohne großen Schaden zu überstehen; ihren Wasserbedarf zieht sie aus tieferen Schichten der Erde. Das Blütenkleid ist seidig behaart. Wie das Fell eines Tieres oder der Daunenschleier eines Vogels fühlt sich der pflanzliche Pelz an. Durch diese sanft-weiche Behaarung besitzt die Küchenschelle ein geringes Wärmebedürfnis, am

besten fühlt sie sich im frischen Frühlingswind. Ja, durch die luftigen Bewegungen werden die Blüten hin- und hergeschlagen, als möchten sie dem Frühjahr mit Glockenklängen begegnen.

Die Wiesenküchenschelle ist ein ausdauerndes Hahnenfußgewächs (Ranunculacea) mit vielköpfigem Wurzelstock und Blättern, die vierteilige, fiederschnittige Abschnitte und lineale Lappen vorweisen. Der 20–40 cm hohe Schaft trägt gewöhnlich nur eine, seidig behaarte, wunderschöne Blüte mit drei sitzenden Hüllblättern. Die nickenden Blumen sind glockig und dunkelviolett oder hellviolett gefärbt. Blütezeit April bis Mai. Aus den zahlreichen Fruchtknoten mit langen, fadenförmigen Griffeln entstehen Früchte, die zu einem kugeligen Köpfchen angehäuft sind. Sie verlängern sich zu geschwänzten Nußfrüchtchen und werden durch den Wind verbreitet. Diese Federschweifflieger vermögen nicht nur beachtliche Strecken zurückzulegen; ihre scharfen Spitzen, an denen die Früchtchen hängen, sind sogar in der Lage, sich durch ihre hygroskopischen Bewegungen tief in die Erde zu bohren.

Küchenschellen werden oft unter dem Namen „Pulsatilla" als Untergattung der Anemonen zusammengefaßt. Sie unterscheiden sich von den eigentlichen Anemonen dadurch, daß ihre Griffel zu langen Federn auswachsen. Mit ihren Fruchtständen stehen sie wie bärtige „Wildmännle" in der Landschaft. Bei den einheimischen Küchenschellen kennen wir neben der Wiesenküchenschelle (Pulsatilla pratensis) folgende Arten:

Pulsatilla alpina (Alpen-Anemone), mit weißen, aufrecht stehenden Blüten, die außen oft bläulich überlaufen sind und auf kalkartigen Stellen der Bergregion wachsen.

Anemone ssp. sulphurea (Schwefel-Anemonen) als Unterart der Alpen-Anemone auf

Abb. 54: Charakteristisch für die Küchenschelle ist der Daunenschleier, d. h. der pflanzliche Pelz mit sanft-weicher Behaarung.

Abb. 55: Wiesen-Küchenschelle (Pulsatilla pratensis): Sie blüht in enger Nachbarschaft von Eis und Schnee.

Abb. 56: Die Fruchtstände der Pulsatillen sehen wie „Wildmännchen" aus.

Abb. 57: Schwefelanemonen (Anemone ssp. sulphurea), eine Unterart der Alpenanemone, die weiße Blüten trägt: Pulsatilla alpina.

Silikatgestein wachsend mit schwefelgelben Blüten.

Pulsatilla vernalis (Frühlings-Anemone oder Pelz-Anemone) mit aufrechten violetten, selten hellblauen oder rosafarbenen, meist einzeln stehenden Blüten.

Pulsatilla Halleri (Hallers Küchenschelle) mit violetten Blüten.

Pulsatilla vulgaris (Gewöhnliche Küchenschelle) mit hellvioletten, aufrechten oder etwas nickenden Blüten.

Pulsatilla montana (Berg-Küchenschelle) mit dunkelvioletten, stark nickenden Blüten.

Küchenschellen werden in verschiedenen Formen auch in den Ziergärten gezogen, ferner gibt es eine amerikanische Art: Pulsatilla nuttalliana, welche in der Homöopathie eingesetzt wird.

Der botanische Gattungsname der Wiesenküchenschelle „Pulsatilla" stammt vom lateinischen Wort „pulsare", was schlagen bedeutet und zum Ausdruck bringt, daß die nickenden Blüten vom Winde hin- und hergeschlagen werden. Der Beiname „pratensis" heißt aus dem Lateinischen übersetzt „Wiese" und versinnbildlicht den Standort der Pflanze. Der deutsche Pflanzenname „Küchenschelle" hat mit der Küche nichts zu tun, sondern bezieht sich auf die Form der Blüte, die wie eine Glocke aussieht. Als Volksnamen sind Kuhschelle, Wolfspfote, Heura-Schlaufa, Tagschläferle, Osterblumen, Osterglocka, Merzeglogge, Haberblume und Windblume bekannt.

Küchenschelle in der Pflanzenheilkunde

Bereits Hippokrates verordnete die Küchenschelle, um die Menstruationsblutung

Abb. 58: Gewöhnliche Küchenschelle (Pulsatilla vulgaris) mit hellvioletten, aufrechten, bisweilen nickenden Blüten.

Abb. 59: Berg-Küchenschelle (Pulsatilla montana) besitzt dunkelviolette, stark nickende Blüten.

hervorzurufen oder hysterische Angstzustände zu behandeln. Die nickenden Pflanzen wurden von den Ärzten alter Zeit für beson-

ders wirksam gehalten und treu nach der Signaturenlehre bei Patienten eingesetzt, die den Kopf hängen ließen.

In alten Kräuterbüchern des 16. Jahrhunderts wurde insbesonders die Wurzel als Hilfe „wider die Pestilenz, wider Gift und giftigen Tiere, Biss und Stich" gepriesen. Selbst Hahnemann erwähnte die Küchenschelle als „Küchenschellwindblume" in seinem Apotheker-Lexikon: „Die Wirkung dieser Pflanze ist, daß sie mächtig reizt, und den Harn und andere Ausleerungen erregt. Störck hat mit dem Aufguß der Pflanze, dem Extrakte, dem destillirten Wasser und dem gedachten Kamphersalze daraus Blinde an schwarzem und grauem Stare wieder hergestellt: auch Andere nach ihm. Auch in nächtlichen, venerisch geschienenen Knochenschmerzen und Geschwüren der hartnäckigsten Art, so wie in der Lähmung, ja selbst in der Melancholie, hat man wichtige Dienste davon erfahren." Störck (1771) hat mit der Pflanze bei grauem Star großes Aufsehen erregt, aufgrund eines erblindeten Pfarrers in der Schweiz, der durch die Behandlung wieder sehend wurde.

Heute jedoch ist die Küchenschelle in der Phytotherapie aufgrund der giftigen Inhaltsstoffe Protoanemonin, Anemonen und Pulsatillakampfer nicht mehr im Gebrauch.

Vergiftungen

Vergiftungen mit Küchenschelle können bereits schon beim äußerlichen Kontakt mit der Pflanze (Kontaktallergie) entstehen. Hahnemann selbst schreibt: „Beim zerschneiden des frischen Krautes steigt schon ein scharfer Dunst auf, welcher in der Nase, auf der Zunge und den Lippen beisst; der bei Bereitung des Extraktes in der Hitze entweichende Dunst aber greift auch die Augenlider an, und erregt Dunkelheit des Gesichts."

Bei innerlicher Vergiftung treten Durchfall, kolikartige Leibschmerzen, Schwindel, Ohnmacht, Entzündungen der Haut, Augen- und Nasenschleimhäute und letztlich Kollaps in Erscheinung. Getrocknet verliert jedoch die Pflanze ihre Giftigkeit, weil sich die Toxine beim Trocknungsprozeß zersetzen und dadurch unwirksam werden.

Pulsatilla pratensis in der Homöopathie

Die Urtinktur wird aus der *zur Blütezeit gesammelten, ganzen Pflanze* hergestellt, vorwiegend von Pulsatilla pratensis, vereinzelt auch von Pulsatilla vulgaris.

Pulsatilla ist in der Homöopathie ein großes *Polychrest*, das Nux vomica entgegengesetzt ist und ein breites Wirkungsfeld besitzt. Hahnemann, der von Pulsatilla 1153 Symptome sammelte, schreibt in seiner Arzneimittellehre: „Es wird der arzneiliche Gebrauch der Pulsatille um desto hilfreicher sein, wenn in Übeln, zu denen in Rücksicht der Körperzufälle (Körpersymptome) dieses Kraut paßt, zugleich ein schüchternes, weinerliches, zu innerlicher Kränkung und stiller

Abb. 60: Pulsatilla pratensis nigricans wurde von Hahnemann geprüft und mit 1153 Symptomen beschrieben.

Ärgernis geneigtes, wenigstens mildes und nachgiebiges Gemüt im Kranken zugegen ist, zumal wenn er in gesunden Tagen gutmütig und mild (auch wohl leichtsinnig und gutherzig schalkhaft) war. Vorzüglich passen daher dazu langsame, phlegmatische Temperamente, dagegen am wenigsten Menschen von schneller Entschliessung (schnellem Entschluß) und rascher Beweglichkeit, wenn sie auch gutmütig zu sein scheinen. Am besten ist es, wenn auch untermischte Frostigkeit nicht fehlt und Durstlosigkeit zugegen ist. Bei Frauenzimmer paßt sie vorzüglich dann, wenn ihre Monatszeit (Menses) einige Tage über die rechte Zeit einzutreten pflegt; so auch besonders, wenn der Kranke abends lange liegen muß, ehe er in Schlaf geraten kann, und wo der Kranke sich abends am schlimmsten befindet. Sie dient in den Nachteilen vom Genuß des Schweinefleisches.“

Hering, sein Nachfolger, fügte folgende Zusätze hinzu: „Sandfarbenes Haar, blaue Augen, blaßes Gesicht, leicht zu Lachen oder Weinen bewegt, liebevoll, mild, zaghaft, sanft, nachgiebig; Frauen und Kinder; Frauen neigen zu Beleibtheit; während der Schwangerschaft.“

Während Nux vomica ein ausgesprochenes Männermittel darstellt, zählt Vithoulkas Pulsatilla zu 75% zu den Frauenmitteln und meint, daß diese Konstitution „aalglatt“ sein kann, daß es schwer ist, Symptome zu bekommen, und daß man sorgfältig bei der Anamnese Suggestivfragen vermeiden muß. Nach seiner Auffassung hat Pulsatilla kein starkes Ichgefühl, sondern richtet sich nach den Wünschen anderer. „Sie ist wie ein Fluss, der durch seine Umgebung geformt wird.“ Typisch sind langsame Bewegungen, Vorliebe massiert zu werden oder selbst zu massieren, ferner die Hingezogenheit zu dogmatisch spirituellen Gruppen.

Mit diesen konstitutionellen Eigenheiten paßt Pulsatilla bei verschiedensten Krankheitszuständen. Insbesondere scheint ihr eine hormonartige Wirkung zuzukommen, vor allem bei *verspäteter Regel,* schwacher oder aussetzender Menstruation mit Klumpen verbunden, sowie wenn sich der *Periodenzyklus ständig ändert* (keine Mens ist wie die andere). *Amenorrhoe durch kalte Füße, Menstruationsblutungen, die aufhören und wieder zu fließen beginnen,* oder die *im Liegen aussetzen* (fühlt sich besser beim Umhergehen), sowie Schwarzwerden vor den Augen bei *Mädchen während der Regel, sind weitere wahlanzeigenden Indikationen.* Das Mittel eignet sich zur Behandlung von Gebärmutter- und Eierstockerkrankungen, Fluor, wie auch bei Schwangerschaftsbeschwerden. Es verhütet den *Abortus im 5. oder 8. Monat, erleichtert aber auch die Geburt und hilft bei schwachen Geburtswehen* (Secale). *Schmerzhafte Krampfadern während der Schwangerschaft* wie auch die *Querlage des Kindes im Mutterleib* werden bei entsprechender Konstitution durch Pulsatilla positiv beeinflußt. Letztlich ist das Mittel auch bei Beschwerden im *Klimakterium* einzusetzen, besonders bei *depressiven, weinerlichen Frauen,* wie auch bei *Pubertätsstörungen der Mädchen mit verspäteter Menarche.*

Beim männlichen Geschlecht ist es bei *Entzündungen und schmerzhaften Hoden, Prostata und Samensträngen* indiziert, sowie bei *Homosexualität,* d.h. wenn der Mann eine weibliche Eigenschaft entwickelt und Sympathie für das männliche Geschlecht besitzt, sich aber davor fürchtet.

Pulsatilla lindert *Kopfweh klopfender, kongestiver Art* mit Hitze im Kopf, *welches sich in frischer Luft,* durch kalte Anwendungen und durch Druck bessert, jedoch im Liegen oder bei Ruhe verschlechtert. Des weiteren besitzt diese Konstitution vielfach Augenprobleme wie *Bindehautentzündungen, verklebte Augen mit milden, grünlich-gelben Absonderungen, sowie Gerstenkörner am Oberlid.* Jede Erkältung schlägt auf Augen und Nase mit *Geruchsverlust und verstopfter Nase.* Im späteren Stadium des Schnupfens, d.h. wenn er reif geworden ist, treten *dicke, schleimige, eitrig gelbe oder grünliche Sekrete auf, die aber nicht reizen und wund machen.* Bei Kindern ist die Infektion oft mit *Mittelohrentzündung* verbunden, die *plötzlich in Erscheinung tritt und plötzlich wieder verschwindet.* Die Schmerzen sind unerträglich (weinerlich) und verschlechtern sich nachts, bessern sich im Freien. Sehr oft kommt Pulsatilla bei Kindern mit *Mumps, Masern oder Scharlach* zur Anwendung. Auch bei *Heuschnupfen mit dicken, gelben, grünlichen, milden Absonderungen* kommt das Mittel in Betracht, insbesondere wenn sich die *Allergie im Freien bessert,* sich aber in *warmen geschlossenen Räumen verschlechtert.* Bei *Husten* treten vielfach *Schmerzen in der linken Hüfte* auf, der morgens, abends und um Mitternacht schlimmer wird, dagegen in frischer Luft sich mildert.

Hahnemann empfiehlt: „Pulsatilla bei einer schnellen Magenverderbnis mit stetem wiederholten Aufstossen nach verdorbenen Speisen, gewöhnlich mit Niedergeschlagenheit des Gemüts". — Vor allem ist eine *Unverträglichkeit auf fette Speisen, Butter, Schweinefleisch* vorhanden und großes *Unbehagen nach üppigen Essen und Kuchen.* Das Mittel paßt auch bei *unstabilem Kreislauf mit blassem Gesicht,* das plötzlich rot werden kann, sowie bei schmerzenden Krampfadern und Hämorrhoiden, Venenentzündung (im Wochenbett). Letztlich lindert es *rheumatische und gichtische Beschwerden, bei denen die Schmerzen von einem Ort zum andern wandern* (häufig wechseln) und sich bei Wärme verschlechtern, durch kalte Anwendungen verbessern.

Leitsymptome: Woran die Pulsatilla-Konstitution zu erkennen ist

Bei Pulsatilla handelt es sich meistens um *frostige, jedoch leicht bekleidete, blasse, anämische Patientinnen mit hellen, blonden oder rotblonden Haaren, blauen Augen, weiblich gerundeten Formen,* fülliger Figur, molligem Typ und weinerlicher Stimmung: Himmelhochjauchzend — zu Tode betrübt. Diese Konstitution ist mit grundsätzlichen Attributen wie *gütig, sanft, mild, weich, nachgiebig, anschmiegsam und trostsuchend* belegt. Voegeli jedoch gibt den Hinweis, daß dieser sanfte Zustand nicht immer gleich ersichtlich

Abb. 61: Pulsatilla-Konstitution: Sanft, weich, zu Tränen geneigt; kann trotz Frost keine Wärme ertragen; wechselhaft umherwandernde Beschwerden, milde Absonderungen; keine Menstruation ist wie die andere; frische Luft bessert.

ist. „Es gibt viele abgehärtete Geschäftsleute oder sonst durch das Leben gestählte Frauen und Männer, die Pulsatilla sind, ohne daß man es ihnen gleich anmerken würde. Nur eine nähere Analyse bringt die Pulsatilla-Symptome aus der Jugend ans Tageslicht, vor allem, daß sie viel weicheren Gemüts waren, als es heute erscheint."

Charakteristische Kennzeichen sind die *veränderlichen Symptome*, d.h. *wechselhafte Beschwerden, bald hier, bald dort,* aus denen man oft nicht klug wird. Die Patientin konzentriert sich oftmals auf bagatelle Symptome mit unzusammenhängenden Erklärungen. Sie erzählt lange und ausführlich über ihre Krankheit, möchte alles über sich erzählen und versteigt sich ins Uferlose. Die Anamnese zieht sich oftmals in die Länge und zeigt eine schwankende Tendenz. Die schnell *wechselnden Schmerzen von einem Körperteil zum andern* (kal-bi., lac-c., mang-ac., kalm.) sind mit Frostigkeit verbunden.

Obwohl Kältegefühl und rasche Erkältlichkeit besteht, fühlt sich die Kranke *besser im Freien an frischer Luft.* Alles bessert sich draußen in der Frische: Schwindel, Kopfweh, Augenschmerzen, Ohrenweh, Husten, Schnupfen, Gesichtsschmerzen, Zahnweh, Heuschnupfen, Kolik, Wehen, Ischias, Rheuma usw. *Jedoch Hitze, warme Räume verschlimmern* erheblich den Zustand. Im warmen Zimmer kann sogar Ohnmacht auftreten oder sie fühlt sich äußerst geschwächt (auch nach warmem Bad, Sauna). *Heißes, schwüles Wetter wird nicht vertragen* und macht schlaff, obwohl Neigung zu Frostigkeit, Blässe und kalten Füßen (jedoch heißer Kopf) besteht. Auch wenn die Kranken immer frösteln und kalt haben, können sie *warme Kleidung nicht vertragen.* Nachts muß das Fenster geöffnet bleiben und bei jedem Temperaturanstieg strampeln sie sich von der Decke.

Auffallend ist die extreme Durstlosigkeit trotz trockenem Mund. Selbst bei Fieber wird kaum etwas getrunken, gegebenenfalls nur wenig und vor allem frisch und kühl. Auch die Nahrung darf nicht zu heiß sein, es besteht eine Vorliebe zu erfrischenden Speisen. Eiscreme jedoch wird nicht vertragen, auch fette, üppige Nahrungsmittel führen zu starken Magenbeschwerden.

Hervorstechend ist, daß die Pulsatilla-Konstitution *abends lang wachliegt* und nicht einschlafen kann. Außerdem *verliert* die Kranke bei Katarrh leicht den *Geruchssinn* und *leidet an dicken, gelblichen, grünen Absonderungen, die mild sind und nicht wundmachen.*

Alle Beschwerden bessern sich im Freien bei Bewegung, durch Trost, Zuspruch, Liegen oder Druck auf der schmerzhaften Seite und durch häufigen Lagewechsel, verschlechtert sich jedoch durch Hitze, warmes Wetter, schwüle Räume, im Liegen, nach Essen, abends, um Mitternacht, fette Nahrung, Kuchen, Liegen auf der schmerzlosen Seite, langes Stehen und Herunterhängen der Glieder.

Psychische Verhaltensweisen

Coulter nennt Pulsatilla eine „sanfte Cinderella" von feinfühligem, rücksichtsvollem, weichem, sanftem Charakter. Sie besitzt eine *freundliche, etwas schüchterne Art* und ist sehr liebenswürdig, friedvoll und versöhnlich. Bei Auseinandersetzungen nimmt sie vielfach die Schuld auf sich und glaubt alles falsch gemacht zu haben. Sie ist aber wieder leicht zu trösten, *nimmt den Trost dankbar an*, verfällt jedoch bald wieder in raschen Stimmungswechsel. Das Gemüt ist wie ein Apriltag (Boericke) hochgradig emotional und verfällt sehr rasch in Traurigkeit. *Die Tränen sitzen locker* — bei geringsten Ereignissen, ob Freude oder Trauer sprießen sie hervor, was jedoch als Befreiung empfunden wird. Die Stimmungslage ist „am Wasser gebaut", selbst bei Beantwortung von Fragen, bei Bericht über die Krankheit, bei Schreck oder wenn die Patientinnen im Gespräch unterbrochen werden, sowie beim Stillen oder während des Schnupfens können sie ins Weinen ausbrechen. Blitzschnell sind sie aber in der Lage, wieder auf herzliches Lachen umzustellen.

Als stilles Wesen braucht Pulsatilla Menschen um sich herum und ist von ihnen völlig *abhängig.* Sie *fürchtet sich vor dem Alleinsein,* vor Einsamkeit und tut alles daran, nicht verlassen zu werden. Jedoch in einer Menschenmenge oder in geschlossenen Räumen kann ein banges Gefühl auftreten. Ansonsten sorgt sie sich, von ihren geliebten Menschen vernachlässigt zu werden. Schnell fühlt sie sich verstoßen; braucht jemanden, der ihr zuhört, mit dem sie lachen und weinen kann. Immer wieder *möchte sie die Aufmerksamkeit auf sich lenken,* nimmt einem völlig in Anspruch und hängt an ihren Vertrauten wie eine Klette. Bei der Konsultation möchte sie, daß man sich völlig um sie kümmert und besitzt dabei trotz Weichheit ein gewisses Durchsetzungsvermögen, das sich jedoch nicht arrogant, rechthaberisch oder aggressiv äußert. Die Aufmerksamkeit wird immer wieder durch neue, wechselhafte Krankheiten aufgeputscht. Mit ihren Beschwerden schwankt sie hin und her und berichtet über Schmerzen, einmal hier, einmal dort. Die Patientin verlangt ununterbrochen nach neuen Konsultationen und zwar in möglichst kurzen Abständen. Auch hält sie den Therapeuten telefonisch auf dem Laufenden und berichtet über neue Gebrechen, die vielfach unzusammenhängend und diffus sind. Vielfach reagiert sie mit *Selbstmitleid,* ist sentimental und läßt sich von ihren Gefühlen beherrschen. Dabei sind die Wünsche oft schwankend, unentschlossen, sie weiß nicht was sie will, kann keine Entscheidung treffen. In dieser Beziehung ist sie aber leicht zu beeinflußen, und sie verläßt sich dann voller Vertrauen auf die gegebenen Ratschläge. Mitunter möchte sie aber allen gefallen und kann nicht nein sagen. So ist sie bald von gefaßten Entschlüssen wieder abzubringen und kehrt sich neuen Zusprüchen zu. In dieser Wechselhaftigkeit fährt sie wie ein Segelboot ohne gespanntes Segel ziellos über den See hin und her. In ihrer Schüchternheit kann Pulsatilla auch mißtrauisch sein und sich fürchten, beleidigt, gekränkt oder gedemütigt zu werden. Auch ist sie abhängig von der Meinung ande-

rer und tut alles daran, um nicht ins Gerede zu kommen. Machmal besitzt sie das Gefühl, böse Frauen möchten ihr Schaden zufügen und sie ruinieren. Viel mehr möchte sie, daß man ihr schmeichelt und Komplimente macht. Bei Verletzung wird sie momentan ärgerlich — ist aber bald wieder zufrieden.

Im jugendlichen Stadium (Pubertät) besteht eine große Angst gegenüber dem männlichen Geschlecht. Sie hält den Umgang mit Männern für sehr gefährlich und entwickelt eine gewisse Abneigung. Sobald sie sich aber verliebt, ist sie eine treue, pflichtbewußte Gattin. Kinder und Haushalt werden mit großer Aufopferung umsorgt. Dabei sorgt sie für viel Nestwärme und Geborgenheit in der Familie, von der sie selbst auch viel profitiert. Für alle Angelegenheiten besitzt sie viel Mitgefühl, sie kann sogar vor lauter Mitgefühl selbst krank werden. Andererseits ist sie stets auf der Stelle, wenn jemand gebraucht wird.

Auffallend ist jedoch die *langsame, fast phlegmatische Natur.* Ihre täglichen Verrichtungen führt sie mit äußerster Ruhe und Gelassenheit durch. Vielfach kommt sie bei Terminen zu spät. Im übrigen zeigt sich eine große *Ängstlichkeit um die Gesundheit,* nicht nur selbstbezogen, sondern auch in bezug auf ihre Angehörigen, ferner vor der *Dunkelheit,* vor dem *Alleinsein,* nicht mehr geliebt zu werden oder vor *streitsüchtigen Auseinandersetzungen.*

Männer mit Pulsatilla-Charakter haben Angst, Abneigung, Herzklopfen bei Frauen. Wenn sie einmal verheiratet sind, brauchen sie eine starke, führungskräftige Gattin. Sie lassen sich gerne umsorgen, sind aber äußerst liebenswürdig, zärtlich und besorgt.

Das Pulsatilla-Kind

Pulsatilla-Kinder sind hübsch, lieb, anhänglich, pflegeleicht, mit treuherzigen Augen. Mädchen sind etwas mollig und besitzen Sommersprossen, Buben haben etwas Mädchenhaftes an sich. Allesamt sind sie die Lieblinge der Familie, d.h. gehorsame Kinder, die viel Zuneigung brauchen — sie streiten kaum. Als Kleinkinder hängen sie am Rockzipfel der Mutter und verlangen viel getragen und liebkost zu werden. Wenn die Mutter nur für kurze Zeit weggeht, beginnen sie zu weinen. Auch wenn sie zurechtgewiesen oder kritisiert werden, brechen sie rasch in Tränen aus. Bald aber sind sie wieder zufrieden, wenn man ihnen Trost zuspricht. Im Kontakt mit fremden Personen sind es sehr scheue Kinder, die gleich weinerlich werden, wenn man ihnen zu nahe kommt.

Ansonsten beanspruchen sie die ganze Aufmerksamkeit für sich und können in dieser Beziehung ein bißchen selbstsüchtig und eifersüchtig sein. Vor allem haben sie das Gefühl, zu wenig beachtet und umsorgt zu werden. Sie brauchen viel Nestwärme. Abends möchten sie im Bett der Eltern schlafen und haben es gerne, wenn man ihnen lange Geschichten erzählt. Vor Gespenstern haben sie jedoch den größten Respekt und werden ängstlich – beginnen zu träumen in der Nacht. Um die Beachtung auf sich zu lenken, täuschen sie Krankheiten vor oder beginnen in der Nacht einzunässen. Sie befürchten, ihre Geschwister würden mehr Liebe bekommen und können dabei für kurze Zeit trotzig werden; sie haben Mitleid mit sich selbst.

Zur Pubertätszeit weigern sie sich erwachsen zu werden. Noch lange sprechen sie wie ein Baby; das kindliche Verhalten bleibt noch lange erhalten. Die Menarche bei Mädchen kommt spät, oft mit großer Angst vor der ersten Menstruation verbunden. Zu dieser Zeit braucht das Kind intensiv die Umsorgung der Mutter, da es sehr wankelmütig und stimmungsschwankend ist. Es kann nicht auf den eigenen Beinen stehen und weiß nicht, was es will. Bei jeder Gelegenheit bittet es die Mutter um Erlaubnis und verhält sich kritiklos gegenüber den gegebenen Ratschlägen. Es besteht die Neigung, beim geringstem Anlaß zu erröten, ansonsten ist die Gesichtsfarbe sehr blaß. Manchmal bekommen die Kinder starke Komplexe oder können noch scheuer werden, besonders gegenüber dem anderen Geschlecht. Auf keinen Fall möchten sie die Bindung zu den Eltern abbrechen. Es können

launenhafte Wechselstimmungen auftreten, Akne, Kopfschmerzen, Mittelohrentzündungen, wandernde Schmerzen oder andere Beschwerden. Nach Verlassen des Elternhauses leiden sie maßgeblich an Heimweh und Depressionen.

Allgemein sind es keine guten Esser. Sie warten ab, bis alles kalt geworden ist. Vornehmlich verlangen sie nach frischen oder sauren Speisen, verabscheuen aber Kuchen, fette Speisen und üppiges Essen. Bei Eiscreme bekommen sie Magenbeschwerden. Auch Süßes wird schlecht vertragen.

E. Gardemin schreibt in seinen „Homöopathischen Reimregeln" (Karl F. Haug Verlag, Heidelberg) über Pulsatilla:

Pulsatilla paßt für Mädchen
Von dem Typus: Blondes Gretchen,
Wo sehr oft die Diagnose
Stellt der Hausarzt Chlorose.

Diese sind sehr leicht erregt
Und zum Weinen aufgelegt,
Doch sie lassen selbst im größten
Kummer schnell und gern sich trösten.

Matt und müde sind sie immer,
In der Wärme wird es schlimmer,
Schmerzen oft im Knie sich zeigen,
Namentlich beim Treppensteigen.

Und als typisch merke dir:
Manchmal großer Durst auf Bier.
Oft besteht Dysmenorrhoe,
Fluor albus, Gonorrhoe.

Oft bleibt auch die Regel fort,
Und manchmal hört man wohl das Wort:
Dies irae dies illa –
Komm und hilf, o Pulsatilla.

Signatur

Pulsatilla ist in ihrem Erscheinungsbild der Inbegriff des sanften, scheuen, nachgiebigen Individuums. Der dichte Haarpelz, der die Pflanze bedeckt, bringt die Liebenswürdigkeit deutlich zum Ausdruck. Bei der Begegnung fühlt man sich sofort angesprochen,

Abb. 62: Die glockenförmigen, gesenkten, weichhaarigen Blüten versinnbildlichen als Signatur das schüchterne, wankelmütige Mädchen.

über die feinen, samtartigen Haare zu streicheln. Bei näherer Betrachtung erkennt man, wie die glockenförmig, gesenkten Blüten das schamhaft, schüchterne Mädchen charakterisieren. Zwar kann Pulsatilla auch selbstsüchtig sein, besonders, wenn sie die Aufmerksamkeit auf sich lenken möchte. Dann streckt sie den Schaft weit in die Höhe und zwar mit haarigen, fedrigen Fruchtständen, die vom Winde hin und her geschlagen werden, d.h. sie kann bald wieder besänftigt und von ihren Zielen abgelenkt werden.

Die Küchenschelle blüht in den ersten Morgenstunden in naher Nachbarschaft von Schnee und Eis. Der frische Frühjahrswind bekommt ihr am besten, nicht aber zu starke Sonnenbestrahlung, dann wird sie schlapp und verliert ihre hübsche Ausstrahlung. Ähnlich ist es bei der Pulsatilla-Konstitution. Auch sie liebt trotz Frostigkeit die Frische und das Freie, verabscheut aber Hitze und Wärme, die sie ganz reglos macht. Aus der Beobachtung, daß die Küchenschelle vorwiegend in Gruppen wächst und zwar auf trockenem Boden, kann dies auf das Verlangen auf Gesellschaft und auf die Durstlosigkeit des Pulsatilla-Patienten geschlossen werden.

Einzigartig ist zu verfolgen, wie diese Blütengruppen vom Winde hin und her bewegt werden. Es sind Menschen, die in ihrem Leben von einer Seite zur anderen schwanken, immer in wankelmütiger Stimmung sind.

Absonderliche Beschwerden: Pulsatilla

Schlaf:
muß mit erhöhtem Kopf schlafen, fühlt sich unbequem mit nur einem Kissen, die Hände sind oftmals hinter den Kopf gelegt
schwieriges Einschlafen, kann nicht von den Gedanken loslassen
ruhelos infolge Hitze, muß alle Decken wegwerfen, Fenster öffnen
schlaflos, weil die ganze Zeit in eine Melodie versunken
träumt von Geld oder Gold, schwarzen Hunden, Tieren
wacht nachts erschrocken auf und weiß nicht, wo man ist

Kopf:
Schwindel beim Hinaufschauen auf hohe Gebäude, auf Berge, Wolken, Himmel, verliert das Gleichgewicht
Schwindel beim Bücken mit Neigung zu erbrechen
wandernde Stiche im Kopf
Kopfschmerz rechte Schläfe besser bei Bewegung an frischer Luft
Kopfschmerz nach üppigem Essen, Eiscreme, fettigen Speisen
Kopfschmerz bei Kämmen der Haare (Kent Rep.: ars., bry. 2, carb-v., chin., chin-a., cina, hell., ign., kreos., lac-c., mez. 2, sel., sep.)
Kopfschmerz beim nach oben blicken
Kopfschmerz im warmen Zimmer
Kopfschmerz beim Bücken mit Gefühl, als würden die Augen herausfallen
Gefühl, als würde der Kopf beim Husten platzen

Augen:
Bedürfnis, ständig die Augen zu reiben
Gerstenkorn am Oberlid, oft nach fettem Essen oder Schweinefleisch
Augenschwäche nach Masern

Stieren und Starren vor der Menstruation
sieht Sternenhof um das Licht
trübes Sehen bei Wärme
Gefühl, als blicke man durch ein Sieb bei
 Wärme
Augenschmerzen wie geschabt von einem
 Messer
Venen im Augenhintergrund stark erweitert

Ohren:
Ohrenschmerzen bringen einen fast um den
 Verstand
Ohrenschmerzen mit Gefühl, als würde ein
 dicker Gegenstand ins Ohr getrieben
Ohrenschmerzen, als wollte etwas heraus-
 drängen
Ohrgeräusche – meint Musik zu hören
hört beim Erwachen Zirpen oder Echo

Nase:
Nasenbluten im warmen Zimmer
Verstopfung des rechten Nasenlochs, dann
 links
Verlust des Geruchvermögens

Gesicht:
profuses, übelriechendes Schwitzen auf der
 einen Seite
bläuliche Gesichtsfarbe vor Menstruation
rechtsseitige Neuralgie mit Tränenfluß

Mund:
starke morgendliche Trockenheit ohne Durst/
 Mundgeruch
alles schmeckt bitter (insbesonders nach
 Kränkung)
Speichelfluß vor Menstruation
Verlust des Geschmacksinns
Mitte der Unterlippe ist aufgesprungen, ge-
 schwollen
Zahnschmerzen in der Schwangerschaft

Brust:
Atembeklemmung (Asthma) als Folge von
 Gemütserregung
erschwertes Atmen nach Kränkung (Asthma)
Auswurf hat Geruch nach Veilchen, Ge-
 schmack nach Erbsen
Milch in den Mammae während Pubertät
Milch versiegt nach Erkältung, Katarrh

wandernde Brustschmerzen beim Stillen
geschwollene Mammae nach Abstillen oder
 beim Stillen
Schmerzen der Mammae beim Stillen, erstreckt sich zum Hals und den Rücken hinunter

Herz:
Herzklopfen im warmen Zimmer
starkes Herzklopfen mit Verlangen sich zu
 entkleiden

Magen:
lehnt Milch ab – hält sie für schädlich
 (Kent)
unverträglich: Butter, Fett, Olivenöl, Ku-
 chen, Eiscreme
durstlos selbst bei Fieber oder Hitze
Erbrechen nach Kränkung
Schluckauf nach kalten Getränken oder im
 Schlaf, oder nach Tabak
Magenwürgen während der Periode

Bauch:
Bauchweh vor Wasserlassen
ringartige Schwellung um den Nabel

Verdauung:
Durchfall nach Obst, fettem Essen, Eis und
 Unterkühlung, Durchfall wechselt ständig
 die Farbe: gelb, weiß, grün, wäßrig, schlei-
 mig – kein Stuhl ist wie der andere
Hämorrhoidenschmerzen verschlechtern sich
 im Bett: Krämpfe

Nieren:
Urin spritzt weg bei Husten (caust., kali-c.,
 nat-c.) bei Schreck, Überraschung
Urin von Zeit zu Zeit rot, verschiedenfarbig
unterbrochener Harnabgang, nur tropfenweise
Gefühl eines Steines in der Blase
Blase Völlegefühl, als würde sie zur Seite
 fallen

Genitalien:
unregelmäßige, zu späte, zu schwache Menses, ausbleibend bei kalten Füßen – keine
 Menses gleicht der anderen
Metrorhargie nach Nachtwachen

Hitzewallungen, schwankendes Gemüt vor und bei Regel

violette Mensesblutung, veränderliche Farbe

Ameisenlaufen der Extremitäten während Menstruation

Abortus im 8. Monat

Menopause kommt zu früh mit viel Weinen

Hodenentzündung bei Sitzen auf kalten Steinen

lang herabhängende Hoden (Clarke)

Haut:

einseitiger Schweiß – bloß auf der einen Seite des Körpers

kann keine Wollkleidung tragen, reizt die Haut

urtikariaartiger Hautausschlag bei verzögerter Menstruation

Narben an der Haut sind schmerzhaft bei Berührung

mäuseartig riechender Schweißausbruch bei Masern[Synth.]

Rücken:

Knacken des Schulterblattes

ziehende Rückenschmerzen bei Stuhlgang

Glieder:

rheumatische Beschwerden wandern von Gelenk zu Gelenk

Hängenlassen der Glieder verstärkt den Schmerz

Hitze in der einen, Kälte in der anderen Hand, Fuß

Fuß während Menstruation gerötet, angeschwollen

gefühllose, taube Unterschenkel während Menstruation

angeschwollene, schmerzhafte Krampfadern bei Wärme

Besser:

im Freien, Bewegung, Trost, Zuspruch, Liegen oder Druck auf der schmerzhaften Seite, häufiger Lagenwechsel

Schlechter:

Hitze, warme Räume, schwüles Wetter, Ruhe im Liegen, nach Essen, abends, um Mitternacht, fette Nahrung, Kuchen, Eis, Liegen auf der schmerzlosen Seite, langes Stehen, Herunterhängen der Glieder

Besondere Anzeigen:

anormal verzögerte Pubertät/Menarche

Folgen von Masern, Mumps, Scharlach

Hauptindikationen:

Dysmenorrhoe, Amenorrhoe, Eierstocks-, Gebärmutterbeschwerden, Fluor, Krankheiten der Pubertät, Sterilität, Schwangerschaftsbeschwerden, Laktationsstörungen, Abortus, Klimakterium, Migräne, Depression, Otitis, Schnupfen, Heuschnupfen, Beschwerden der Mammae, Enuresis, Blasenbeschwerden, Akne in der Pubertät, Krampfadern, Masern, Mumps, Scharlach, Hodenentzündung, Prostatitis, wanderndes Gelenksrheuma

Vergleiche:

cimic., sep., nat-m., ferr., mag-c., chin., staph., thuj., kal-bi., hep., arist., lil-t., cham., coff., ign., cycl., kali-c.

Abb. 63: Waldbingelkraut (Mercurialis perennis) gedeiht zu Hunderten wie ein ausbreitender Teppich im Waldboden.

Mercurialis perennis L./Waldbingelkraut

Das Waldbingelkraut ist ein mehrjähriges, bis zu 30 cm hohes Wolfsmilchgewächs (Euphorbiacea), welches in den Wäldern über ganz Europa verbreitet ist. Der im Boden kriechende Wurzelstock hat eine dunkelviolette Farbe. Am vierkantigen Stengel wachsen eiförmig lanzettliche, gekerbte und gesägte Blätter. Endständig erscheint in kleinen, fadenartigen Bündeln der zweihäusige Blütenstand. Blütezeit: April bis Mai. Die Pflanze gedeiht gesellig zu Hunderten wie ein sich ausbreitender Teppich im Waldboden mit blaugrünem Laubwerk, das selbst noch im tiefen Schatten gedeiht. Die unscheinbaren grünlichen Blüten sind nach Geschlechtern auf verschiedene Pflanzen verteilt. Da sich das Waldbingelkraut vor allem durch Ausläufer verbreitet, entstehen oft große Bestände, die entweder nur männliche oder nur weibliche Blüten tragen. Die gelbgrünen Staubblätter lassen die männlichen Blütenähren im zeitigen Frühjahr etwas auffälliger erscheinen als die weiblichen Blüten, die zwischen den oberen Blättern versteckt sind.

Das einjährige Gemeine Bingelkraut, Mercurialis annua, ist ein in Gärten, Weinbergen und Äckern der wärmeren und tieferen Lagen häufiges Unkraut.

Weil das Kraut der Sage nach von Merkur entdeckt wurde, trägt es den Namen Mercurialis. Der Beiname perennis bedeutet mehrjährig. Bingelkraut leitet sich vom althochdeutschen „bungel" = Knoten ab. (Knoten an den Stengeln). Volksnamen: Bäumlichrut, Wildhanf, Franzosechrut, Scheißkraut.

Das Bingelkraut in der Pflanzenheilkunde

Das Bingelkraut war bereits bei Hippokrates in Gebrauch und zwar als Frauenmittel und Abführmittel. Durch das Kochen geht die Schärfe des Krautes verloren und es kann als abführendes Gemüse gegessen werden. Die Pflanze war früher bei Verstopfung in Verwendung, ferner als menstruations-, geburt- und nachgeburtförderndes Mittel, sowie bei Syphilis und Tripper. Heute wird nur noch die Bingelkrautsalbe bei Entzündungen, Verbrennungen und Eiterungen gebraucht.

Vergiftungen

In der Wurzel des Bingelkrautes findet sich Blausäure, cyanogene Glykoside, Saponine und ein blauer Farbstoff. Vergiftungen führen zu heftigen Durchfällen und blutigem Urin. Das Weidevieh kann beim Fressen der Pflanze zugrunde gehen.

Mercurialis in der Homöopathie

Aus dem *frischen Wurzelstock* wird die Urtinktur hergestellt. Hesse, der das Mittel geprüft hatte, schreibt: „Viele Symptome gleichen stark ätzenden Quecksilbersalzen: Rei-

Abb. 64: Mercurialis ist in der Homöopathie das beste Mittel bei größter Trockenheit der Schleimhäute.

zung der Augen und Nase." Cooper erwähnt, daß Mercurialis die Schleimhäute austrocknet und ein lokales Brennen sowie eine allgemeine Schläfrigkeit verursacht.

Leitsymptome:
Woran die Mercurialis-Konstitution zu erkennen ist

Mercurialis ist das *beste Mittel* aller Homöopathika bei großer *Trockenheit des Mundes, der Zunge, des Halses und der Lippen*. Der Patient *kann vor lauter Trockenheit kaum schlucken oder sprechen*. Es besteht *heißer Atem* aus Mund und Nase. Ferner ist Mercurialis angezeigt bei Schwindel beim Heruntersteigen von Treppen und bei Kopfschmerzen, die wie *von einem engen Band über der Stirne* empfunden werden. Des weiteren besteht *Schwere des Kopfes* als würde er von einem Gewicht ins Kissen gedrückt. Das Mittel paßt für Personen, die dauernd ihre Nase fühlen oder das Empfinden haben, sie *hätten zwei Nasen* (Clarke). Letztlich kann bei Mercurialis ein auffallendes *Rollen, Klopfen, Zittern und Wallen in den Adern* ohne Hitze vorhanden sein.

Psychische Verhaltensweisen

Mercurialis paßt für Personen mit hypochondrischer, weinerlicher, wehmütiger, trauriger Stimmung, verbunden mit großer Schwäche, Erschöpfung, Schläfrigkeit, Niedergeschlagenheit und rauschartigem Zustand. Sie sind ruhig und still, dann auf einmal heiter und fröhlich. Andere wiederum können den ganzen Tag aufgeweckt sein und dabei ein Verlangen verspüren, *dauernd dummes Zeug* zu machen, zu scherzen, zu tanzen oder zu singen. Oftmals haben sie das Gefühl, alles gehe zu schnell vorbei.

Absonderliche Beschwerden: Mercurialis

Schlaf:
träumt viel von Kindern, von bösen Pferden oder Tieren

Kopf:
Schwindel beim Heruntersteigen von Treppen, mit verwirrtem Kopf
Kopfschmerzen wie von einem festen Band über der Stirn (Kent Rep.: aeth. 2, ant-t. 2, carb-ac. 2, cedr., chel. 3, coca, con., helon., indg., iris, jod., kali-p., lac-c. 2, lit-t., merc. 2, mill., sulf. 3, tarant.)
Gefühl, als würde der Kopf von einem Gewicht ins Kissen gedrückt (Clarke)
Gefühllosigkeit des Kopfes
Stechen in der Stirn oder Schläfe beim Eintreten ins Haus[Synth.]

Augen:
Herauspressendes Gefühl der Augen
Schwere und Trockenheit der Augenlider, kann sie nicht bewegen
wie Spinnweben oder Nebel vor den Augen

Nase:
Gefühl zwei Nasen zu haben, ständiges Nasenempfinden
Atem heiß aus der Nase

Mund:
Große Trockenheit im Mund, kann nicht schlucken, Mangel an Speichel
Zunge fühlt sich schwer, taub und trocken an
Zunge klebt fast am Gaumen vor Trockenheit (Nux-m.)
Zunge derart trocken, daß man nicht sprechen kann
sehr dürre Lippen, trocken
Trockenheit im Hals und Rachen, kann nicht schlucken
Geschwüre im Gaumen und an den Mandeln

Brust:
heißer Atem aus dem Mund mit trockenen Lippen

Herz:
eigentümliche, wallende, klopfende Bewegungen in der Herzgegend

Bauch:
Wärmegefühl in der Milz

Genitalien:
spärliche Menses begleitet von Blutwallun-
gen und Krämpfen

Glieder:
Stiche einmal hier, einmal dort

Besser:
Kälte

Schlechter:
Berührung, Sonnenlicht

Besondere Anzeigen:
Amblyopie = angeborene oder erworbene
Schwachsichtigkeit z. B. durch Nichtge-
brauch des schielenden Auges, Ptose =
Senkung, Herabhängen des Augenlides,
Gebärmutter, Baucheingeweide

Hauptindikation:
äußerste Trockenheit im Mund, dürre Lippen, trockener Hals, Rachen, Amenorrhoe, Dysmenorrhoe, Schwäche

Vergleiche:
bor., crot-t., euph., nux-m.

Abb. 65: Winterschachtelhalm (Equisetum hiemale) wird in der Homöopathie bei spezifischen Nieren-Blasenbe-schwerden eingesetzt.

Equisetum hiemale L./Winterschachtelhalm

Begegnen wir in Wald und Feld dem Schachtelhalm, werden wir in Gedanken in eine Zeit vor über 400 Mio. Jahren zurückversetzt. Unsere einheimischen Schachtelhalme sind nämlich die letzten Überlebenden eines riesigen Pflanzenreiches, das am Ende der Urzeit einem fürchterlichen Massensterben anheim fiel. Bis heute sind nur noch wenige Arten übrig geblieben. Die große Krise, von der hier die Rede ist, spielte sich wahrscheinlich in einer schrecklichen Trockenheit ab, die die Erde vor ungefähr 400 Mio. Jahren heimgesucht hat. Riesige Schachtelhalmbäume standen damals im sumpfigen Steinkohlewald, unter denen sich gewaltige Tiergiganten, die Saurier, tummelten. Welch schwindelerregende Vergangenheit! Die Schachtelhalme hatten eine Größe von ca. 30 m, was heute durch Versteinerungen nachgewiesen werden kann. Daneben standen ebenso große Bärlapp- und Farngewächse. Wer möchte da nicht spazieren gehen?

Unser heimischer Ackerschachtelhalm (Equisetum arvense), aber auch der Winterschachtelhalm (Equisetum hiemale), der Sumpf- und Waldschachtelhalm (Equisetum palustre und silvaticum) sind die zwerghaften Nachfahren der einst gigantischen Pflanzen. Viele dieser Schachtelhalme entwickelten zwei Stiele: einen Frühjahrs- und einen Sommertrieb. Der Frühjahrstrieb als sogenannter Sporenträger dient der Fortpflanzung, während der Sommertrieb die Aufgabe der Photosynthese besitzt.

Nach der Schneeschmelze, von März bis April, erscheint der bleiche, walzenförmige, bleistiftdicke Frühjahrstrieb, an dessen oberem Ende sich ein zapfenartiger Fruchtstand mit ausstreuenden Sporen befindet. Vor Sommerbeginn, wenn der braun gewordene Frühjahrstrieb abgestorben ist, tritt der unfruchtbare, tannenwedelartige, rauh ge-

Abb. 66: Der Schachtelhalm erscheint nach der Schneeschmelze zuerst mit einem Frühjahrstrieb, dessen zapfenartiger Fruchtstand Sporen ausstreut.

furchte Sommertrieb mit quirlständigen, in Etagen ausgebreiteten, fadenförmigen Blättern zu Tage. Die einzelnen Stengelglieder können schachtelförmig auseinander gezogen werden, deshalb der Name Schachtelhalm.

Der Gattungsname: Equisetum teilt sich in die lateinischen Wörter „equus = das Pferd" und „seta = der Schwanz" – die Pflanze sieht wie ein Pferdeschwanz aus. „Arvense", der Beiname, ist die lateinische Bezeichnung des Ackers und nimmt Bezug auf den Standort der Pflanze, wo sie schwer auszurotten ist. „Hiemale" bedeutet Winter und charakteri-

Abb. 67: Sommertrieb des Ackerschachtelhalms (Equisetum arvense): Er besitzt quirlständige Blätteretagen; die Stengelglieder können auseinandergezogen werden.

Abb. 68: Waldschachtelhalm (Equisetum silvestris), dieser darf in der Pflanzenheilkunde nicht eingesetzt werden, da sich in den Stengelmanschetten ein alkaloidbildender Pilz befindet.

siert, daß der Winterschachtelhalm im Winter grün bleibt und nicht abstirbt!

Als Volksnamen sind Zinnkraut, Katzenschwanz, Kannenkraut, Katzenstiel, Zinngras, Fuchsschwanz, Pfeifenstiel und Schaftelen bekannt.

Schachtelhalm in der Pflanzenheilkunde

In der Pflanzenheilkunde ist der Schachtelhalm ein bewährtes Mittel bei Nierenfunktionsschwäche, Blasenschwäche, schmerzhaftem Urinieren, Bindegewebsschwäche, Zahnfleischentzündung und zur Entschlackung. Es ist zu beachten, daß in der Heilkunde nur der echte Ackerschachtelhalm (Equisetum arvense) verwendet werden darf, mit 3–4 mm dünnem Stengel und fadenartigen Blättern. Andere Arten beherbergen in den fingerdicken Stengelmanschetten einen schmarot-

zenden Pilz (Ustilago equiseti), der das Alkaloid Equisetonin produziert. Dieser Stoff führt bei Einnahme zu Erbrechen und Unwohlsein.

Equisetum in der Homöopathie

In der Homöopathie wird vor allem der *Winterschachtelhalm* (Equisetum hiemale), seltener der Ackerschachtelhalm verwendet. Die Urtinktur wird aus der *frischen Pflanze* hergestellt. Der Arzneimittelversuch wurde erstmals anno 1876 von Hugh an vier Personen durchgeführt und zeigte eine charakteristische Wirkung auf die Harnorgane mit *Nieren- und Blasenschmerzen, Harnträufeln, Harndrang, Harnverhalten, Dysurie, besonders in der Schwangerschaft und nach der Entbindung, sowie bei Bettnässen ohne sichtbaren Grund.*

Leitsymptome:
Woran die Equisetum-Konstitution zu erkennen ist

Als typische Leitsymptome für Equisetum sind *Nierenschmerzen besonders rechts* (Kent Rep.: lyss., senec.) zu nennen, ferner *Bettnässen verbunden mit Träumen* (Kent Rep.: Bettnässen nachts beim Träumen von Urinieren: kreos. 2, lac-c., lyc., merc-j-f., seneg. 2, sep. 3, sulf.), Blasen-Harnröhrenschmerzen, die durch Wasserlösen nicht gebessert werden und ständigem Drang zu urinieren ohne Besserung des erkrankten Zustandes. Die *rechte Seite (Nieren, Lenden)* sind bevorzugt, während das Ende der Miktion, sowie Bewegung, Druck, Berührung, und Sitzen verschlechtern, *Liegen auf dem Rücken jedoch verbessert.* Der Patient hat vielfach die Empfindung, er würde fallen.

Psychische Verhaltensweisen

Der Kranke kann unmöglich geistige Arbeit verrichten, er ist geistig erschöpft und schnell ermüdet. Der Patient läßt sich oftmals am *finsteren Blick* erkennen sowie an der *Neigung, die Stirne zu runzeln.* (Radar: Gemüt Neigung zum Stirnrunzeln: equi., hell., lyc., mang., nux-v. 2, plb., rheum, stram.). Oftmals hat er die *Einbildung, er würde fallen.*

Signatur

Der Stengel des Schachtelhalms läßt sich mit einer menschlichen Harnröhre vergleichen, während die einzelnen schachtelartigen Abschnitte den verzögerten, ständig wiederkehrenden Harndrang und Abgang versinnbildlichen.

Absonderliche Beschwerden: Equisetum

Schlaf:
träumt von einer Menschenmenge[Synth.]
träumt von Wasserlassen (Kent Rep.: ambr., kreos. 2, lac-c., lyc., merc-j-f., seneg. 2, sep. 2, sulf.)

schläfrig um 14 Uhr, kann die Augenlider kaum offen halten

Augen:
scharfer Schmerz im äußeren Winkel des rechten Auges

Ohren:
Ohrengeräusche: Rumoren

Gesicht:
Hitzegefühl vor- und nachmittags mit Röte

Magen:
Heißhunger, weiß nicht, wann mit dem Essen aufzuhören ist

Nieren:
tiefer Schmerz in der rechten Nierengegend, ausstrahlend in Unterbauch oder Hoden mit starkem Harndrang
Harnröhrenschmerz am Ende des Urinierens
Völlegefühl der Blase mit dumpfem Schmerz, der durch Wasserlassen nicht besser wird
häufiger Harndrang mit Schmerzen beim Ende des Wasserlassens (berb., sars., thuj.)
Urin geht nur Tropfen für Tropfen ab
heftiger, brennender Schmerz in der Harnröhre beim Wasserlassen
viel Schleim im Urin, Albuminurie, Sediment, Ammoniakgeruch
Harndrang steigt mit verminderter Menge des Urins an
Bettnässen der Kinder mit Träumen (Alpträumen) beim Abgang
Enuresis ohne sichtbaren Grund
Blasenschwäche, Harnträufeln, Blasenlähmung bei alten Frauen
Harnverhalten, Dysurie = schmerzhafter Harndrang mit erschwertem Wasserlassen in der Schwangerschaft oder nach Geburt([Synth.]:
Blase Dysurie [schwieriges Urinieren] in der Schwangerschaft: equi., eup-pur., ph-ac., plb., staph.)

Genitalien:
Hodenschmerzen abends vor dem Wasserlassen
Uteruskrebs

Haut:

Kopfhaut wie zusammengeschnürt mit Verlangen Stirne zu runzeln oder Augenbrauen zu heben

Haut über der Stirne sehr straff, ziehendes Gefühl

Glieder:

erwacht mit scharfen Knieschmerzen links an der Innenseite

Rücken:

rechter Lendenbereich schmerzhaft

Besser:

im Liegen auf dem Rücken

Schlechter:

Bewegung, Druck, Berührung, Sitzen, am Ende der Miktion

Besondere Anzeigen:

Harnverhalten, Blasenlähmung im Alter, Dysurie nach Geburt oder in der Schwangerschaft

Hauptindikationen:

Enuresis, Harngrieß, Harnverhaltung, Harndrang, Harnträufeln, Blasenentzündung, Wassersucht, Nierenschmerzen

Vergleiche:

hydrang., ferr-p., apis, canth., lina., chim., puls., scill. Cantharis steht Equisetum am nächsten.

Dryopteris filix mas Schott/Wurmfarn

Die Welt der Farne ist faszinierend und geheimnisvoll – eine Welt ohne Blüten, ohne Früchte und Samen. Wir bewundern diese magischen Gestalten in Wald und feuchten Schluchten, wo sie als zwerghafte Gewächse mit gefiederten Blättern das Licht im Unterholz dämpfen. Sie wachsen kaum einen Meter hoch, und doch sind sie so märchenhaft, graziös und bewundernswert.

In Wirklichkeit sind es Stimmen aus der Vergangenheit, die gleichsam als Totenmasken der Natur betrachtet werden können. Denn es gab eine Zeit, da besiedelte der Farn weite Landstücke und bildete große Wälder in Gestalt riesiger Bäume. Den Hinweis für diese mächtigen Farngewächse aus der Urzeit liefern uns Versteinerungen, die wir aus längst versunkenen Wäldern der Steinkohlezeit studieren können. Sie zeigen uns Umrisse und Formen von Farnpflanzen, die es heute gar nicht mehr gibt. Im Laufe der Millionen von Jahren sind sie ausgestorben, und wir stehen heute vor kümmerlichen Resten ihrer einstigen Pracht. Nur in tropischen Ländern sind noch Farnbäume erhalten geblieben.

Wandern wir aber durch unsere einheimischen Wälder, führen uns die übriggebliebenen zwerghaften Farnkräuter wie eine Science-fiction-Vision in eine Zeit vor 300 Millionen Jahren zurück, wo 30 m hohe Farne zusammen mit riesigen Schachtelhalm- und Bärlappgewächsen das urwüchsige Bild der Natur bestimmten. Es waren riesige Wälder, aus denen während Jahrtausenden die heutigen Kohlenlager entstanden sind. Den Überrest dieser Vergangenheit schieben wir nun als Brennmaterial in unsere Öfen.

Magische Spirale

Gleich einem sich aufrollenden Elefantenrüssel treibt der Wurmfarn nach der Wurzel-

Abb. 69: „Bischofsstab" im Waldboden – aufrollender Farnwedel.

bildung seinen Wedelsproß in die Höhe und erscheint mit seinem Stengel als Bischofsstab im Waldboden. Diese Gestalt wurde früher als heilanzeigendes Indiz betrachtet; als eine Signatur, die auf die verborgenen Kräfte der Pflanze hinweisen soll. In der Tat beweist sich der Wurzelextrakt als ein wurmtreibendes Mittel. Die Phloroglucinderivate und das Filimaron wirken lähmend auf die Muskulatur der Eingeweidewürmer, insbesondere des Bandwurms. In Spitälern werden Spezialpräparate aus frisch zubereiteten Ätherextrakten zur Anwendung gebracht. Da dadurch die Darmparasiten nicht getötet, sondern nur gelähmt werden, muß nach dem Wurmfarnmedikament ein Abführmittel verabreicht wer-

Abb. 70: Wurmfarn (Dryopteris filix mas): Magische Gestalten im Wald und feuchten Schluchten.

den, damit die Würmer mit dem Stuhl zur Ausscheidung kommen, bevor sie sich von der Lähmung erholen. Durch das Abführmittel wird auch die Wurmfarndroge wieder entsorgt.

Das Geheimnis der zuverlässigen Wirkung des Extraktes liegt jedoch darin, daß das Präparat immer frisch sein muß. Ist es älter als ein Jahr, kann man es nicht mehr verwenden.

Der Wurmfarn ist ein mehrjähriges Tüpfelfarngewächs (Polypodiacea) und wird rund 100 cm hoch. Kurz nach der Schneeschmelze wird er plötzlich vom Frühlingserwachen erfaßt. Mit seinen runden, bräunlich-pelzigen eingerollten Köpfen tritt er ans Tageslicht und treibt den Stengel meterweit in die Höhe. An der Frühlingssonne rollt er sich zu einem luftigen Farnwedel aus. Durch die Trichterstellung der ausgebreiteten Wedel werden die spärlichen Sonnenstrahlen als Energiequelle ausgenützt. Im Laufe des Tages wird je ein Abschnitt des Blatttrichters belichtet, was der Photosynthese dient. Unterseits an den Fiederblättchen sind weißlich-grüne, später braune, runde Sporen, die von einem Häufchen (Schild) überdeckt sind. Jedes Fiederblatt hat zwei Reihen Sporangien. Reife: Juni bis September.

Auf der ganzen Erde zählt man ca. 7.000 Farngewächse; rund 80 sind in Europa heimisch. Sie erscheinen in verschiedenartigster Formenbildung: rundlich, länglich, grasartig, schmal, ganzrandig, gebuchtet, gewellt, geteilt und gefiedert, so z. B. der Adlerfarn (Pterdium aquilium), Königsfarn (Osmunda regalis), Tüpfelfarn (Polypodium vulgare), Rippenfarn (Blechnum spicant), Hirschzungenfarn (Phyllitis scolopendrium), die Mauerraute (Asplenium ruta muraria) usw.

Der botanische Gattungsname des Wurmfarns „Dryopteris" wird vom griechischen „drys = Eiche und „pteris" = Flügel abgeleitet und versinnbildet das Wachstum unter Eichen. Der Beiname „filix mas" stammt aus dem Lateinischen und bedeutet männlicher Farn im Gegensatz zu „filix femina" = Frauenfarn − weiblicher Farn. Der deutsche Name „Wurmfarn" weist auf die altbekannte Verwendung als Bandwurmmittel hin, ferner sind verschiedene Volksnamen bekannt: Bandwurmwurzel, Geißleiterli, Glückshand,

Abb. 71: Die Hinterseiten der Farnblätter sind mit Sporenhäufchen bedeckt.

Abb. 72: Adlerfarn (Pterdium aquilium) mit flügelartig ausgebreiteten Blättertrieben.

Abb. 73: Tüpfelfarn, auch Engelsüß (Polypodium vulgare genannt), besitzt süß schmeckende Wurzeln.

Hexenkraut, Teufelsklaue, Wanzenkraut, St.-Johannis-Hand.

Wurmfarn in der Pflanzenheilkunde

Der Wurmfarn wurde durch Friedrich den Großen allgemein bekannt gemacht, indem er seinem Leibapotheker eine stattliche Jahresrente versprach, falls er ihm ein Geheimmittel gegen seine lästigen Bandwürmer verrate. Der Heilkundige verordnete die Wurmfarnwurzel, (Filicis rhizoma) was zum Abgang führte und worauf er die Würde eines Hofrates erhielt.

Äußerlich dienen die Wurmfarn-Wirkstoffe bei Rheuma, Gicht, Waden- und Schreibkrampf und Ischias. Wurmfarnkuren sollten jedoch vom Laien nicht durchgeführt werden, da bei unsachgemäßem innerlichem Gebrauch Vergiftungserscheinungen auftreten können.

Vergiftungen

Durch Überdosierung einer Wurmkur oder durch Verwendung der Farnwurzel als Abortivum, was früher nicht selten war, können Vergiftungserscheinungen auftreten: Reizung von Magen und Darm, Krämpfe, Sehstörungen, die bis zur Erblindung führen.

Filix mas in der Homöopathie

Hering berichtet, daß der Sommer die beste Zeit ist, um den Wurmfarn zu verarbeiten, d.h. wenn die Wurzel am meisten Wirkstoffe besitzt. Wenn 30 g der geriebenen Wurzel vormittags Patienten verabreicht werden, löst sich der Bandwurm bereits am Nachmittag. In diesem Sinne ist der Wurmfarn auch in der Homöopathie, selbst in niedrigen Potenzen, ein zuverlässiges Bandwurmmittel, ferner bei spezifischen Wurmbeschwerden, Wurmkoliken, Lymphknotenentzündungen, beginnender Lungentuberkulose junger Leute, sowie Anlage zu Abort, Sterilität und Blindheit. Filix mas ist des weiteren eines der 10 Mittel bei *Beschwerden von Mädchen in der Pubertät* [Synth.]: aur. 2, bar-c. 2, bell. 2, calc-p. 2, ferr. 2, filix., hypoth., lach. 3, phos. 2, puls. 2).

Abb. 74: Filix mas in der Homöopathie bei Bandwurm, Scheidenprolaps, sowie bei Beschwerden von Mädchen in der Pubertät in Gebrauch.

Leitsymptome:
Woran die Filix-mas-Konstitution zu erkennen ist

Wurmbefall mit Verstopfung und *blassem Gesicht, sowie mit blauen Ringen um die Augen.* Mürrisch, verdrießliche, mißmutige, gereizte Stimmung bei Wurmleiden. Nagende, bohrende Schmerzen im Bauch, besonders nach Süßigkeiten; dies alles sind wahlanzeigende Symptome für den Gebrauch von Filix mas. Auch bei reaktionsträger Lymphknotenentzündung ist das Mittel indiziert.

Psychische Verhaltensweisen

Der Kranke kennzeichnet sich durch eine *ausgeprägte Benommenheit, wie durch Schlafmittel,* ferner ist er äußerst ängstlich, er hat die Neigung das Bewußtsein zu verlieren.

Absonderliche Beschwerden:
Filix mas

Schlaf:
ruheloser Schlaf

Augen:
einseitige Schwachsichtigkeit — Blindheit
Blindheit — Amaurose — schwarzer Star
Unbeweglichkeit der Pupille

Nase:
Jucken der Nase bei Würmern

Bauch:
Bauchweh durch Süßigkeiten mit Aufblähungen

Verdauung:
Wurmkolik mit Jucken in der Nase und blassem Gesicht, blaue Ringe um die Augen
Wurmbeschwerden mit Verstopfung

Genital:
Abortusneigung, Sterilität
wiederkehrende Menses nach einer Woche, drei Wochen andauernd
schwerer Scheidenprolaps. Kent Rep.: alum., bell., calc-ar. 2, chim., ferr. 2, kreos. 2, lach. 2, merc. 2, nux-m. 2, nux-v. 2, op., plb., sep. 3, stann. 2, sulf-ac., thuj. 2, verat.
durch Heben: nux-v.
in der Schwangerschaft: calc-ar., ferr.,
während Stuhlgang: stann.

Glieder:
zittriges, krampfhaftes Gefühl in Händen und Füßen

Besondere Anzeigen:
Beschwerden bei Mädchen in der Pubertät

Hauptindikationen:
Bandwurm: Kent Rep.: all. 2, arg-n. 2, calc. 3, carb-an. 2, carb-v. 2, carb-s., chin., cupr., filix. 2, form. 2, frag-v., graph. 2, grat., kali-c., mag-m., merc., nat-c. 2, nux-v., petr., phos., plat. 2, puls. 2, sabad. 2, sep. 2, sil. 2, stann. 2, sulf., ter., thuj.
Wurmleiden, Wurmkolik, Abort, Sterilität, Lymphknotenentzündung

Vergleiche:
cina, gran., kou., arec. Boericke: Aspidium anthamanicum — Amerikanischer Wurmfarn, 3 Dosen à 2 g zum Austreiben des Bandwurmes auf nüchternen Magen

Abb. 75: Einbeere (Paris quadrifolia) besitzt als Erkennungszeichen vier, in Quirle stehende Blätter. Darüber erhebt sich an einem dünnen Stengel die grün-schwarze Lilienblüte.

Paris quadrifolia L./Einbeere

Wer sieht es der vierblättrigen, schwarzkugelköpfigen Einbeere an, daß sie den Liliengewächsen angehört — hat sie doch recht wenig Lilienhaftes an sich. Die Pflanze, die ca. 10 bis 20 cm hoch wird und in den heimischen Laubwäldern zu finden ist, besitzt eine unterirdische Grundachse als Wurzelwerk. Endständig am fast fadendünnen Stengel erscheint im Mai eine gelb-grün-schwarze Blüte, die im August bis September eine kirschengroße, stahlblaue Beere reifen läßt. Sie schmeckt unangenehm süßlich und wird oftmals von Drogensüchtigen als vermeintliche Rauschersatzdroge verwendet.

Nach einer alten Legende soll die Einbeere ihren Namen vom trojanischen Königsohn Paris erhalten haben. Die in Quirle stehenden vier Blätter versinnbildlichen die streitenden Göttinnen Hera, Aphrodite, Pallas Athene und den Prinzen Paris, während die Beere den Erisapfel darstellt. Quadrifolia heißt die Einbeere, weil sie vier Blätter besitzt; Einbeere, weil sie nur eine einzige Frucht trägt.

Als Volksnamen sind Wolfsbeere, Moosbeere, Giftbeeri, Teufelsbeer, Schwarzblätterkraut, Chrüzlibeeri bekannt, ferner Sprengbeere, weil sie bei starken Vergiftungen den Leib zum Platzen bringt.

Die Einbeere in der Pflanzenheilkunde

In früheren Zeiten wurde die Einbeere gegen Irrsinn, Tollwut und Pestbeulen verwendet. Die Beere besitzt eine Ähnlichkeit mit den Hautbeulen bei Pestkrankheiten, was als Signatur aufgefaßt wurde und zur Heilanzeige diente. Paracelsus behauptet, daß die Wolfsbeere die Vernunft unsinnig mache. Aus diesem Grunde wurde sie bei Menschen eingesetzt, die ihrer Vernunft beraubt waren, was der Kräutergelehrte Matthiolus anhand von Erfolgsberichten bestätigte. Einbeere macht wahnsinnig und hilft dem Wahnsinnigen — eine homöopathische Anwendungsform, die bereits vor Hahnemann durchgeführt wurde.

Vergiftungen

Kinder verwechseln die Einbeere oft mit Heidelbeeren und setzen sich dadurch Vergiftungen aus. Hühner fallen tot um, wenn sie die Beere verzehren, jedoch verschiedene Vögel und Mäuse bleiben beim Genuß verschont. Der Giftstoff der Beere wird als Saponinglykosid registriert: Paristhyphin und Paradin, dessen Vergiftungserscheinungen ähnlich sind wie beim Samen der Konrade: Übelkeit, Erbrechen, Durchfall, Magen-Darmkrämpfe, Kopfweh, Schwindel, starke Verengung der Pupillen (Miosis) und Atemlähmung.

Paris quadrifolia in der Homöopathie

Die Urtinktur wird aus der *ganzen, frischen Pflanze* hergestellt. Hahnemann schreibt über die Pflanze: „Man hat das Kraut der Vierblatteinbeere in Krämpfen wirksam gefunden. Die Blätter erregen in größerer Gabe selbst wenigstens Magenkrämpfe, nach den noch unvollständigen Erfahrungen, die wir von krankhaften Erscheinungen besitzen, die sie hervorbringen mögen". Paris war also zu Hahnemanns Zeiten in der Homöopathie noch nicht eingehend erforscht. Heute ist das Mittel vor allem bei spezifischen Kopfschmerzen im Nacken, Kongestionen zum Kopf, Jochbeinneuralgien, rheumatischen, neuralgischen Schmerzen im Kopfgebiet, wiederkehrender Heiserkeit, Magenkrämpfen, Schlafsucht und Gehirnerschütterung indiziert.

Leitsymptome:
Woran die Paris-Konstitution
zu erkennen ist

Paris ist angezeigt bei *Kopfschmerzen,* besonders mit dem Gefühl, als *würden die Augen nach hinten gezogen.* (Kent Rep.: Augenschmerzen ziehend wie mit einem Faden zum Hinterkopf oder in das Gehirn: crot-t. 2, hep., lach. 2, par. 3, sil.). Die Schmerzen in den Augen drücken sich aus, *als ob sie mit einem Faden oder einer Schnur rückwärts in den Kopf gezogen würden.* Die *Augäpfel* fühlen sich *geschwollen, groß und schwer* an mit der Empfindung eines *ziehenden Fadens durch die Augäpfel.* Der Kopf ist schwer aufgetrieben. Ferner sind Schmerzen und *Steifheit im Nacken* vorhanden. Morgens beim Erwachen ist die Zunge äußerst trocken ohne Durstgefühl. Paris läßt sich des weiteren erkennen durch *Kältegefühl der rechten Körperseite — die linke ist heiß.*

Psychische Verhaltensweisen

Bei Paris handelt es sich oft um geschwätzige, erregte, ärgerliche und unzufriedene Patienten mit einem *sehr unsteten, unruhigen Blick.* Sie besitzen die Neigung, die *Mitmenschen verächtlich zu behandeln. Vielmals fallen sie auf mit albernem Benehmen, Lachen, fröhlich klatschsüchtiger Ausgelassenheit.* Sie sind *stark ichbezogen* und charakterisieren sich mit einer auffallenden *Selbstüberschätzung.* In der Gesellschaft *sprechen sie andauernd über sich selbst;* sie haben große Freude an ihrem eigenen Sprechen, wechseln schnell von einem Thema zum anderen. Der Tastsinn ist nicht selten gestört, ferner können sich auch eingebildete, üble Gerüche bemerkbar machen. Nachts beim Erwachen meint der Kranke, sich an einem fremden Ort oder fremden Land zu befinden. Manchmal leiden die Paris-Patienten an der Sinnestäuschung, als ob der Kopf oder der ganze Körper vergrößert sei.

Signatur

Wenn wir den aufsteigenden, dünnen Stengel der Einbeere betrachten, bekommen wir das Gefühl, als ob die Frucht mit einem Faden zu Boden gezogen würde — ähnlich wie beim Kopfschmerz-Patienten, bei dem die Augäpfel wie mit einem Faden in den Kopf gezogen werden. Die aufgeschwollene Beere läßt sich aber auch mit dem Vergrößerungsgefühl vergleichen, das im Kopf oder in den Augen wie aufgetrieben oder zum bersten empfunden wird.

Zu guter Letzt gibt uns die solitäre Frucht in ihrer dunklen Erscheinung einen Vergleich zum unsteten Blick des Paris-Kranken, welchen wir oftmals in der homöopathischen Praxis zu Gesicht bekommen. Die solitäre Frucht versinnbildlicht auch die starke Ichbezogenheit.

Abb. 76: Die Paris-Konstitution zeigt sich selbstüberschätzend und egozentrisch, gleich wie die schwarze Frucht solitär über dem Blätterwerk steht.

Abb. 77: Auffallende Signatur: Kopfschmerzen mit Gefühl, als würden die Augen mit einem Faden in den Kopf gezogen, ähnlich wie die Frucht an einem dünnen Stengel zum Blätterwerk gezogen wird.

Absonderliche Beschwerden: Paris quadrifolia

Schlaf:
Tagesschläfrigkeit – Schlafsucht

Kopf:
Schwindel beim lauten Lesen (Kent Rep.: manc., par.) oder Sprechen (Kent Rep.: bor, cham., cocc. 2, par., sol-n.)

Bewegungen im Kopf nachts beim Erwachen[Synth.]

Kopfschmerz mit Gefühl, als sei der Kopf aufgeblasen

Gefühl, als würde die Kopfhaut zusammengezogen

Gefühl, als wäre der Kopfknochen wundgeschabt (mez.)

Taubheitsgefühl linke Kopfseite (gefühllos)

Schmerzhaftigkeit auf dem Scheitel – kann das Haar nicht bürsten

Schweiß auf der Kopfhaut nach dem Frühstück oder Mittagessen

Augen:
Gefühl, als wären die Augen zu groß, schwer wie Blei und würden an einem Faden in den Kopf gezogen

Gefühl, als wären die Augen vergrößert, so daß sie mit den Lidern kaum bedeckt werden können

Zucken des Oberlides

sieht Funken beim Husten

Augenentzündung wechselt ab mit Halsentzündung

Ohren:
Gefühl von ausströmender Hitze

Gefühl, als würde das Ohr herausgedrückt oder herausgerissen (Clarke)

Nase:
Milch und Brot riechen wie faules Fleisch/ Geruchsveränderungen

Gesicht:
Neuralgien im Jochbein

rotes Gesicht nach Mittagsessen

Mund:
trockene Zunge beim Aufwachen ohne Durst

Mundgeruch wie Kresse

Magen:
Magenkrämpfe – Gefühl eines Steines

Brust:
gereizter Kehlkopf wie nach Schwefeldampf

Herz:
Herzklopfen in Ruhe

Genitalien:
starke Erregung besonders während Mittagsschlaf

reichliche Pollutionen tagsüber oder im Schlaf

Glieder:
kalte Füße – heißer Kopf (bell.)

Arm versteift sich und ballt sich zur Faust

taube Finger -Tastsinn gestört (besonders links)

Haut:
Gefühl, als wäre die Haut zu dick — kann nicht in Falten gezogen werden

Rücken:
Nackenschmerzen, Steifheit im Nacken, Schweregefühl
Gefühl eines Gewichtes mit Müdigkeit im Nacken

Besser:
Auflegen der Hand an betroffenen Stellen

Schlechter:
Körperdrehungen, abends, morgens

Besondere Anzeigen:
Glaukom, Schlafsucht, Anfälle von Geschwätzigkeit

Hauptindikation:
psychische Leiden, Jochbeinneuralgien, Kopfschmerzen, Nackenschmerzen

Vergleiche:
apis, bell., gels., arg-nitr., lach., hyos., stram., croc., agar., past.

Viola odorata L./Wohlriechendes Veilchen

Veilchenblüten duften nach Frühlingswind, sie sind frisch und klar; machen vergnügt und fröhlich. Erfahrungsgemäß passen sie für Patienten mit heiterer Stimmung und klarem Verstand.

Wenn wir der zauberhaften Blüte im erwachenden Frühlingsboden des Waldes begegnen, sollten wir die Blume etwas in die Höhe richten, um den Bestäubungsmechanismus näher beobachten zu können. Wenn wir dabei ein feines Hölzchen in den Sporn einführen und dadurch die Narbe, die den Eingang der Blume versperrt, treffen, bewegt sich der Griffel etwas nach oben. Durch diesen Mechanismus werden die orangefarbenen Anhänge der Staubbeutel auseinandergepreßt, sodaß der Blütenstaub hervorrieseln kann. Gleicher Effekt ist zu verfolgen, wenn ein Insekt mit seinem Rüssel in die Blüte eindringt. Ein Teil des Blütenstaubes fällt dann dem Tier direkt auf Rüssel und Kopf. Fliegt anschließend das Insekt zu einer weiteren Blüte, so werden beim Besuch einige Körnchen an der Narbe abgestrichen, womit die Befruchtung der Pflanze gesichert ist.

Bewundernswert ist auch die Verbreitungstechnik des Veilchens. Sobald bei der Reife die Fruchtkapsel aufspringt, werden die Samen weit weggeschleudert. Ameisen, die den Samen auf allen Waldstraßen vorfinden, fressen ihn auf oder verschleppen ihn, wodurch die Pflanze neuen Boden gewinnt.

Aus der großen Familie der Veilchengewächse sind auf der ganzen Erde über 200 Arten bekannt. Bei den einheimischen Veilchengewächsen ist nur das Wohlriechende Veilchen (Viola odorata) duftend und medizinisch wirksam. Es besitzt herzförmige, am Rand gesägte Laubblätter, die zu Beginn des Wachstums tütenförmig eingerollt sind. Die Blüten sind blauviolett, selten weiß oder rötlich, und erscheinen im März bis April in ganz Europa in den Laubwäldern. Daraus wachsen Fruchtkapseln, die in drei Klappen aufspringen und Samen wegschleudern. Die Pflanze läßt sich leicht mit anderen Arten aus der Nachbarschaft kreuzen, wobei die verschiedenen einheimischen Veilchenarten sehr schwer voneinander zu unterscheiden sind, so z. B.:

Viola silvestris — Waldveilchen mit hellvioletten Blüten;
Viola hirta — Rauhhaariges Veilchen mit haarigen Blütenstielen;
Viola palustris — Sumpfveilchen an wäßrigen Stellen;

Abb. 78: Weiß blühendes Veilchen (Viola alba) wächst in alpiner Stufe.

Abb. 79: Wohlriechendes Veilchen (Viola odorata): Es duftet nach frischem Frühlingswind.

Viola biflora — Gelbes oder Zweiblütiges Veilchen;

Viola calcarata — Gesporntes Veilchen mit dunkelvioletten Blüten in den Alpen;

Viola alba — Weißes Veilchen in alpiner Stufe.

Viola ist die Verkleinerungsform des griechischen „ion". Ionische Nymphen sollen diese Blume dem göttlichen Ion bei der Gründung Athens dargebracht haben. Odarata, aus dem Lateinischen übersetzt heißt: duften, was den Veilchenduft charakterisiert.

Als Volksnamen sind: Veieli, Viönli, Märzennägeli, Valalaa und Gufenündli bekannt.

Veilchen in der Pflanzenheilkunde

Die Ärzte der Antike, welche bereits die heilkräftigen Eigenschaften des Veilchens kannten, priesen die Blüten gegen die schädlichen Wirkungen des Alkoholgenusses. Bei Festgelagen wurde die Pflanze sogar als Prophylaxe um die Stirne gebunden. In der Ärzteschule von Salerno lobte man das Veilchen als Mittel gegen Katzenjammer. Fortan geriet die Pflanze in Vergessenheit bis letztlich Pfarrer Kneipp sie wieder allgemein bekannt machte. Er empfahl die Veilchenblüte gegen Husten und Keuchhusten der Kinder und als Gurgelmittel bei entzündetem Hals. Die inhaltlichen Wirkstoffe Salicylverbindungen, Saponin, ätherisches Öl, Odorutin und Violarutin besitzen schleimlösende, fiebersenkende, schmerzstillende Eigenschaften und werden pytotherapeutisch vor allem bei Erkältungskrankheiten eingesetzt. Zauberhaft schmeckt auch der selber hergestellte Veilchenessig oder die Veilchenbowle.

Viola odorata in der Homöopathie

In der Homöopathie ist das Veilchen neben dem Stiefmütterchen Viola tricolor eher eine vernachlässigte Pflanze, obwohl mit Viola odorata bei spezifischen Erkrankungen recht gute Erfolge erzielt werden können. Die Urtinktur wird aus der *duftenden Blüte* herge-

stellt. Das Mittel ist eine hervorragende homöopathische Arznei bei Kinderkrankheiten, ferner besitzt es eine charakteristische Wirkung auf das Ohr und die Augen wie *schießende Schmerzen im Ohr* und *Neuralgien in der Gegend der Augenbrauen*, ferner ist es bei *Rheumatismus* in der *rechten oberen Körperhälfte* angezeigt sowie bei *Wurmleiden der Kinder* (teucr.) und gegen Bienenstich.

Leitsymptome: Woran die Viola-odorata-Konstitution zu erkennen ist

Hier handelt es sich oft um dunkelhaarige Personen, vielfach mit tiefer, sanfter Stimme und *runzeligem, faltigem Gesicht, vor allem an der Stirn*. Die Kopfhaut ist in der oberen Hälfte gespannt bis zu den Ohren — die *Stirne wird gerunzelt*. Kent Rep.: Stirne faltig

Abb. 80: Leitsymptome von Viola odorata: Stirnrunzeln und Abneigung gegen Musik, insbesondere Geigenspiel.

bei Kopfschmerz, aster., caust. 2, grat., hyos., nat-m., phos., stram. 3, sulf., viol-o. Vielfach werden Schmerzen über den Augenbrauen oder schießende Schmerzen in den Ohren beklagt. Auffallend ist eine große *Abneigung der Kranken gegen Musik – besonders gegen Geigenspiel,* – sie bekommen dadurch Kopfschmerzen.

Psychische Verhaltensweisen

Nebst der Abneigung gegen Musik sind Kinder und Erwachsene an folgenden Merkmalen zu erkennen: Verlangen nach geistiger Aktivität, leichtes Auffassungsvermögen, redselig, übertriebene Phantasien, *reiche Einfälle und Ideen, klarer Verstand, fleißig, arbeitsam* mit Arbeitswut und leicht beeindruckbar. Diese Konstitution ist jedoch *bei geringster Veranlassung beleidigt* und sieht alles von der schlechtesten Seite, hat oftmals ein chaotisches Verhalten, ist *eigensinnig, starrköpfig und hartnäckig,* weigert sich zu essen, ist ungehorsam und fällt mit kindischem Benehmen auf.

Gemütsbewegungen werden vom Verstand beherrscht. Einzelne haben die Einbildung, als ob *etwas im Kopf wirble,* oder als ob sie Schlangen sehen würden. Manchmal zeigt sich eine grundlose, weinerliche Stimmung, vor allem, wenn etwas abgelehnt und verweigert wird.

Besonders bei der Behandlung von *Kinderkrankheiten* sind diese wertvollen Zeichen zu beachten.

Absonderliche Beschwerden:
Viola odorata

Schlaf:
Gähnen ohne Schläfrigkeit, Neigung sich zu strecken

Kopf:
alles scheint sich im Kopf zu drehen (wirbeln)
brennendes Gefühl an der Stirn mit Kribbeln oder quer neben der Stirne

Kopfschmerzen über den Augenbrauen, gespannte Kopfhaut, Stirnrunzeln
Schwere des Kopfes mit Schwäche des Nackens
Kopfschmerzen durch Musik

Augen:
sieht Funken vor Kopfschmerzen[Synth.]
sieht leuchtende Farben vor den Augen – Zickzacklinien
Sieht feurige, sich schlängende Kreise
herabfallende Augenlider – Schweregefühl
Tränenfluß beim Gähnen

Ohren:
Ohrenleiden mit Schmerzen in den Augäpfeln
schießende Schmerzen in den Ohren; stechend hinter/unter Ohr

Nase:
Taubheitsgefühl an der Nasenspitze wie von einem Schlag

Gesicht:
gerunzeltes Gesicht – Stirnrunzeln bei Kopfschmerzen

Brust:
Atemnot während Schwangerschaft
Brustschmerzen beim Ausatmen – Einatmen bessert

Nieren:
milchiger Urin mit starkem Geruch

Glieder:
Beschwerden durch Geigenspielen[Synth.]

Rücken:
Rheuma in der rechten oberen Körperhälfte
Schwäche der Nackenmuskulatur
Rheuma der Schultern und rechten Handwurzel

Schlechter:
kalte Luft, Berührung, Liegen, Musik

Besondere Anzeigen:
lokale Schmerzen bei Uterusmyome
Atemnot während Schwangerschaft

Hauptindikation:
Kinderkrankheiten, Keuchhusten, Ohrenschmerzen, Kopfweh, Augenschmerzen, Rheuma in der rechten oberen Körperhälfte, Akne rosacea

Vergleiche:
aur., puls., sep., ign., cina

Abb. 81: Stiefmütterchen (Viola tricolor), dreifarbige Blüte in Feld und Acker.

Viola tricolor L./Stiefmütterchen

Viele fragen sich, wie überhaupt die deutsche Bezeichnung „Stiefmütterchen" zustandegekommen ist. Ein stiller Beobachter der Natur hat dafür folgende Erklärung: Wenn man die Blüten von der Rückseite betrachtet, erkennen wir, daß die beiden mittleren Blumenblättchen klein und mit zwei Farben geschmückt sind. Sie besitzen je ein Kelchblatt als Stütze − das sind die stolzen Töchter. Zwei weitere Blumenblättchen sind einfarbig und haben zusammen nur ein Kelchblatt zu ihrem Sitze, das sind die bescheidenen Stiefkinder. Das große Blumenblatt in der Mitte ist die Stiefmutter, die im buntfarbenen Kleiderschmuck einhergeht. Ihre zwei eigenen Töchter schmückt und kleidet sie standesgemäß und gibt jeder einen besonderen Stuhl. Die beiden Stiefkinder aber müssen sich mit einfachem Gewand und gemeinschaftlichem Sitz begnügen.

Das Stiefmütterchen ist ein einjähriges Veilchengewächs (Violacea), ca. 10 bis 20 cm groß, und ist im Acker als Begleiter des Roggens zu finden, ferner in der Bergwiese und am Feldweg bis auf 2.700 m Höhe. Wir unterscheiden zwei Arten von Stiefmütterchen, die als Heilpflanze zum Gebrauch kommen. Das Acker-Stiefmütterchen (Viola tricolor arvensis) mit seinen kleinen gelblich-weiß gefärbten Blüten und das Wiesen-Stiefmütterchen (Viola tricolor vulgaris) mit seinen etwas größeren, stark violett gefärbten Blüten.

Die Fähigkeit des wilden Stiefmütterchens, Blüten mit verschiedenen Farben zu entwickeln, hat die Gärtner veranlaßt, durch Kreuzungen mit anderen Wildarten eine Fülle von großblütigen Garten-Stiefmütterchen zu züchten, die aber medizinisch nicht verwendet werden.

Der Gattungsname „Viola" ist die lateinische Bezeichnung für Veilchen, der Beiname „tricolor" heißt dreifarbig und nimmt Bezug auf die Blüte mit violetter, gelber und weißer Farbe. Als Volksnamen sind Ackerveilchen, Dreifaltigkeitsblume, Kathrinchen, Samtblümchen, Tag- und Nacht-Blümlein, Jelängerjelieber, Schwögerli, Schöngesicht, Glotzer, Stiefkindle bekannt. Hahnemann nennt es in seinem Apotheker-Lexikon Freisamenkraut.

Abb. 82: Die Hinterseite der Stiefmütterchenblüte erklärte die deutsche Namensgebung.

Stiefmütterchen in der Pflanzenheilkunde

In der Phytotherapie ist das Stiefmütterchenkraut eine wertvolle Arznei bei Milchschorf, Säuglingsekzem, chronischen Hautkrankheiten, Akne, Ekzem, Schuppenflechten, Allergien und Scheidenjucken der Frauen. Überdosierungen können jedoch zu Brechreiz führen.

Viola tricolor in der Homöopathie

Die Urtinktur wird aus der *frisch blühenden Pflanze* hergestellt. In der homöopathischen Literatur ist das Stiefmütterchen nur wenig beschrieben worden — es ist in der Tat ein homöopathisches Stiefkind, obwohl es ein überaus wertvolles Mittel für Hauterkrankungen darstellt. Doch weder Hahnemann, Allen, Nash noch Kent haben darüber berichtet. Die Hauptanwendung von Viola tricolor liegt beim *Ekzem* im *Kindesalter* und bei verschiedenen Kopfschmerzen.

Abb. 83: Viola tricolor in der Homöopathie bei juckenden Kinderausschlägen, meistens auf dem behaarten Kopf, im Gesicht oder hinter den Ohren indiziert.

Leitsymptome: Woran die Viola-tricolor-Konstitution zu erkennen ist

Viola tricolor ist an *juckenden Kinderausschlägen,* insbesondere am *behaarten Kopf (verfilzt oft das Haar),* im *Gesicht und hinter den Ohren* zu erkennen mit *Krusten, die beim Aufkratzen eitrig* werden. Auffallend ist, daß der *Urin der Kinder nach Katzenharn* riecht. Die Beschwerden *verschlechtern sich im Winter.*

Psychische Verhaltensweisen

Viele erkrankte Kinder haben eine traurige, verdrießliche, entmutigte Stimmung, andere können *eigensinnig, starrköpfig,* ungeduldig und überempfindlich sein. Wieder andere sind aber froh, heiter und redselig. Entweder erledigen sie die Beschäftigungen in Hast und Eile oder sind sehr arbeitsscheu. Einige sind reich an Ideen und Einfällen wie bei Viola odorata und *besitzen einen klaren Geist.* Die Kinder können aber auch lamentieren und jammern, sodaß es einem auf die Nerven geht. Letztlich zeigt sich ungezügelte Streitsüchtigkeit und Ungehorsam. Auffallend ist eine ungewisse Angst, welche vielfach nach dem Essen auftritt oder Furcht vor der Zukunft.

Absonderliche Beschwerden: Viola tricolor

Schlaf:
Gedankenfluß abends im Bett, einstürmende Gedanken, Phantasien
Phantasieren im Schlaf
Kopflage im Schlaf nach hinten gebeugt

Kopf:
Ekzem an der Kopfhaut mit geschwollenen Halsdrüsen, das Haar verfilzt sich
Empfindung von schüttelnden Bewegungen

Augen:
Herabfallen der Augenlider[Synth.]
Jucken der Augenbrauen

Ohren:
Hautausschlag hinter den Ohren, brennend, juckend

Gesicht:
Hitze und Schweiß im Gesicht nach Essen
rote Gesichtsfarbe im Schlaf
Akne am Kinn, an der Stirne, Pusteln auf den Lippen

Mund:
Aphthen bei Kindern
viel Schleim im Hals, zwingt ständig zum Räuspern
Gefühl von Trockenheit bei feuchtem Mund

Brust:
pustelartiger Hautausschlag in der Achselhöhle

Verdauung:
Stuhl wie gehackt

Nieren:
Urin riecht nach Katzenharn, Kent Rep.: aspar., caj., vib., viol-t. 2
viel Harndrang
Stiche und Brennen in der Harnröhre beim Wasserlassen

Genitalien:
nächtliche Samenergüsse begleitet von lebhaften Träumen
unwillkürliche Samenergüsse beim Stuhlgang oder Urinieren
Schwellung der Vorhaut, Jucken und Brennen in der Eichel
Weißfluß bei kleinen Mädchen

Haut:
unerträgliches Hautjucken, nachts schlechter
Hautausschlag an der Kopfhaut, im Gesicht, hinter den Ohren, juckend, Krusten bildend, darunter Eiter
Frieselausschlag über den ganzen Körper

Schlechter:
im Winter, 11 Uhr vormittags, kalte Luft

Besondere Anzeigen:
Aphthen bei Kindern, Weißfluß bei kleinen Mädchen

Hauptindikation:
Milchschorf, Kinderekzem, Impetigo = Eiterflechte, Pollutionen, Bettnässen

Vergleiche:
rhus-t., calc., sep., lyc., merc., mez., graph., petr., staph., hepar., olnd.

Abb. 84: Kleines Immergrün (Vinca minor) ist am himmelblauen Blütenpropeller und an den immergrünen Blättern zu erkennen.

Vinca minor L./Immergrün

Immer wieder haben Heilpflanzen wichtige Heilstoffe für die Medizin geliefert, daran besteht kein Zweifel, denken wir nur an das Atropin der Tollkirsche, an das Digitoxin des Fingerhutes. Vor kaum 50 Jahren hat eine tropische Pflanze, Vinca rosea, die Gemüter der Wissenschaftler in Erregung versetzt. Ein kanadisches Team unter Führung von Dr. Noble war durch die volksmedizinische Anpreisung aus Madagaskar auf die tropische Immergrünpflanze aufmerksam gemacht worden. Die Madagassen kauen die Pflanze, um damit Hunger, Durst und Müdigkeit zu betäuben; selbst die stets hungrigen und durstigen Diabetiker machen von

dieser Verwendung regen Gebrauch. Dr. Noble und seine Mitarbeiter waren damit beschäftigt, die blutzuckersenkende Wirkung von Vinca rosea zu überprüfen. Anstelle der Richtigkeit führte das Experiment zu einer neuen, unerwarteten Entdeckung, indem die tropische Immergrünpflanze den abnormalen Aufbau der weißen Blutkörperchen zu hemmen imstande ist. Letztlich kamen sie durch langwierige, klinische Tests zur Schlußfolgerung, daß Vinca-rosea-Extrakt die Zellteilung verhindert und zur Behandlung der Leukämie eingesetzt werden kann. Nach dieser Entdeckung wurden sofort groß angelegte Forschungsprojekte zur Erforschung der

Abb. 85: Vinca rosea − Immergrünpflanze aus Madagaskar.

Abb. 86: Die Wurzeln von Vinca rosea beinhalten tumorabbauende Substanzen wie Vincristin und Vinblastin.

Wirkstoffe in Gang gesetzt, wobei zwei tumorabbauende Substanzen isoliert wurden: Vincristin und Vinblastin. Diese beiden Substanzen sind mittlerweile bei Morbus Hodgkin (Lymphknotenkrebs) und Leukämie verschiedener Formen im Einsatz.

Auch in unseren heimischen Gegenden wachsen Immergrünpflanzen, die in der Pflanzenheilkunde ganz andere Wirkung zeigen. Kaum sind im Frühjahr die Buschwindröschen verblüht, die Schlüsselblumen verwelkt, erscheint als Teppichbelag der Buchenwälder das Kleine Immergrün (Vinca minor) mit seinen bezaubernd himmelblauen Blütenpropellern, die zu einem Windrädchen angeordnet sind. Nicht selten findet man die Pflanze auch in der Nähe von Burgruinen, im Garten und auf dem Friedhof. Es handelt sich dabei um ein mehrjähriges Hundsgiftgewächs (Apocyanacea), welches ca. 15 bis 20 cm groß wird und von seinem großen Bruder, Vinca major, unterschieden wird. Das Große Immergrün besitzt etwas größere Blüten mit violetter Farbe und wird bis zu 40 cm hoch.

„Vinca" aus dem Lateinischen „vincere" bedeutet besiegen und bringt zum Ausdruck, daß die Pflanze Winter und Kälte mit immergrünen Blättern besiegt. Der Beiname „minor" (klein) weist auf die kleinere Wuchsform hin. Immergrün wird die Pflanze genannt, weil sie durch das ganze Jahr, selbst im Winter und Herbst, grüne, lederartige Blätter trägt. Man kennt die Pflanze auch unter folgenden Volksnamen: Dauergrün, Singrün, Wintergrün, Toteveieli, Totenblätter. Hahnemann nannte die Pflanze in seinem Apothekerlexikon „Bärwinkelsingrün".

Immergrün in der Pflanzenheilkunde

Im ganzen Kraut lassen sich mehr als 40 Alkaloide nachweisen, vor allem den Hauptwirkstoff Vincamin. Die Pflanze besitzt die Wirkung, den Blutdruck zu senken und den Sauerstoffverbrauch im Gehirn sowie die Hirndurchblutung zu verbessern. Sie zeigt besondere Eigenschaften bei Schwindel, Arterienverkalkung, erhöhtem Cholesterinspiegel, Ohrensausen, Konzentrationsschwäche und Altersbeschwerden.

Vergiftungen

Überdosierungen mit Immergrün können zu Übelkeit, Erbrechen, Hautjucken, Herzklopfen und Schwindel führen.

Vinca minor in der Homöopathie

Die Urtinktur wird aus dem *frisch blühenden Kraut* hergestellt. J. Schier hat mit Vinca minor einen ersten Arzneimittelversuch an 8 Personen durchgeführt und die Wirksamkeit auf Haut und Blutungen bestätigt. Das Mittel paßt für *nässende, übelriechende Hautausschläge und Ekzeme* auf der Kopfhaut und im Gesicht, die Krusten bilden und ein *stinkendes Sekret absondern*, ferner für *anhaltende Blutungen* aus der Nase und Gebärmutter besonders im Klimakterium. Lutze erwähnte das Mittel bei verwickelten Haaren und Haarausfall mit kahlen Stellen, worauf weißes oder wolliges Haar nachwächst.

Leitsymptome: Woran die Vinca-minor-Konstitution zu erkennen ist

Vinca minor ist durch *Flecken an der Kopfhaut* zu erkennen, an denen eine *übelriechende Flüssigkeit austritt, welche die Haare verfilzt*. Es besteht ein *fressendes Jucken an der Kopfhaut mit kahlen Stellen*. Der Patient ist unwiderstehlich gezwungen, sich blutig zu kratzen.

Psychische Verhaltensweisen

Bei der Krankheit besteht eine traurige, verzagte Stimmung mit auffallender Furcht vor dem Tod, *Gedanken an den Tod* – glaubt, er würde sterben, ferner Angst vor bevorstehendem Unglück. Beim Bücken oder Schreiben tritt eine geistige Verwirrung auf. Ansonsten ist der Kranke sehr *mürrisch*, gefolgt von Reue.

Abb. 87: Vinca minor ist in der Homöopathie bei spezifischen Hautausschlägen auf der Kopfhaut mit übelriechenden Absonderungen, die das Haar verfilzen, angezeigt.

Absonderliche Beschwerden: Vinca minor

Kopf:
Drehschwindel mit Flackern vor den Augen
Gefühl, als würde sich das Haar sträuben
verwirrtes Haar (verfilzt)
an Stellen des Haarausfalls wachsen graue
    Haare

Auge:
trübsichtes Sehen beim Lesen

Ohren:
Hautausschlag hinter den Ohren
Gefühl von kaltem Wind, kalter Luft in den
    Ohren

Nase:
Nasenspitze leicht gerötet, besonders bei Erregung
ein Nasenloch verstopft
wunde Stellen in der Nase, Nasenbluten
Bläschen am Septum der Nase

Mund:
Schwellung und Entzündung der Mundschleimhäute, der Lippen mit kleinen Geschwüren

Magen:
Aufstoßen von Luft nach dem Trinken oder
    nach Bier
Übelkeit nach Kaffee

Brust:
Beschwerden nach Abstillen der Milch

Genitalien:
passive Uterusblutungen (ust., tril., sec.)
stark anhaltende Regelblutung mit großer
    Schwäche
ständige Blutung im Klimakterium
Myomblutungen

Haut:
empfindliche Haut, überall mit Rötung und
    Wundheit

Besondere Anzeigen:
Diphtherie, Plica polonica = Weichselkopf
Beschwerden nach Abstillen der Milch

Hauptindikation:
nässende Hautausschläge am Kopf, im Gesicht, hinter Ohren, Blutungen Nase, Gebärmutter im Klimakterium, Metrorrhagie

Vergleiche:
olnd., staph., hepar., merc., mez., petr.,
    viol-t.

Abb. 88: Sumpfdotterblume (Caltha palustris) spielt an Gewässern die Rolle eines Frühlingsverkünders.

Caltha palustris L./Sumpfdotterblume

Die Sumpfdotterblume spielt an Bach- und Teichufern, Wassergräben, kurz überall da, wo Feuchtigkeit im Überfluß vorhanden ist, die Rolle eines Frühlingsverkünders. Ihr Gold steht demjenigen ihres Vetters, des Scharfen Hahnenfußes, an Leuchtkraft nicht nach. Aus einem kräftigen Wurzelstock steigt ein dicker, hohler 30 bis 60 cm hoher Stengel in die Höhe, der sich kurz über der Erde verzweigt. Die Blätter sind ei- bis nierenförmig, gekerbt, dunkelgrün, oberseits glänzend. Die Blüte besitzt fünf dottergelbe Blumenkronblätter, zahlreiche Staubfäden und fünf bis acht Fruchtknoten. Blütezeit: März bis April. Die großen attraktiven Blüten geben den Insekten ein deutlich sichtbares Signal, daß es hier etwas zu schlürfen gibt. Der Nektar wird reichlich neben dem Fruchtknoten abgesondert, und Fliegen, Bienen und Libellen wissen sich zu bedienen.

Die Samen sind schwimmfähig und werden oft durch das Wasser verbreitet. Das Weidevieh läßt die saftiggrüne Pflanze wegen ihres scharfen Geschmacks stehen. Obwohl die ausgewachsene Sumpfdotterblume giftverdächtig ist, kann man die jungen Knospen in Essig einlegen und als Kapernersatz verwenden, selbst Hahnemann beschreibt diese Wildkräuterdelikatesse in seinem Apothekerlexikon.

„Caltha" ist ein alter lateinischer Pflanzenname für eine gelbe Blume bei den Römern. „Palustris" heißt übersetzt Sumpf und charakterisiert den Standort an feuchten Stellen in ganz Europa. Als Volksnamen sind Schmalzblume, Butterblume und Eierrosen bekannt.

Die Sumpfdotterblume in der Pflanzenheilkunde

Aufgrund einer mittelalterlichen Betrachtung der Signaturenlehre war der Sumpfdotterblumenwein bei Gelbsucht in Gebrauch. Heute wird er aufgrund bedeutender Arzneipflanzen nicht mehr verwendet.

Vergiftungen

Die ausgewachsene Dotterblume ist nur schwach giftig, da sie äußerst geringe Protoanemoninstoffe beinhaltet. Ihre Vergiftungserscheinungen sind demnach weniger deutlich wie beim Hahnenfuß. Junge Blüten und Knospen enthalten kein Protoanemonin.

Caltha palustris in der Homöopathie

Die Urtinktur wird aus der *frisch blühenden Pflanze* hergestellt. Caltha wird bei *Pemphigus = blasenbildenden Ausschlägen, umge-*

Abb. 89: Caltha palustris ist in der Homöopathie bei Pemphigus, d. h. blasenbildenden Ausschlägen, die von Ringen umgeben sind, indiziert.

ben von Ringen eingesetzt. Ferner berichtet Clarce, daß das Mittel mit gutem Erfolg bei *Uteruskarzinom* eingesetzt wurde. Es findet auch Verwendung bei Singen in den Ohren, stark geschwollenem Gesicht, vor allem um die Augen, Spannung der Gelenke und äußerem Zittern.

Die Pflanze wurde leider noch viel zu wenig erforscht, womit kein ausführliches Arzneimittelbild aufgestellt werden kann. Trotzdem ist bei Uteruskarzinom an Caltha zu denken, vor allem wenn bewährte Mittel wie ars-j., ars., con., graph., hydr., kreos., lach., lyc., murx., phos., sep., sil. und thuj. versagt haben.

Ranunculus bulbosus L./Knollen-Hahnenfuß

Es gibt in unserer heimischen Flora kaum eine Pflanzenfamilie, die so formenreich, vielgestaltig und buntfarbig ist wie die Hahnenfußgewächse. Betrachten wir den Farbenbogen, den diese Arten aus dem Licht gestalten, dann haben wir in ihrer Blütenwelt neben weiß und grün alle Nuancen von Gelb, Rot über Purpur, Violett zum Blau, ja bis zum dunkelsten Braun. Auf der ganzen Erde gibt es rund 1.200 Arten von Hahnenfußgewächsen, wovon in der Schweiz, Deutschland und Österreich 80 Ranunculaceen mit den verschiedensten Wuchsformen vertreten sind. Ihr Erscheinen durchs Kräuterjahr gleicht einem zauberhaften Reigen pflanzlicher Märchengestalten, der uns immer wieder in Staunen versetzt. Kaum hat die Wintersonnenwende begonnen, macht sich das Ballett der Ranunculaceen zum Blütentanz bereit. Als erste erscheint auf der erdigen Bühne die Christrose (Helleborus niger) und streckt ihre schneeweiße Blumenscheibe ins sanfte Neujahrslicht. Ihre Geschwister, die Stinkende und die Grüne Nieswurz (Helleborus foetidus und viridis), sind erst zum 2. Auftakt im März bestellt. Vorerst noch drängt sich der Winterling (Eranthis hiemalis) aus der Feuchte der schmelzenden Schneedecke hervor und richtet sich mit goldgelben Blüten samt grasgrünem Kragen der Frühjahrssonne entgegen. Alsdann zieren Sumpfdotterblumen (Caltha palustris) die Ufer von Bächen und Tümpeln, in denen sich die Nässe des erwachenden Frühlings staut. Im lichten Laubwald macht sich der schneeweiße Teppich der Buschwindröschen (Anemone nemorosa) breit, der hier und dort von blauvioletten Tupfen des Leberblümchens (Hepatica triloba) unterbrochen wird. Bald schließt sich dann das Scharbockskraut (Ranunculus ficaria) dem Intermezzo an und kurze Zeit danach schlagen die Glocken der verschiedenen Küchenschellen (Pulsatilla vulgaris, vernalis und palustris) im Winde. Nun tanzen auch die Goldscheiben des Frühlings-Adonisröschens (Adonis vernalis) und später die purpurnen Pfingstrosen (Paeonia officinalis) im Frühlingsreigen. Die Trollblumen (Trollus europaeus) führen weiter ins Jahr, abgelöst von den verschiedenen Wiesenrauten (Thalictium flavum und minus). Mit von der Partie ist auch das Christophskraut (Actea spicata) und als letzter Bote des ausgehenden Frühlings die Akelei (Aquilegia vulgaris).

Auf der Jahreshöhe im Sommer erscheint der Eisenhut oder Sturmhut (Aconitum napellus), das Teufelsauge (Adonis aestivalis), der Acker-Rittersporn (Delphinium consilida). Und noch bevor der Herbst den Einzug hält, hängen die strauchigen Blüten der Wald- und Alpenrebe (Clematis vitalba und alpina) an den Baumästen. Letztlich wird der Hahnenfuß-Kreis geschlossen durch den Acker-Schwarzkümmel (Nigella arvensis), der sich im bestellten Ackerfeld breitmacht.

Doch all diese farbigen Blütenfeen werden durchs ganze Jahr von den „Butterblumen", den eigentlichen Hahnenfußgewächsen begleitet. Als buttergelbe Blüten treffen wir sie vom ersten Frühling bis in den späten Herbst vor allem in der Wiese an. Meistens handelt es sich um den Scharfen Hahnenfuß (Ranunculus acer), dessen Blätter am Stengelgrund dreiteilig sind und an die Füße von Hähnen erinnern. Da in diesem Kraut ein scharfer, giftiger Stoff vorkommt, wird es vom Weidevieh nicht gefressen. Einzig, wenn Kühe, Rinder und Kälber an Gliedsucht leiden, legen sie sich auf die krautigen Polster, um damit ihre Leiden zu kurieren.

Neben vielen anderen Hahnenfußgewächsen, wie z. B. dem Goldhahnenfuß (R. auricomus), mit großen goldenen Blüten, dem Alpen-Hahnenfuß (R. alpestris) mit aufrech-

Abb. 90: Butterblumen, sie gehören zur formenreichen Gattung der Hahnenfußgewächse (Ranunculaceen).

Abb. 91: Goldhahnenfuß (Ranunculus auricomus) besitzt große goldfarbene Blüten.

Abb. 92: Der Platanenblättrige Hahnenfuß (Ranunculus platanisfolius) besitzt platanenartige Blätter und schneeweiße Blüten.

ten weißen Blüten, dem Akonitblättrigen Hahnenfuß (R. aconitifolii) mit eisenhutähnlichen Blättern, ist der Knollige Hahnenfuß (R. bulbosus) in der Homöopathie am meisten in Gebrauch. Vereinzelt findet auch der Gifthahnenfuß (R. sceleratus) mit fleischigem Stengel, herzförmigen Stengelblättern und kleinen Goldblüten Verwendung.

Der Knollige Hahnenfuß wird ca. 20 bis 40 cm hoch. Durch genaue Betrachtung der Blüte ist er leicht zu erkennen. Er besitzt nämlich zurückgeschlagene Kelchblätter, ferner eine knollige, kugelrunde Wurzel mit kurzem, abgebissenem Wurzelstock. Die Blätter sind dreispaltig. Blütezeit Mai bis Juni. Die Frucht ist hakig, in der Erscheinung wie ein Morgenstern. Das Auftreten des Hahnenfußes in der Wiese ist oftmals ein Zeichen, daß der Boden als Grundlage ermüdet und erschlafft ist. Sobald die Pflanze als Heu getrocknet ist, verliert sie ihre Giftigkeit.

Die Bezeichnung „Ranunculus" ist die lateinische Verkleinerungsform von „rana", was Frosch bedeutet und den Standort in der Nähe des Gewässers, in Nachbarschaft der Frösche, zum Ausdruck bringt. Der Beiname „bulbosus" heißt aus dem Lateinischen übersetzt: „die Knolle" und weist auf die kugelrunde Wurzel hin.

Vom Knolligen Hahnenfuß sind als Volksnamen Hamotis, Hempfele, Goldblume, Schmal-Butterblume und Liseblume bekannt.

Knollen-Hahnenfuß in der Pflanzenheilkunde

Kräutervater Lonicerus verwendete den Hahnenfuß wegen den blasenziehenden und hautreizenden Eigenschaften bei Warzen und Hautmälern. Matthiolus gebrauchte ihn bei Hüftweh und zum Ableiten von Zahn-,

Abb. 94: Die Blätter des Hahnenfußes sind dreiteilig wie die Füße von Hähnen.

Abb. 93: Der Knollenhahnenfuß (Ranunculus bulbosus) ist an den zurückgeschlagenen Kelchblättern der Blüte zu erkennen.

Augen-, Ohren- und Kopfschmerzen. In der heutigen Volksmedizin ist der Hahnenfuß ein blasenziehendes Mittel bei Hexenschuß, Neuralgien, Gicht, Rheuma, Gürtelrose, Ekzem, Nesselsucht und Brustfellentzündung, jedoch ist die Pflanze mit Vorsicht zu gebrauchen.

Vergiftungen

Die goldgelben Butterblumen, die sich in sauren Wiesen vermehren und vom Bauer mit saurem Gesicht begrüßt werden, beinhalten scharfe Giftstoffe, auf die empfindliche Personen äußerst allergisch reagieren. Es kann zu bösen Hautentzündungen kommen. Wer die Blüte in den Mund nimmt, muß mit Schleimhaut-, Rachen-, Magen- und Darmentzündungen rechnen. Im Mittelalter haben sich die Bettler und Landfahrer, die Mitleid

erregen wollten, den Hahnenfußsaft ins Gesicht, auf die Hände und Beine geschmiert und dann die bösen Geschwüre zur Schau gestellt.

Wenn die Pflanze mit Küchenkräutern verwechselt wird, treten nach der Einnahme der frischen Blüten oder Blätter Erbrechen, Durchfall, Schwindel, Ohnmacht, krampfartige Lähmungen, Zittern der Extremitäten, Juckreiz und Schorf auf. Der Giftstoff Protoanemonin besitzt eine narkotische, schlaffördernde, betäubende und ermüdende Wirkung.

Ranunculus in der Homöopathie

Die Urtinktur wird aus der *frisch blühenden Pflanze samt Wurzel* hergestellt. Ranunculus besitzt eine charakteristische Wirkung auf die Brustwände. Kent erwähnte das Mittel bei rheumatischen Beschwerden der *Brustmuskulatur mit hochgradigen Schmerzen* in den Spinalnerven (Rückenmarksnerven), in der *Pleura (Brustfell)* und Rippenmuskeln. Ein Arzneimittelversuch an 10 Prüflingen mit D2-Tabletten brachte markante rheumatische und neuralgische Schmerzen in Brust und Kreuz hervor, begleitet von starker Müdigkeit. Ferner erzeugt die überdosierte Abgabe von Ranunculus eine künstliche

Abb. 95: Ranunculus-bulbosus-Konstitution: Hochgradige Schmerzen der Brustmuskulatur mit Empfindlichkeit auf Bewegung und Verschlechterung abends, wenn das Wetter von warm zu kalt umschlägt; ferner bei Herpes zoster mit bläulichen Bläschen sowie bei Delirium tremens.

Krankheit als Muskelrheumatismus, besonders der *Rumpf- und Zwischenrippenmuskeln mit Quetschungsschmerz oder Stechen in den Lungen.* Dabei entsteht ein starkes *Brustbeklemmungsgefühl mit dem Verlangen tief zu atmen,* ferner bilden sich *entzündliche Erscheinungen des Brustfells (Pleuritis).*

Hering berichtete von einer typischen Ranunculus-Patientin: „Jedesmal, wenn sie aus dem Hause ging, hatte sie das Gefühl, als hätte sie naße Tücher an verschiedenen Stellen der vorderen Brustwand aufgelegt, nämlich in den beiden unter den Schlüsselbeinen gelegenen Gruben und der linken Brust." (The Guiding Symptoms of our Materia Medica 1879–1891 Repr. Dehli 1989).

Zu beachten ist, daß Ranunculus-Patienten *empfindlich* sind, insbesondere *auf Bewegung* wie bei Bryonia, sowie auf *naßkaltes Wetter* wie bei Dulcamara. Das Mittel paßt auch für schlimme Auswirkungen von *alkoholischen Getränken* (Alkoholiker).

Leitsymptome: Woran die Ranunculus-Konstitution zu erkennen ist

Charakteristisch für Ranunculus bulbosus ist neben der starken *Empfindlichkeit auf Bewegung* und naßkaltes Wetter die typische *Abendverschlimmerung,* besonders, *wenn das Wetter von warm zu kalt umschlägt.* Alle Beschwerden verschlechtern sich, so z. B. die Interkostalneuralgie (Zwischenrippenneuralgie), Pleuritis sicca und exsudativa (trockene oder feuchte Brustfellentzündung), aber auch der Schreibkrampf, der Bläschenausschlag oder die rheumatischen Muskelschmerzen in der Brust, unter den Schulterblättern oder am Rumpf. In Bezug auf die Thoraxsymptome muß Ranunculus bulbosus von Bryonia differenziert werden. Beide haben stechende Schmerzen, die durch Bewegung schlimmer werden. Doch Bryonia braucht Druck auf der betroffenen Stelle, um diese zu lindern, während Ranunculus weder Druck noch Berührung vertragen kann. Bei diesem Mittel besteht auch eine gewisse Kälteempfindlichkeit, vor allem, wenn der Kranke überhitzt ist. Außerdem fällt diese Konstitution mit einer plötzlichen Schwäche und Schläfrigkeit während des Tages auf, ferner durch Herpes zoster mit bläulichen Bläschen.

Ranunculus bulbosus ist des weiteren indiziert bei *Heuschnupfen* mit *Beißen in den Augen,* brennenden Lidern und verstopfter Nase. Die *Nasenschleimhäute kitzeln und kribbeln,* was den Patienten nötigt, sich ständig zu räuspern, zu schlucken oder zu kratzen. Wenn bei einem Trinker oder nach Überdosis von alkoholischen Getränken Schwäche, Lähmung, Schluckauf, Aufstoßen oder Delirium tremens (Säuferwahn) auftritt, ist sehr oft Ranunculus angezeigt.

Psychische Verhaltensweisen

Ranunculus-Patienten sind oftmals übel gelaunt, entmutigt, schüchtern und zaghaft, außerdem neigen sie zu Streitsucht, Jähzorn und Wutanfällen. Vielfach sind sie auch *ermüdet, ermattet, hinfällig,* abwechselnd mit starkem Lebensüberdruß. Manchmal sind sie wie berauscht und *wissen nicht wo sie sind.* Oft verlaufen sie sich in bekannten Straßen. Die Kranken empfinden nicht selten eine Leere im Kopf; sie können sich nicht konzentrieren und haben große Schwierigkeiten im Denken. Der Blick ist nicht selten auf einen Punkt fixiert. Während des Schlafes *träumen sie von Schwimmen* oder von Todesgefahren. Vereinzelt tritt Angst vor Geistern auf oder ein banges, ängstliches Gefühl vor oder während des Essens.

Signatur

Wer nach der Wurzel des Knolligen Hahnenfußes gräbt, findet eine kugelrunde Pflanzengestalt, welche ein Indiz sein könnte, als Heilanzeige für all jene, die sich mit Alkohol eine „Kugel" angetrunken haben. Die Fülle, die die Pflanze in der Wurzel ansammelt, versinnbildlicht beim Alkoholiker den Kopf mit all seinen Störungen des Bewußtseins: Delirium tremens.

Abb. 96: Die knollige Wurzel charakterisiert als Signatur die kugelrunden Bläschen bei Hautausschlägen, die bläulich gefärbt sind.

Da die Pflanze ferner beim äußeren Kontakt juckende und brennende Ausschläge verursachen kann, kennzeichnet sie auch den Krankheitszustand der Gürtelrose mit entzündlichen, kugelrunden, wäßrigen Bläschen, die ebenfalls auf der Haut als „knollige" Erscheinung zu erkennen sind.

Absonderliche Beschwerden: Ranunculus bulbosus

Schlaf:
Einschlafen bei der Arbeit
Schlaflosigkeit durch Beklemmung der Brust
Schlaflosigkeit durch lästigen Harndrang
Schlaflosigkeit – kann in keiner Stellung liegen
träumt von Todesgefahr oder vom Schwimmen

Kopf:
Schwindel in kalter Luft/kaltem Wetter
Blutandrang im Freien beim Gehen
Kopfhitze beim Schreiben
Kopfschweiß bei geistiger Anstrengung/ Schreiben
Gefühl eines krabbelnden Käfers auf der Kopfhaut

Augen:
Tagblindheit – Nebel vor den Augen
schmerzhafte Augen wie von Rauch
Herpes auf der Hornhaut mit starkem Schwitzen
blauschwarze Herpesbläschen über dem Auge
Augenkrebs – Epitheliom (gut- oder bösartige Hautgeschwulst) der Lider
Hemianopsie (halbseitige Blindheit) in der Schwangerschaft

Gesicht:
Bläschenausschlag mit starkem Brennen
Kribbeln an Kinn und Nase

Nase:
Heuschnupfen mit Brennen und Jucken der Augen und im Gaumen (Wyethia)
Nase rot, stark entzündet und geschwollen

Mund:
Zucken der Lippen
Geschmack wie süße Butter, verbrannte Speisen
Speichel schmeckt nach Kupfer

Magen:
Brennen am Mageneingang
Aufstoßen, Schluckauf nach Alkohol, bei Trinkern

Brust:
Brustbein, Rippen, Zwischenrippen äußerst schmerzhaft, wie geprellt
Fröstelt der Brust beim Gehen im Freien
Stiche in der Brust und zwischen den Schulterblättern
Brustschmerz beim Schreiben
wenn er nach draußen geht, hat er das Gefühl, als ob er nasse Kleider anhätte
Atmung verhindert infolge Brustschmerzen

Seufzeratmung
Brustbeklemmung mit Neigung tief zu atmen

Bauch:
Milzbeschwerden bei Körperübungen
Pulsieren der Milz

Verdauung:
Gefühl, als würden die Gedärme herausfallen

Nieren:
Blasengeschwür

Genitalien:
scharf, wundfressender Ausfluß

Haut:
brennender, juckender Hautausschlag mit
  Bläschen
Herpes am ganzen Körper
Herpes zoster mit blauen Bläschen, harte
  Auswüchse
dunkelblaue Bläschen auf der Haut
Gänsehaut Unterarm

Glieder:
empfindliche Hühneraugen, hornige Haut
plötzliches Brennen und Stechen des großen
  Zehens
Lähmung nach Alkohol
Blasenausschlag Handflächen, an den Fingern

Rücken:
Rückenschmerzen zwischen rechtem Schulterblatt und Wirbelsäule
Rückenschmerzen beim Eintritt ins Zimmer
  aus dem Freien
Muskelschmerzen am unteren Schulterblatt
  entlang bei Schneidern, Schustern, Schrei-
  bern, Klavierspielern in gebückter Haltung

Besser:
Schweiß, Schlaf

Schlechter:
Temperaturwechsel von Kälte zu Wärme
  oder umgekehrt, warm zu kalt: Kent Rep.:
  bry. 3, carb-v., chel. 2, ferr. 2, gels., kali-s. 3,
  lach. 2, lyc. 2, nat-m. 2, nat-s. 2, psor. 3,
  puls. 2, sulf. 3, tub. 3, Bewegung, Berührung, abends, im Freien, klare Luft, feuchtes Wetter, Schreiben

Bes. Anzeigen:
Schreibkrampf, böse Folgen von Alkohol
  (10 Tropfen D1 bei Delirium tremens),
  spastischer Schluckauf nach Alkohol,
  Schockwellen durch den ganzen Körper,
  Hemiophie in der Schwangerschaft, epileptische Krämpfe nach Alkohol, Verwach-
  sungen nach Brustfellentzündung, Bläschenausschlag bei Neugeborenen

Hautindikationen:
Brustfellentzündung, Neuralgie der Zwi-
  schenrippen-Muskulatur, Muskelrheuma
  der Brust, Rippengegend, unter Schulterblatt, Gürtelrose, Herpes der Augenhorn-
  haut, Gelbsucht, Alkoholiker, empfindliche Leber, chronischer Ischias, Rückenschmerzen, Heuschnupfen, Herpes zoster

Vergleiche:
bry., mez., euphr., eup-per., rhus-t., dulc.,
  canth., rhod., arn.

Ranunculus sceleratus L./Gifthahnenfuß

Der Gifthahnenfuß ist ein wahrer „Giftzahn" – der giftigste aller Ranunculaceen. Dies wird mit der Artbezeichnung „sceleratus" deutlich zum Ausdruck gebracht (lateinisch: scelus = Verbrechen – unheilvoll). Auch verschiedene Volksnamen bringen die toxischen Eigenschaften deutlich zum Ausdruck: Giftranunkel, Giftiger Wasserhahnenfuß, Böser Hahnenfuß, Froscheppich, Froschpfeffer, Wassereppich, Geißblume, Gichtkruud, Schnifchen, Schnifke.

Die Pflanze wächst vereinzelt an sumpfigen, schlammigen Orten von der Ebene bis in die Bergregion. Als ein- oder zweijähriges Gewächs aus der botanischen Familie der Ranunculaceen besitzt es faserige Wurzeln, aus denen hohle, reich verzweigte Stengel in 20 bis 50 cm Höhe emporsteigen. Daran wachsen fleischige, handförmig gelappte Blätter und zahlreiche einzeln stehende, gelbe Blüten mit zurückgeschlagenem Kelch. Blütezeit: Juni bis Oktober.

Gifthahnenfuß in der Pflanzenheilkunde

Auflagen mit Gifthahnenfuß, die heftige Blasen bilden, waren früher als Ableitungsmittel über die Haut in Gebrauch. Selbst Hahnemann berichtete in seinem Apotheker-Lexikon über die heroische Anwendung: „Die Alten bedienten sich dieses gefährlich scharfen Krautes äußerlich frisch zerquetscht aufgelegt zur Zertheilung kopfartiger Drüsengeschwülste. Es zieht aber empfindlich schmerzende Blasen, welche in ein schwer heilendes Geschwür ausarten, und kann daher, wo ein künstliches revulsorisches Geschwür erforderlich ist, da es keine Harnbeschwerden verursacht, in einigen Fällen dem spanischen Fliegenpflaster vorgezogen werden".

Vergiftungen

Es sind Vergiftungserscheinungen bekannt, die nach dem Genuß der als Gemüse zubereiteten Pflanze mit heftigen Magenschmerzen und Todesfällen auftraten. Auch beim Weidevieh kann der Gifthahnenfuß schädlich werden, während er jedoch im getrockneten Zustand seine Giftigkeit verliert.

Ranunculus sceleratus in der Homöopathie

Die Urtinktur wird aus dem im *Oktober gesammelten Kraut* hergestellt. J. Schier hat mit der Pflanze einen Arzneimittelversuch

Abb. 97: Ranunculus sceleratus ist in der Homöopathie bei großblasiger Gürtelrose mit typischer Landkartenzunge angezeigt.

Abb. 98: Gifthahnenfuß (Ranunculus sceleratus) ist der giftigste aller Ranunculaceen.

durchgeführt und sie mit Ranunculus bulbosus differenziert. Ranunculus bulbosus ist spezifisch bei zähen Schleimabsonderungen aus Nase, Mund und Vagina angezeigt, während Ranunculus sceleratus bei dünnen, sehr reizenden Ausflüssen indiziert ist. Dagegen besitzt der Gifthahnenfuß als homöopathisches Mittel auffallendere Entzündungsprozesse in Rachen und Kehlkopf als der Knollenhahnenfuß, ferner wirkt er viel stärker auf die Leber. Schier schreibt Ranunculus sceleratus bei *Nässe und naßkalter Witterung eine deutliche Verschlechterung* zu, „da er an sumpfige Standorte gebunden ist".

Allgemein wirkt das Mittel *ähnlich wie Ranunculus bulbosus*, charakterisiert sich aber mit *stark bohrenden und nagenden Schmerzen*, vielfach *rechtsseitig* (auch linke Handfläche), ferner bei *Hautausschlägen mit großen Blasen*, Pemphigus, und *großblasiger Gürtelrose mit Geschwüren*. Typisch ist die *Landkartenzunge oder das Abschälen der Zunge*. Insbesondere ist Ranunculus sceleratus bei Mundfäule, Zungenentzündung und Zungenneuralgie durch schlecht sitzende Zahnprothesen, *Scheitelkopfschmerz*, *Kopfgenickkrampf*, Fließschnupfen, Leber-, Nieren-, Blasenbeschwerden, Herpes, Gürtelrose, blasenbildenden Hautausschlägen, *schmerzhaften Hühneraugen* und *Aneurysmen* in Gebrauch.

Psychische Verhaltensweisen

Die Ranunculus-sceleratus-Konstitution fällt auf mit *heftigen Lachanfällen*, doch bei Angst beginnt sie auffallend zu kreischen und zu brüllen. Vereinzelt sieht die/der Kranke tote Personen, kriechende Würmer oder herumkriechendes Ungeziefer. Abends ist er/sie im Bett sehr erregt und morgens ausgesprochen erschöpft.

Absonderliche Beschwerden: Ranunculus sceleratus

Schlaf:
Alpträume von Schlachten, Schlangen, Leichen

Kopf:
bei Kopfweh nagende Schmerzen in den Ohren
punktförmige, nagende Schmerzen auf der linken Seite des Scheitels
Gefühl, als ob der Kopf zu groß, zu voll wäre
Gefühl, als ob der Kopf wie eingeschraubt wäre
drückender Schmerz am Scheitel wie durch einen Pflock/Keil
punktförmiger Schmerz auf der rechten Schläfe
Empfindung der Kopfhaut wie zusammengezogen
Zucken der Muskeln des Kopfes/Scheitel

Augen:
bekommt Augenschmerzen bei schneller Bewegung der Augäpfel
verdrehte Augen

Nase:
bei Dunst äußerst starker, wäßriger Nasenfluß

Gesicht:
Gefühl, als ob das Gesicht mit Spinnweben bedeckt wäre
Beben, Zucken der Mundwinkel, Unterlippe, Gesichtsmuskeln

Mund:
Landkartenzunge, abschälende Stellen, entzündliche, wunde Mundschleimhaut
im Hals Würgen beim Essen von Brot

Magen:
Magenschmerzen mit Ohnmacht
Frost beim Essen
tagelanges Aufstoßen von Luft morgens nüchtern
Übelkeit um/nach Mitternacht

Brust:
jeden Abend Schwächegefühl in der Brust
morgens Stiche hinter dem Schwertknorpel, wundes Brennen
Brustbein oder Mammae Ameisenlaufen

Bauch:
hinter dem Nabel Gefühl von einem Pflock
Leberschmerzen mit Empfinden, als würde
   Durchfall eintreten
drückende Schmerzen wie von einem stump-
   fen Gegenstand hinter der rechten falschen
   Rippe, Atmen verschlechtert
Zuckungen in der Haut des Bauches

Niere:
Harnröhrenschmerzen während Urinieren
   bei Schnupfen

Glieder:
Nagende Schmerzen linke Hand, Handflächen, Knie, linker Fuß, Zehen
Stiche auf dem Handrücken (Clarke), Fingerspitzen

Stiche und Brennen in den Hühneraugen
Schwellung der Finger morgens

Haut:
Hautausschlag mit Tendenz zu großen Blasen und scharfen, wundmachenden Absonderungen

Schlechter:
Druck, Berührung, Bewegung, tiefes Einatmen, Gehen, abends, nach Mitternacht,
   morgens, nach Essen, Nässe, naßkalte Witterung

Vergleiche:
rhus-t., mez., euph., ran-b. ars.

Taraxacum officinalis Weber/Löwenzahn

Der Löwenzahn, ein Korbblütengewächs (Composita), ist auf allen Kontinenten der Erde zu Hause, weshalb man ihn als Kosmopoliten bezeichnet. Ungebeten sucht er jeden Fingerbreit Erde heim und wuchert und sprießt, als wäre die Welt ein ewiger Frühling. Mit dem federleichten Samen turnt er in der Luft umher wie in einem großen Zirkuszelt. Was wäre aber der Wonnemonat Mai ohne die Löwenzahnwiese? Der Eindruck entsteht, als ob die Sonne auf die Erde gefallen wäre. Am interessantesten leuchtet die Pflanze, wenn sie in Reih und Glied im Wiesenteppich erblüht, oder dann, wenn sich nach dem Blütenfest der weiß-fedrige Fruchtstand in einer Kugel duftiger Zartheit breitmacht. Wird dieser von einem Windstoß getroffen, löst sich eine Frucht nach der anderen vom Fruchtboden los und schwebt wie ein Fallschirm davon. So können die federleichten Gebilde oft weite Reisen unternehmen und dabei die merkwürdigsten Landungen durchführen. Die heiteren Verse des Humoristen Heinz Erhardt unterstellen der Löwenzahnfrucht sogar militante Absichten:

„Löwenzahn ist schon seit jeher
als höchst kriegerisch verschrien,
denn er läßt bei gutem Winde
Fallschirmtruppen feindwärts ziehen.

Und ich sitz auf der Veranda
und verzehre meine Suppe
und entdecke in derselben
zwei Versprengte dieser Truppe."

Der Löwenzahn bildet seine Flugsamen extrem leicht aus und konstruiert sie speziell für den Transport durch den Wind. Erst dann, wenn genügend Lufttrockenheit, ausreichende Wärme und die erforderliche Luftbewegung zusammenkommen, beginnt die Pflanze ihre Reise. Daß die Samen kleinen Fallschirmen ähnlich sind, ist kein Zufall.

Abb. 99: Flugkonstruktion des Löwenzahns für den Transport durch den Wind.

Einerseits lassen sich solche Gebilde durch den Wind leicht forttragen, andererseits sorgt der Schirm des Samens dafür, daß dieser senkrecht wieder auf der Erde landet. Durch die längliche Form des Samens mit dem kleinen Widerhaken am oberen Ende bleibt er leicht in Erdspalten haften und vermehrt sich millionenhaft.

Die botanische Bezeichnung „Taraxacum" ist aus dem griechischen „taraxacis" und „akeo mai" entstanden, was „ich heile Entzündung" bedeutet. Die Pflanze wurde früher bei Augenentzündungen verwendet. Der Beiname „officinale" bringt zum Ausdruck, daß der Löwenzahn als Heilmittel zur Anwendung kommt. Die deutsche Bezeichnung „Löwenzahn" versinnbildlicht die Form der Blätter, die an die Zähne des Löwen erinnern.

Im Volksmund besitzt die Pflanze über 500 weitere Namen wie Pusteblume, Butterblume, Weihefäcke, Schmalzblume, Laternenblume, Röhrlichrut, Milchstock, Guguche, Pfafferöhrli, Lampe, Eierblume, Bettpissen, Brunzer, Bettschisser, Maiezahn, Augenmilchkraut, wilde Zichorie, u.a.

Abb. 100: Löwenzahnwiese: Es scheint, als wäre die Sonne auf die Erde gefallen.

Löwenzahn in der Pflanzenheilkunde

Die heilkundliche Verwendung des Löwenzahns war schon im Altertum bekannt. Heute sind von der Wurzel mehr als 50 Wirkstoffe nachgewiesen worden, die sich je nach Jahreszeit verändern. Die geläufigsten sind: Inulin (steigt im Herbst bis zu 40% an), Taraxerin (größter Anteil im Frühling), Cholin, Taraxin, Vitamin D, C, B1, B2, Mineralien wie Kalzium, Eisen, Mangan, Natrium, Silizium und Schwefel.

Phytotherapeutisch handelt es sich bei der Wurzel um ein „Waschpulver" für den menschlichen Organismus. Sie regt den Stoffwechsel und das ganze Drüsensystem an, fördert die Nieren-, Gallen-, Leber-, Magen-, Darm-, Bauchspeicheldrüsen- und Milzfunktion, verbessert somit das Terrain des Körpers bei rheumatischen Erkrankungen wie Gicht, Arthritis, Arthrose und Myalgie, sowie bei Ekzem und Hautausschlag.

Taraxacum in der Homöopathie

Die Urtinktur wird aus der *ganzen Pflanze samt Wurzel vor der Blüte* hergestellt. Hahnemann selbst hat mit seinen Schülern den ersten Arzneimittelversuch durchgeführt. Das Mittel wirkt hauptsächlich auf die *Leber* und *fördert den Gallenfluß.* Indiziert ist es im besonderen bei *Gallenkoliken mit charakteristischer Landkartenzunge, gastritischen Kopfschmerzen, gelbsüchtiger Haut und Leberleiden mit Wundheitsgefühl.* Die Beschwerden treten vielfach im *Sitzen auf und verschwinden beim Gehen.*

Physische Verhaltensweisen

Die Taraxacum-Konstitution besitzt entweder eine euphorische Stimmung, gefolgt von Reizbarkeit, oder ist enorm träge und arbeitsscheu. Sie reagiert äußerst empfindlich auf Geräusche, d.h. *Rascheln von Papier.* Der Kranke schwitzt viel und hat das Verlangen mit jemandem zu reden. Andererseits gibt es Patienten, die wortkarg sind und eine Abneigung gegen Gespräche haben (besonders morgens). Einzelne bilden sich ein, sie würden nach vorne fallen.

Absonderliche Beschwerden: Taraxacum

Schlaf:
schwitzt beim Einschlafen, reichlicher Nachtschweiß
schläft bei geringsten geistigen Anstrengungen ein
schläft ein beim Zuhören eines Gesprächs

Kopf:
starkes Hitzegefühl am Scheitel
innerliches Jucken der Kopfhaut
Kopfschmerz im Sitzen, besser im Stehen oder beim Gehen
Stirn Gefühl von Ausdehnung, abwechselnd mit Zusammenziehen

Ohren:
gefühlloses Ohr links

Nase:
Nasenbluten links

Gesicht:
Hitze beim Erwachen

Abb. 101: Taraxacum hilft dem Leberkranken mit charakteristischer Landkartenzunge, gelbsüchtiger Haut und großer Reizbarkeit, besonders beim Rascheln von Papier.

Mund:
Landkartenzunge
Zunge roh, wund, mit weißer, abschälender
Haut überzogen, alsdann sehr empfindli-
che, wunde Stellen

Magen:
Abneigung Fett – unverträglich
Sodbrennen nach Tabak

Bauch:
vergrößerte, verhärtete, druckempfindliche
Leber
Gefühl, als würden Blasen im Unterbauch
platzen
Stiche auf der linken Seite (Milz)

Besser:
Gehen

Schlechter:
Sitzen, Liegen, Ruhe

Besondere Anzeigen:
Blasenkrebs

Hauptindikationen:
Gallenkolik mit Landkartenzunge, Leberlei-
den mit Wundheitsgefühl, Gastritisches
Kopfweh, Diabetes mellitus

Vergleiche:
bry., hydr., nux-v., ars., kal-bi., merc., nat-m.,
nat-s., card-m., china, podo., cean., sulf.,
yuc.

Ornithogalum umbellatum L./
Doldiger Milchstern

Wer möchte nicht auf die Lilie ein Loblied singen, ist sie doch das Sinnbild der Reinheit mit betörend duftender Ausstrahlung. Doch wer den Lilien verfallen ist, kennt nicht nur die reinste Madonnenlilie des Ziergartens; auch die Wildlilien in der freien Natur besitzen gleichsam größte Anziehungskraft. Kaum ist der Frühling aus der Winterstarre hervorgetreten, erscheint der Liliengarten mit den attraktivsten Formen. Allen voran der Krokus (Crocus albiflorus) und die Lichtblume (Bulbocodium vernum), gefolgt von knoblauchduftendem Bärlauchteppich (Allium ursini), vom Salomonssiegel (Polygonatum officinale) und von der Quirlblättrigen Weißwurz (Polygonatum verticillatum). Längst hat das Lilienfest noch nicht ausgeblüht, denn auch die Schachblume (Fritillaria meleagris), der Blaustern (Scilla biflora), das Maiglöckchen (Convallaria majalis), die Einbeere (Paris quadrifolia), die Schattenblume (Maianthemum bifolium) und der Milchstern blühen mitten im Wonnemonat Mai um die Wette. Darauf folgen zur Sommerszeit die Trichter- oder Paradieslilie (Paradisea lillastrum), die Graslilie (Anthericum ramosum) und der Türkenbund (Lilium martagon). Im Herbst breitet sich der giftige Germer (Veratrum album) aus, bis letztlich die Herbstzeitlose (Colchicum autumnale) das Lilienjahr beendet. Bewundernswert sind alle diese Lilienkinder, – jedes einzelne besitzt eine besondere Ausstrahlung.

Auch der Milchstern, der in Weinbergen und auf Wiesen zu finden ist, zieht uns bei jeder Begegnung in seinen Bann. Weil er sternförmige, grünstreifige Blüten besitzt, wird er auch Morgenstern oder Stern von Bethlehem genannt. Die weiße, an Milch erinnernde Blütenfarbe steht der Pflanze Pate für die deutsche und botanische Gattungsbezeichnung. „Ornithogalum" wird aus dem griechischen „ornithos" = Vogel und „galum" = Milch abgeleitet, aufgrund der milchweißen Blüten und geschwänzten Blätter. „Umbellatum" bedeutet doldenförmig, was den Blütenstand beschreibt. Ein charakteristisches Merkmal des Milchsterns sind auch die schmallanzettlichen Laubblätter, deren Mitte durch einen dunkelgrün kontrastierenden, weißen Längsstreifen gekennzeichnet ist. Die sechs großen Hüllblätter der Blüten sind bei Sonnenschein sternförmig ausgebreitet, schließen sich aber bei trübem Wetter und am Abend. Bei blauem Himmel öffnen sie sich

Abb. 102: Pyrenäen-Milchstern (Ornithogalum pyrenaicum) mit gelb-grünen Blüten.

Abb. 103: Doldiger Milchstern (Ornithogalum umbellatum): Wird im Volksmund auch „Stern von Bethlehem" genannt.

Abb. 104: Ornithogalum ist bei Magenbeschwerden indiziert, bei denen die ballenartigen Blähungen von einer Seite zur anderen rollen.

zwischen 11 und 15 Uhr, weshalb die Pflanze auch Elfuhrblume genannt wird.

Ornithogalum in der Homöopathie

Die Urtinktur wird aus der *frischen Zwiebel* oder aus den *frischen Blättern* hergestellt. Cooper hat das Mittel in die Homöopathie eingeführt, nachdem er gute Resultate bei Magengeschwüren, ja sogar bei inoperablem Magenkrebs erzielen konnte. Die entsprechenden Krankheitsgeschichten werden in M. T. Tylers „Homöopathische Arzneimittelbilder" (Burgdorf Verlag) eindrücklich beschrieben. Ornithogalum ist ein ausgesprochenes Magenmittel bei chronischer Verhärtung des Magens und des Bauches, *Krebs im Magen-Darm*-Trakt (Magenschleimhaut Krebs Kent Rep.: acet-ac., ars. 3, ars-j., bar-c., bell., bism. 3, cadm. 2, caps. 2, carb-an. 3, carb-v., carb-ac. 3, cond. 3, crot-h., hacr. 2, iris 2, kreos. 2, lach. 2, lyc. 3, merc-c. 2, mez. 2, nux-v. 2, phos. 3, thuj., verat.), Magen- und Zwölffingerdarmgeschwür mit Blutungen.

Leitsymptome: Woran die Ornithogalum-Konstitution zu erkennen ist

Bei der homöopathischen Anamnese ist auf folgende Leitsymptome zu achten: Auftreibung des Magens mit häufigem, mundvollem Aufstoßen von übelriechenden Gasen; *ballenartige Blähungen, die im Magen von einer Seite zur anderen rollen*; kann nichts länger im Magen behalten − windet sich in Agonie; nächtliche *Magenschmerzen, die ins Herz und zur Schulter ziehen* − wie wenn ein Stein zwischen Brust und Magen gezwängt würde; ferner starke Schmerzen, wenn die Nahrung durch den Pylorus tritt − Polyrus fühlt sich zu eng an. *Erbrechen von kaffeeartigen* Massen; *Magenschmerzen, die sich bei warmen Getränken bessern*, jedoch bei kalten Getränken und durch Zwiebeln verschlechtern, sowie das Gefühl, als ob sich der *Magen herumdrehen* würde, sind weitere markante Merkmale.

Psychische Verhaltensweisen

Die Psyche des Patienten äußert sich depressiv und mit dem Drang zum Selbstmord. Er ist völlig erschöpft, *abgemagert und ausgezehrt*. Wenn er im Bett die Seitenlage wechselt, hat er das Empfinden, als würde sich ein Wasserballon herumdrehen.

Vergleiche:
cab-v., chin., lyc., arg-nitr., ant-c., hydr., kali. bi., ars., phos.

Abb. 105: Bitterklee (Menyanthes trifoliata) ist ein charakteristischer Bewohner wäßriger Wiesen und Sümpfe.

Menyanthes trifoliata L./Bitterklee

Viele Tiere in der freien Natur werden vom Bitterklee angezogen, besonders wenn sie verwundet oder krank geworden sind. Vor allem schwindsüchtige Schafe kurieren ihre Beschwerden mit den bitteren Heilstoffen. Aber auch für Menschen ist Menyanthes trifoliata eine große Heilpflanze. Als sich im Jahre 1918 in Italien der Skorbut wie eine Epidemie ausbreitete, bildete der Bitterklee den natürlichen Arzneistoff, um die Erkrankung erfolgreich bekämpfen zu können. Auch bei Wechselfieber war der Bitterklee rege im Gebrauch; aus diesem Grunde wurde er auch Fieberklee genannt.

Der Fieber- oder Bitterklee ist ein mehrjähriges Enziangewächs (Gentianacea), wird ca. 30 cm hoch und besitzt dreiteilige, kahle Blätter, die an ein riesiges Kleeblatt erinnern. Der Blütenstand gleicht einer Hyazinthe oder Orchidee. Die zwittrige Blüte sitzt am Ende des kahlen Stengels mit einer pyramidenförmigen, strahlig dekorativen Traube. Ein dichter Haarkranz besetzt die 5 Kronzipfel oder Einzelblüten. Durch diesen weißbärtigen Kronsaum wird das Eindringen unerwünschter Insekten verhindert. Blütezeit: Mai bis Juni.

Menyanthes trifoliata ist ein charakteristischer Bewohner sumpfiger und wäßriger Wiesen und Moore und wächst gleichsam an Ufern von Seen und Flüssen, bis auf 2.200 m Höhe. Im Moorboden ist der Bitterklee eine auffallende Erscheinung, was mit dem griechischen Gattungsnamen „Menyanthes" deutlich zum Ausdruck gebracht wird. Dieser teilt sich in „menyein" = offenbaren und „anthos" = Blüte, was auffallende Blüte bedeutet. Der lateinische Beiname „trifoliata" = dreiblättrig, stellt die dreiteiligen, kleeartigen Blätter vor. In der deutschen Bezeichnung „Bitter- oder Fieberklee" liegt ein kleiner Widerspruch. Es handelt sich hierbei nicht

Abb. 106: Der Bitter- oder Fieberklee besitzt 3teilige Blätter und gehört den Enziangewächsen an.

um eine Kleeart, sondern um ein Enziangewächs. Als Volksnamen sind Lungen-, Magen-, Bitterklee, Gottvergessenklee, Dreiblatt, Hasenohr, Ziegenlappen, Blume der Freiheit und Wiesenmangold bekannt.

Bitterklee in der Pflanzenheilkunde

Als bitteres Tonikum besitzen die Bitterkleeblätter wertvolle Wirkstoffe wie Melianthin und Melanthin. Es handelt sich dabei um zwei bittere Glykoside, die selbst in einer Verdünnung von 1 : 9.000 immer noch bitter schmecken. In der Pflanzenheilkunde kommt Menyanthes als Amara = Bittermittel für

Magen, Darm und Verdauung zum Einsatz. Die Pflanze wirkt anregend auf die Magensaftdrüsen, ferner zeigt sie gärungshemmende Eigenschaften, d. h. sie hemmt das Wachstum von Gärungspilzen, die sich bei mangelhafter Magensaftsekretion entwickeln. Bitterklee wird des weiteren bei Magenbeschwerden, Hyperazidität, mangelhafter Magensaftsekretion, Sodbrennen, Blähungen, Appetitlosigkeit, zur Verbesserung der Bauchspeicheldrüsenfunktion, Kopfweh, Fieber und Blutarmut (sie bewirkt eine Vermehrung der roten Blutkörperchen) eingesetzt.

Eigenartigerweise wächst der Fieberklee gerade dort in großer Anzahl, wo das Wechselfieber unter den ansässigen Menschen vermehrt auftritt. Dies kann als kleines Signaturenindiz betrachtet werden, welches besagt, daß entsprechende Heilpflanzen besonders dort häufig zu finden sind, wo die dazugehörigen Krankheiten vermehrt auftreten.

Menyanthes trifoliata in der Homöopathie

Die Urtinktur wird aus der *frisch blühenden Pflanze samt Wurzel* hergestellt. Durch alle Zeiten genoß der Fieberklee einen guten Ruf bei Wechselfieberkrankheiten. Hahne-

Abb. 107: Menyanthes hilft in der Homöopathie bei zappeligen Patienten mit Krämpfen und Muskelzuckungen, sowie bei charakteristischen Kopfschmerzen: Gefühl eines Gewichtes auf dem Scheitel.

mann prüfte diese Wirksamkeit anhand eines ersten homöopathischen Arzneimittelversuchs. Dabei entblößte sich Menyanthes weniger als Fiebermittel, sondern als heilsame Arznei bei bestimmten *Kopfschmerzen (Gefühl eines Gewichts auf dem Scheitel* [Kent Rep.: Kopfschmerzen drücken wie von einem Gewicht: alum., ars., bell., bisam. 2, cact., cann-s., carbv., cina. 2, cupr. 2, laur., led., meny. 3, merc-j-r., mosch. 2, nitr-ac. 2, nux-v. 2, phos-ac., plat., rhus-t. 2, sars., scil., sil., speg. 2, sulf., thuj. 2, verat.] mit Schmerzen beim Treppensteigen oder bei jedem Schritt), ferner bei *neuralgischen Schmerzen* im ganzen Körper, wie auch bei Trigeminusneuralgie und *Krämpfen in Magen, Darm, Brust und Blase, Muskelzucken der Glieder*, sowie bei wechselfieberartigen Zuständen mit Kältegefühl.

Leitsymptome: Woran die Menyanthes-Konstitution zu erkennen ist

Menyanthes paßt besonders für *Patienten mit Zuckungen, Krämpfen, Spannungen und Zappeligkeit*. Sobald sich der *Kranke hinlegt, beginnt er mit den Beinen zu rucken und zukken*, sodaß er nicht mehr schlafen kann. Es besteht eine eisige Kälte in Händen und Füßen, während oftmals der übrige Körper warm ist. Alle Beschwerden werden *durch harten Druck* an den betroffenen Körperstellen *gebessert*. Auch Bewegung bessert, nicht aber bei Kopfschmerzen. Die Erkrankungen werden oftmals mit *Kältegefühl* begleitet, wobei auch vielfach ein allgemeines *Gefühl von Spannung*, von einem Zusammengepreßtsein besteht. Bei Frost besteht das Empfinden, als würden sich die Haare sträuben.

Psychische Verhaltensweisen

Charakteristisch für diese Konstitution ist, daß die Patienten sich vor dem *Alleinsein fürchten und dadurch Kopfschmerzen* bekommen. Die Angst wird ums Herz empfunden mit dem Gefühl, als ob etwas Schlimmes bevorstünde. Gegen *Berührung sind sie äußerst empfindlich* und bei Furcht werden die Kranken von einem Ort zum anderen getrieben. Sie hängen in Gedanken an vergangenen, traurigen Ereignissen. Oftmals sind sie mit der Umgebung unzufrieden. Einzelne kennzeichnen sich durch übereiltes, vorschnelles, unüberlegtes Handeln aus, andere durch Gleichgültigkeit, welche durch Fröhlichkeit abgewechselt wird. In der Gesellschaft nimmt diese Konstitution kaum an Vergnügungen teil, ist dann aber nach einer halben Stunde auffallend zum Spaß aufgelegt. Ansonsten sondert sich der Krankheitstyp ab, *weil er lieber schweigt als spricht.*

Absonderliche Beschwerden: Menyanthes trifoliata

Schlaf:
schlaflos durch Wadenkrämpfe
schlaflos durch Rucken und Zucken der Beine sobald er sich hinlegt
erwacht und schreit: Da! Da!, weist mit dem Finger auf etwas und schläft wieder ein

Kopf:
Zucken des Kopfes und der Muskeln des Kopfes
Gefühl, als ob kalte Luft über das Gehirn strömen würde
Leeregefühl im Kopf nach dem Essen
Druck im Kopf von oben nach unten, besser durch festen Druck mit der Hand
Gefühl eines Gewichts auf dem Scheitel, wie wenn der Schädel bersten wollte, besonders beim Treppensteigen, bei jedem Schritt oder Abwärtsgehen
Verlangt bei Kopfschmerzen nach Gesellschaft
Gefühl verlassen zu sein bei Kopfweh[Synth.]

Augen:
Gefühl von Schielen — Strabismus
Augenzucken rechts — Zucken der Lider beim Essen
krampfhafte Erstarrung der Augenlider

Ohren:
Ohrengeräusche beim Schneuzen der Nase (Kent Rep.: bar-c., calc. 2, carb-a. 2, hep. 2, kali-chl., lyc. 2, mang., meny., phac., stann., teucr.)
Ohr, Gefühl als ob kaltes Wasser hineingedrungen wäre
Gefühl, als ob Wind in oder auf das Ohr blasen würde
Knacken im Ohr beim Kauen

Nase:
kalte Nasenspitze — Spannungsgefühl
eingebildete Gerüche, nach faulen Eiern, Übelkeit erregend

Gesicht:
Zuckungen, schmerzhafte Krämpfe der Gesichts- und Augenmuskeln
rotes Gesicht im Schlaf (Kent Rep.: aur-m. 2, bell., chlor., meny., viol-t.)
Krampf der Wange, Spannung der Haut

Mund:
Geschmack bittersüß oder süßsauer

Magen:
Magenkrämpfe mit Spannungsgefühl
Kältegefühl im Magen steigt in die Speiseröhre
nie durstig, aber Heißhunger
Abneigung gegen Butterbrot — Verlangen nach Fleisch, Fisch

Brust:
Brustkrämpfe mit Spannungsgefühl

Bauch:
Darmkrämpfe mit Zucken und Rucken des Körpers
Aufgetriebener Bauch durch Tabakrauch

Nieren:
Blasenkrämpfe

Genitalien:
Neuralgie wie zerquetscht in Samenstrang und Hoden
Zuckungen der Hoden

Glieder:
Rucken und Zucken der Beine
neuralgische Schmerzen mit Zuckungen,
    Krämpfen, Spannungen und Kälte

Rücken:
Schaudern morgens wie durch schreckliche
    Geschichten
Zuckungen rechte Seite

Haut:
Spannung der Haut, wie in die Haut einge-
    zwängt

Besser:
Druck, Bewegung

Schlechter:
Treppensteigen (Kopfweh) Ruhe, Hinlegen

Besondere Anzeigen:
Folgen von Malaria, Beschwerden durch Chinin oder Chinarindenmißbrauch, Amaurose = schwarzer Star − vorübergehende
Ausschaltung des Sehvermögens

Hauptindikation:
Kopfweh, Neuralgien, intermittierendes Fieber, Zuckungen, Zappeligkeit

Vergleiche:
cact., calc., gels., mag-m., sep., caps., puls.,
phos-ac., sang., zinc.

Nuphar luteum L./Gelbe Teichrose

Wer an stillen Buchten, an Weihern und Teichen oder an stehenden oder langsam fließenden Gewässern spazieren geht, bewundert neben den strahlenden Seerosen zauberhafte, goldgelbe Blütenköpfe, die auf runden Stielen handbreit über der Wasseroberfläche stehen. Es handelt sich dabei um die Gelbe Teichrose, die in 3 bis 4 m Wassertiefe ihre Wurzeln schlägt. Anhand von zahlreichen, mit hohlen Luftkanälen durchzogenen Stielen bringt sie rundlich ledrige Schwimmblätter an die Oberfläche. Dazwischen erscheinen im April bis Mai duftende Blüten, die ebenfalls mittels langen Stielen mit dem Wurzelstock verbunden sind. Sie besitzen einen Durchmesser von ca. 3 bis 5 cm und sind durch fünf derbe, innen glänzend dottergelben, außen grünlichgelben Kelchblättern zusammengesetzt; umschlossen von einem Kranz zahlreicher gelber Kronblätter. Der Blick durch die Lupe ins Blüteninnere zeigt die Blume, welche den mehrjährigen Seerosengewächsen (Nymphaeceen) angehört, von der bewundernswertesten Seite. Nach dem Verblühen reift eine grüne, flaschenförmige (wie Chianti-Flaschen) Frucht, welche samt ihren Samen in mehrere schwammige Lamellen zerfällt. Diese enthalten Luftblasen und bleiben dadurch längere Zeit schwimmfähig.

Der botanische Name „Nuphar" stammt sehr wahrscheinlich von „Nympharion", der griechischen Verkleinerungsform für Nymphe oder Nixe, aufgrund der Tatsache, daß die Teichrose wie eine Nixe auf dem Wasser schwimmt. Der Beiname „luteum" heißt gelb und weist auf die Blütenfarbe hin. Zu deutsch heißt die Pflanze Teichrose, weil sie wie eine Rose im stehenden Gewässer schwimmt. Der Volksmund kennt sie auch als Mummel, Nixblume, Butterfäßchen, Hemdknöpfe, Pullen, Pümpelken, Seegütterli und Seekandel.

Teichrose in der Pflanzenheilkunde

Für Paracelsus war die Pflanze ein Uterusmittel, während Matthiolus das speziell zubereitete Blütenöl als Herzarznei verwendete. Aus den duftenden Blumen wurde früher in Frankreich das „Eau de Nanuphar" hergestellt, welches die überreizte sexuelle Erregung herabsetzen sollte. Man nannte das Wasser den „Zerstörer der Freude" oder das „Gift der Liebe". In der Phytotherapie wird die Pflanze, d.h. die Wurzel, Blüten und Samen, bei Störungen der Sexualsphäre verwendet, besonders bei Übererregbarkeit mit Spermatorrhöe.

Vergiftungen

Die Blüten enthalten ein digitalisähnliches Glykosid, das Nypharidin, welches bei starker Überdosierung lähmend auf das Großhirn wirkt und Durchfall und Kopfweh erzeugt. Ferner stimuliert es die glatte Muskulatur des Darmes und der Blutgefäße.

Abb. 108: Der Blick ins Blüteninnere zeigt die Teichrose von der bewundernswertesten Seite.

Abb. 109: Teichrose (Nuphar luteum): Sie ist in stehenden oder langsam fließenden Gewässern zu bewundern.

Nuphar luteum in der Homöopathie

Die Urtinktur wird aus dem *frischen Wurzelstock* hergestellt. Dr. Pitet hat an sich selbst mit den Gaben von D4 bis D8 einen ersten Arzneimittelversuch durchgeführt und dabei die Wirkung als Antiaphrodisiakum bestätigt, allerdings mit einer Wechselwirkung: *Tiefe Potenzen schwächen, hohe Potenzen steigern die Libido.* Je nach entsprechender Dynamisation findet Nuphar in der Homöopathie Verwendung bei *Impotenz, Uterussenkung, Frigidität und zur Potenzsteigerung.* Das Mittel ist auch wirksam bei *Kropferkrankungen.*

Leitsymptome: Woran die Nuphar-Konstitution zu erkennen ist

Es handelt sich oft um Patienten mit *geschwächter* oder *gesteigerter Sexualsphäre.* Ein weiteres Leitsymptom ist der *gelbe Durchfall, der morgens um 5 bis 6 Uhr* abgeht, oftmals vorausgehend mit kolikartigen Schmerzen. Ferner haben die Patienten vielfach Hautbeschwerden mit *roten Papeln, die sich mit silbrigweißen Schuppen* wie bei Psoriasis bedecken.

Abb. 110: Nuphar luteum, die wie eine Nixe auf dem Wasser schwimmt, hilft in der Homöopathie bei Störungen der Sexualsphäre.

Psychische Verhaltensweisen

Auffallend ist, daß Nuphar-Patienten ein *äußerst großes Mitgefühl besitzen,* insbesondere, wenn ihnen leidvolle Geschichten über Menschen oder Tiere erzählt werden. Sie sind *höchst empfindlich* auf *moralische Eindrücke,* besitzen aber eine große Ungeduld, wenn ihnen widersprochen wird – *verträgt keinen Widerspruch.* Charakteristisch ist die nervöse Schwäche mit ausgeprägten Symptomen im Sexualbereich, oftmals verbunden mit lüsternen Gedanken und Phantasien.

Absonderliche Beschwerden: Nuphar luteum

Schlaf:
Träume bleiben lange in Erinnerung

Kopf:
fühlt Bewegung im Kopf beim Gehen[Synth.]
Haarausfall
Kopfschmerzen bei heftigem Auftreten der Füße

Auge:
sieht Funken, besonders beim Husten

Gesicht:
blasse Gesichtsfarbe

Mund:
süßlicher, teigiger Geschmack

Magen:
scharfes Aufstoßen (Kent Rep.: ox-ac., petr. 2, phos. 2, sulf. 3, aloe, arg-n., kali-p., lach.)

Verdauung:
gelbe Durchfälle um 5 bis 6 Uhr morgens, treiben aus dem Bett
Durchfall nach dem Frühstück oder um Mitternacht

Genitalien:
Völliger Mangel der Libido oder vermehrtes Verlangen
unwillkürlicher Samenabgang beim Stuhlgang, Wasserlassen, im Schlaf
Schmerzen an der Penisspitze

Haut:
rote Papeln, die sich mit silbrigweißen Schuppen bedecken

Besser:
nach Stuhlgang

Schlechter:
5 bis 9 Uhr morgens

Besondere Anzeigen:
Zurückgezogener Penis (Kent Rep.: berb., euphr., ign. 2, mosch., nuph. 2, plb. puls.)

Hauptindikation:
Spermatorrhöe, Impotenz, gesteigerte Libido, Durchfall morgens 5–6 Uhr, Psoriasis

Vergleiche:
bei sexueller Schwäche: agnus cast., calad., nux-v., phos-ac., staph., selen., yohim.

Nymphea alba L./Weiße Seerose

Die Weiße Seerose ist ein Symbol der Reinheit, das im Wasser schwimmt, und zwar eingerahmt von tiefdunkelgrünen Schwimmblättern sowie funkelnden Blütenkronen mit goldenen Staubgefäßen. Erzschimmernde Rosen- und Goldkäfer wühlen gierig wie lebendige Smaragde in diesen Märchenschüsseln. Viel Sonne und bis zum Grund durchwärmtes Wasser braucht die strahlende Königin aller Wasserpflanzen. Vom fest verankerten Wurzelstock schickt sie ihre kräftigen Blattstiele 1 bis 2 Meter hoch an die Oberfläche und breitet auf der Wasserscheibe ihre eiförmigen Schwimmblätter aus. Vier Luftkanäle, die sich in den Stielen befinden, versorgen die Wurzel mit Sauerstoff. Auch in den Schwimmblättern sind viele Lufträume eingebaut. Die Blüten werden bereits im Vorjahressommer vorbereitet. Sie überwintern als Knospen am Wurzelstock und tauchen dann im Mai bis September auf. Beim täglichen Blütenfest öffnen sie sich jeweils um 7 Uhr und schließen sich wieder um 17 Uhr. Nach der Befruchtung durch Schilf- und Rosenkäfer krümmt sich der Blütenstiel, zieht den Fruchtknoten unter Wasser, wo er dann zu einer großen, hartschaligen Beere von der Größe einer Walnuß heranreift. Später bricht die Schale auf und die Samenkörner sinken dann zum Grund. Frühestens nach ca. neun Monaten beginnen sie zu keimen.

Die Weiße Seerose ist eine ganz typische Vertreterin der Schwimmblattpflanzen, nach der sogar die Verlandungszone als Seerosenzone bezeichnet wird. Sie ist über ganz Europa verteilt und findet sich in stehenden oder träge fließenden Gewässern. Die hübsche wohlduftende Blüte steht unter Naturschutz.

Nach einer alten Sage ist der Gattungsname der Pflanze aus einer vor Eifersucht auf Herkules gestorbenen Nymphe entstanden. Der lateinische Beiname „alba" bringt die weiße Blütenfarbe zum Ausdruck. Die deutsche Bezeichnung Seerose versinnbildlicht den Standort im Wasser. Als Volksnamen sind Weiße Wasserlilie, Weiherrose, Deikrause, Essigkrüegle, Pöppel und Mümmel bekannt.

Seerose in der Pflanzenheilkunde

Im Altertum war die Seerose ein Antiaphrodisiakum. Plinius verordnete sie gegen erotische Schlaflosigkeit und ägyptische Einsiedler sollen sie, um die Härte des Zölibats leichter ertragen zu können, verwendet haben.

Hahnemann nannte die Pflanze „Weissmummel" und berichtete im Apotheker-Lexikon: „Diese weissen, schwach wohlriechenden Blumen hat das Altertum gegen Mutterwuth und Geilheit, in der Manie, und als ein kühlendes Mittel gerühmt und zu dieser Absicht das von der frischen Blume destillierte Wasser und die Konserve gebraucht, welche

Abb. 111: Hahnemann nannte die weiße Seerose „Weißmummel".

Abb. 112: Weiße Seerose (Nymphea alba), das „Symbol der Reinheit", welches auf dem Wasser schwimmt.

letztere noch besonders in schleichenden Abzehrungsfiebern gepriesen ward".

Wurzelstock, Blüten und Samen besitzen den traditionellen Ruf zur Auflösung von sexuellen Begierden, sind aber heute nur noch selten im Gebrauch.

Vergiftungen

Die Pflanze enthält das Glykosid Nymphalin und das Alkaloid Nymphaein, welche bei falscher Dosierung lähmend auf das Großhirn wirken können.

Nymphae in der Homöopathie

Die Urtinktur wird aus der *Wurzel der Wohlriechenden Seerose (Nymphae odorata)* hergestellt. Das Mittel wurde von Dr. Cowles geprüft (Clarke) und besitzt wie Nuphar frühmorgendlicher, durchfallartiger Stuhlgang.

Absonderliche Beschwerden: Nymphea alba

Kopf:
durch die Schläfen ziehende Kopfschmerzen mit starkem Schnupfen
benommener Kopf, fühlt sich sehr schwer an, arbeitsunfähig

Verdauung:
kurze, augenblickliche, scharfe Schmerzen im Darm mit Abgang von faulig stinkendem Wind

Nieren:
nach Wasserlassen Gefühl, als sei kein Urin abgegangen – verbunden mit Schwäche in den Lenden

Vergleiche:
nuph.

Abb. 113: Wasserlinse (Lemna minor): Ein hellgrüner, pflanzlicher Konfettiteppich, der auf dem Wasser schwimmt.

Lemna minor L./Kleine Wasserlinse

Wenn Sie einmal an einem Tümpel stehen und dabei ein dichtes kleines Blättermeer wie von ausgestreuter, hellgrüner Konfetti auf der Wasseroberfläche vorfinden, handelt es sich mit größter Sicherheit um die Kleine Wasserlinse. Diese wasserschwimmende Pflanze aus der botanischen Familie der Wasserlinsengewächse (Lemnaceen), besteht aus einem blattähnlichen Körper (ca. 2–4 mm lang und 1–3 mm breit), an dessen Unterseite winzige Würzelchen entspringen. In Anpassung an das Wasserleben haben sich Stengel, Blatt und Blüte extrem rückgebildet. Sie sind in einem schwimmenden Pölsterchen verpackt. Nur wenn durch starke Besonnung das Wasser erwärmt wird, beginnt die Pflanze zu blühen. Dabei schiebt sich aus einer umhüllenden Tasche der Griffel hervor und krümmt sich über die Wasseroberfläche. Blütezeit: Mai bis Juni. Insekten, Wind und Wellengang vollziehen die Bestäubung. Doch zur Hauptsache vermehrt sich die Wasserlinse geradezu maßenhaft durch Teilung und Sprossung, d.h. vegetativ. Für Enten und Gänse ist die Pflanze ein beliebtes Futter, deshalb wird sie auch Entengrütze genannt.

Der Gattungsname „Lemna" stammt vom griechischen „limne", was Sumpf oder Teich bedeutet und Bezug auf den Standort nimmt. „Minor" heißt übersetzt „klein" und verdeutlicht die Blattform. Zu deutsch wird die Pflanze Wasserlinse genannt, da die Sprossenglieder linsenartig gestaltet sind und auf dem Wasser schwimmen.

Wasserlinse in der Pflanzenheilkunde

Die Wasserlinse war als Heilmittel schon in der Antike bekannt und zwar als Umschlag bei Hautentzündungen, Rose und Podargra. Hildegard von Bingen empfahl das „Wasser-linsen-Elixier" bei Präkanzerose und Krebserkrankungen. Ansonsten ist die Wasserlinse in der Phytotherapie bei Nasenpolypen und chronischem Schnupfen in Gebrauch. Die Inhaltsstoffe sind nicht umfassend erforscht, man weiß lediglich, daß die Pflanze Jod und Brom enthält.

Lemna minor in der Homöopathie

Die Urtinktur wird aus dem *Wasserkörper* hergestellt. Lemna minor wurde anno 1894 durch Cooper aus Londen in die Homöopathie eingeführt und zwar lediglich aufgrund klinischer Erfahrungen ohne Arzneimittelversuch. Lemna ist ein *katarrhalisches Mittel* mit besonderer *Wirkung auf die Nasenöffnung.* Es macht die verstopfte Nase frei, besonders wenn eine ödematöse Schwellung oder *Nasenpolypen* vorliegen.

Leitsymptome: Woran die Lemna-Konstitution zu erkennen ist

Auffallend für Lemna ist die *Verschlimmerung der Beschwerden bei feuchtem, regnerischem Wetter,* besonders bei *heftigem Regenfall.* Das Mittel ist gekennzeichnet durch chronischen Schnupfen mit starken, eitrigen Absonderungen, *Verlust des Geruchsinns* und Schmerzen, die vom *rechten Nasenloch wie ein ziehender Faden zum rechten Ohr reichen.* Charakteristisch ist auch die *Asthmaerkrankung,* welche durch *die verstopfte Nase* ausgelöst wird.

Signatur

Die Wasserlinse schwimmt massenweise wie Konfetti auf dem Wasser und wird bei starkem Regenfall sehr beschädigt. Dies

Abb. 114: Lemna minor zeigt in der Homöopathie eine ausgesprochene Verschlechterung bei heftigem Regenfall, was aufgrund der Pflanzenerscheinung als Signatur erkannt werden kann.

könnte als Signatur für Beschwerden betrachtet werden, die sich bei starken Regengüssen verschlechtern.

Absonderliche Beschwerden: Lemna minor

Nase:
eitriger oder fauler Geruch, Verlust des Geruchs
reichlich eitrige Absonderungen
Schleim läuft von der Nase in den Rachen
Gefühl eines ziehenden Fadens von der Nase ins Ohr
Trockenheit im Nasenrachenraum mit Krustenbefall

Mund:
eitriger, fauler Geschmack im Mund morgens beim Aufstehen
trockener Rachen und Kehlkopf

Brust:
Asthma durch Verstopfung der Nase (bei naßem Wetter)

Verdauung:
Neigung zu geräuschvollem Durchfall

Schlechter:
feuchtes, regnerisches Wetter, besonders bei heftigem Regen

Hauptindikationen:
Nasenpolypen (Kent Rep.: calc., sang., teucr. 2, apis, all-c., calc-p., carb-s., con., graph., kali-bi., kali-n., lem-m., merc-j-r., phos., psor., sep., sil., sulf., thuj.), ödematöse Schwellung im Nasenraum, chronischer Schnupfen mit reichlich Eiter, Asthma durch verstopfte Nase

Vergleiche:
calc., teucr., calend., nat-sulf.

Prunus spinosa L./Schleh- oder Schwarzdorn

„Wenn der Schlehdorn blüht am Hag, so wird es Frühling auf einen Schlag", heißt eine alte und sichere Bauernregel. Der Schlehdorn ist der erste Strauch, der sich nach der Schneeschmelze in einen weißen Blütenmantel hüllt. Die milde Frühjahrssonne zieht aus der noch schwarzgrauen Zweigrinde reinweiße Rosenblüten hervor, die nach bitteren Mandeln duften. Wenn man sich dem Busch nähert, summt und brummt es vor lauter hungrigen Blumengästen. Doch von weitem sieht der Strauch wie mit Schnee bedeckt aus. Rasch verweht der Blütenzauber und schnell ist der süßliche Blumenduft verströmt. Dann brechen aus den winzigen Knospen unzählige grüne Spitzen hervor und verwandeln das Gestrüpp in einen grünen Blättermantel. Erst später im Herbst reifen die blaubereiften Beeren, welche kugelrund und fingerdick sind. Doch sie munden erst dann, wenn der Frost über sie gezogen ist, davor sind sie sauer und gerbig, „es jagt einen fast aus den Socken, wenn man sie verzehrt".

Da steht er, der Schlehdorn im Frühling, und schaut siegesbewußt ins Tal hinab; ist er doch der erste Blütenbusch am Waldrand, noch vor dem Weißdorn und der Vogelkirsche. Der Winter ist bezwungen, es lebe der blütenreiche Frühling — dies verkündet er bis auf eine Höhe von 1.600 m am Hang, im Wald und Ziergarten. Für die Verbreitung der Pflanze sorgen die Vögel, die die unverdauten Fruchtsteine in der weiten Natur verstreuen.

Die Pflanze gehört den Rosengewächsen (Rosaceen) an und besitzt eiförmige, gesägte Blätter, die aber erst nach der Blüte erscheinen. Die Blüte selbst ist schneeweiß, mit fünf Kron- und Kelchblättern, ähnlich wie Apfel- und Kirschblüten. Blütezeit: März bis April. Im Herbst trägt der Strauch kugelige, blau bereifte Steinfrüchte.

Abb. 115: Die Frühlingssonne zieht aus den kahlen, schwarzgrauen Ästen schneeweiße Rosenblüten, die nach bitteren Mandeln duften.

Der Gattungsname „Prunus" stammt vom griechischen „ prumnon", womit ein wildes, beerenartiges Kernobst bezeichnet wird. Der Beiname „spinosa" (= dornig), ist lateinischen Ursprungs und nimmt Bezug auf die dornigen Zweige. Die deutsche Bezeichnung „Schlehe" ist eine Deutung aus dem Althochdeutschen „slehe = blaue Frucht". Im Volksmund kennt man den ca. 3–5 m hohen Strauch auch als Deutsche Akazie, Dornschlehe, Bocksbeeri, Haferpflaume, Hageldorn, wilder Zwetschgenbaum, Sauerpflaume, Spinelle, Weiße Apfelblüte.

Der Schlehdorn in der Pflanzenheilkunde

Pfarrer Kneipp schrieb: „Die Schlehdornblüten sind unschädlichste Abführmittel und sollten in jeder Hausapotheke zu finden sein." Der Tee wird besonders bei Verstopfung der Kinder und Schwangeren, ferner bei Hautkrankheiten und zur Ent-

Abb. 116: „Wenn der Schlehdorn blüht am Hag, wird es Frühling auf einen Schlag" (alte Bauernregel).

Abb. 117: Schlehdorn (Prunus spinosa) — blau bereifte Frucht.

Abb. 118: Prunus spinosa besitzt in der Homöopathie charakteristische Wahlanzeigen: blitzartige Schmerzen durch das Gehirn; Gefühl, als wolle das Auge platzen; Schmerzen beim Wasserlassen, die zum Zusammenkrümmen zwingen; Atembeklemmung bei geringster Bewegung.

schlackung verordnet. Die Früchte (Fruchtsaft) stärken den Blasenschließmuskel oder werden zum Gurgeln bei Mandelentzündung verordnet.

Vergiftungen

Die Blüten des Schlehdorns duften nach bitteren Mandeln, was durch einen äußerst geringen Gehalt an Blausäure hervorgerufen wird. Es sind aber keine Vergiftungen und Nebenerscheinungen zu erwarten, da sich der Stoff bei der Trocknung rasch verflüchtigt.

Prunus spinosa in der Homöopathie

Die Urtinktur wird aus den *frisch aufgehenden Blüten* hergestellt. Ähnlich wie bei Crataegus setzt die Wirkung bei Verabreichung des Mittels erst nach längerem Gebrauch ein und ist wie der Weißdorn bei

Herzschwäche, *Angina pectoris mit Atembeklemmung* indiziert. Ferner zeigt Prunus spinosa einen heilenden Einfluß auf *Kopfschmerzen mit blitzartigen Schmerzen, die durch das Gehirn in den Hinterkopf schießen*, aber auch bei *Ziliarneuralgien rechts* (Nervenschmerzen der Augenmuskeln) mit dem Gefühl, *als ob die Augen platzen würden*. Auch charakteristische, krampfartige *Harnbeschwerden und Ödeme der Füße* mit dem *Gefühl, als wäre das Sprunggelenk und der Fuß verstaucht*, werden durch das Mittel geheilt.

Leitsymptome: Woran die Prunus-spinosa-Konstitution zu erkennen ist

Charakteristisch für Prunus spinosa sind folgende Merkmale: *blitzartige Schmerzen durch das Gehirn* in den Hinterkopf, *Gefühl, als wolle das Auge platzen, Atembeklemmung bei geringster Bewegung* mit ängstlichem, kurzem Atemholen und heftigen *Harnröhrenschmerzen, die beim Wasserlassen zum Zusammenkrümmen zwingen.*

Psychische Verhaltensweisen

Typisch für Prunus ist eine mürrische, verdrießliche Stimmung während der Erkrankung mit großer Arbeitsabneigung. Die Unruhe *zwingt den Patienten herumzulaufen, womit aber Kurzatmigkeit und Brustbeklemmung auftreten.* Auffallend ist die *Besserung* der Beschwerden, wenn der Kranke *in Gedanken an seine Symptome verharrt.* Häufig klagt er über Schmerzen beim Erwachen, läuft in Hast und Eile herum und hat vielfach die *Einbildung, er würde einen steilen Berg erklimmen.*

Absonderliche Beschwerden: Prunus spinosa

Schlaf:
unmöglich auf der rechten Seite zu schlafen
träumt von Furunkel, schmutzigem Tisch, Schmutz

Kopf:
auseinanderpressender Kopfschmerz unter dem Schädel, verliert fast den Verstand
blitzartiger Schmerz fährt durch das Gehirn in den Hinterkopf
Gefühl, als ob die Kopfhaut durch eine scharfe Nadel nach außen gedrängt würde
Kopfschmerz mit Gefühl, als ob das Haar ausgerissen würde[Synth.]
Kopfschmerz bessert sich beim Denken an die Beschwerden

Augen:
Schmerzen im rechten Augapfel, als ob er platzen würde
plötzliche Schmerzen im linken Auge, als ob es zerreißen würde
Schmerzen im rechten Augapfel, als ob der innere Teil des Auges nach außen gezogen würde
Trübung der Glaskörperflüssigkeit, Netzhautblutung

Nase:
auseinanderdrückender Knochenschmerz an der Nase

Gesicht:
Schweiß im Schlaf: Kent Rep.: med., prun., sep., tab.

Mund:
fürchterliche Zahnschmerzen, als ob die Zähne herausgerissen würden, besonders wenn etwas Warmes in den Mund kommt
Zahnschmerzen erstrecken sich von einem Zahn zum andern[Synth.]
Zahnschmerzen stechend wie von einer Nadel

Magen:
Völlegefühl mit Atembeklemmung

Brust:
pfeifender, griemender Husten
Brustschmerz beim Sprechen
Husten, als würde die Luftröhre durch eine Feder gekitzelt
Schwere auf der Brust zwingt tief Atem zu holen

Herz:
wildes Herzklopfen bei geringster Bewegung

Verdauung:
Mastdarmschmerzen, als ob ein eckiger Gegenstand hineingeschoben wäre
Auftreibung des Bauches mit Kurzatmigkeit

Niere:
Blasenkrampf — erfolgloser Versuch zu urinieren
muß lange pressen bis der Urin kommt

starker Harndrang – läuft nur bis zur Eichel und scheint wieder zurückzulaufen

Zusammenkrümmen beim Wasserlassen infolge Harnröhrenschmerz

muß auf die Bauchdecke drücken beim Wasserlassen

Urinabgang – gegabelter Strahl (Kent Rep.: arg-n., cann-s., canth. 2, caust. 2, chima., clem., merc. 2, merc-c. 3, petr., prun-p., rhus-t. 2, thuj. 3)

Wasserlassen, muß warten, Bücken bessert

Urin bläuliches Sediment

Genitalien:

Regelblutung tritt nach 14 Tagen erneut auf

Blutausfluß 8–10 Wochen lang zunehmend, wäßrig werdend

Glieder:

Fingerspitzen Gefühl wie erfroren und jucken

Rücken:

Zucken im Gesäß

stechende Schmerzen im rechten Steißbein bis Hinterkopf schießend

Hauptindikationen:

Ziliarneuralgie, Harnbeschwerden, Herzinsuffizienz, Angina pectoris, Ödem, Herpes zoster, Zysten der Ovarien, Fluor albus

Vergleiche:

laur., iberis, apoc., olean., scil.

Abb. 119: Weißdornstrauch: Sieht wie eine vom Himmel herabgefallene Wolke aus.

Crataegus oxyacantha L./Weißdorn

Sicher ist schon jeder einmal im Wonnemonat Mai dem weißen Blütenschleier des Weißdorns begegnet. Von weitem sieht die blühende Pflanze wie eine vom Himmel herabgefallene Wolke aus, die zum Träumen verleitet. Wir finden den zähen, hartholzigen Strauch am Waldrand, im Gebüsch, in Hekken, im lichten Laub- und Nadelwald, aber auch um Hof und Scheune. Lange bevor es den Stacheldraht gab, machte er in der Landwirtschaft unmißverständlich klar, wo das eine Grundstück endete und das andere anfing. Bei guten Lebensbedingungen kann der Weißdorn bis zu 500 Jahre alt werden.

Der Wild- oder Heckenstrauch, welcher den Rosengewächsen angehört (Rosaceen) wird 3 bis 8 m hoch und ist in ganz Mitteleuropa zu finden. Die Pflanze besitzt drei- bis fünflappige, ca. 4 cm lange Blätter in herzförmiger Gestalt, glänzend an der Oberseite, stumpf gesägt am Rand. Im April bis Mai erscheint der Blütenschleier mit schneeweißen Rosenblüten, die 5 Kronblätter und über 20 Staubgefäße mit roten Staubbeuteln besitzen. Der unterständige Fruchtknoten hat meist 2 Griffel. Im Herbst reifen am Strauch ziegelrote Mehlbeeren mit 2–3 Steinen. Sie werden von hungrigen Vögeln verzehrt.

Zum Unterschied des zweigriffigen Weißdorns wächst in unseren Gegenden auch der eingriffige Weißdorn (Crataegus monogyna), dessen Blätter 2–7fach lappig und tief eingeschnitten sind. Die Früchte besitzen nur einen Stein. Häufig findet man auch Mischformen, die sich aus beiden Pflanzen gebildet haben. Im Ziergarten wird eine rotblühende Weißdornart angepflanzt.

Schon Dioskurides betitelte 50 n. Chr. den Weißdorn als Crataegus, was vom griechischen Wort „krataios" (= fest und stark) abgeleitet wird und auf das harte Holz des

Abb. 120: Weißdorn (Crataegus oxyacantha) – auffallend sind die herzförmigen Blätter.

Strauches Bezug nimmt. Früher wurden aus den Zweigen Spazierstöcke hergestellt. Der Beiname „oxyacantha" ist ebenfalls griechischen Ursprungs, aus „oxys" (= Dorn) und „acantha" (= spitzig), was die spitzigen Dornen charakterisiert. Die Pflanze, die sich in weiße Blüten hüllt und mit Dornen besetzt ist (deshalb der deutsche Name Weißdorn), kennt man unter verschiedenen Volksnamen wie: Hagedorn, Hageapfel, Heckdorn, Mehlbeere, Mehlfläschchen, Zaundorn, Lusbeeri und Heinzerleindorn. Hahnemann nannte den Strauch „Weisshagedorn".

Weißdorn in der Pflanzenheilkunde

Die ersten Hinweise auf die Heilwirkung des Weißdorns als Herz- und Kreislaufmittel findet man bei Quercetanus, der seinen König Heinrich IV. von Frankreich mit Crataegus gegen Alterserscheinungen behandelte. Der Weißdorn ist ein wahrer Herzensfreund und enthält in den Blüten, Blättern und Beeren wertvolle Heilstoffe, vor allem Quercetin und Triterpensäure mit herzkräftigender Wirkung. Man nennt ihn den „Baldrian des Herzens". Seine Hauptwirkung beruht auf der Herzberuhigung und Gefäßerweiterung. Crataegus ist in der Phytotherapie das Mittel der Wahl bei Herzinsuffizienz, besonders des alternden Menschen mit leistungsgeschwächtem Herzen und Durchblutungsstörungen der Kranzgefäße.

Vergiftungen

Als Nebenerscheinungen bei der stark überdosierten Verordnung können kongestive Kopfschmerzen, Magenbeschwerden und Verschlimmerung der Herzbeschwerden auftreten; jedoch ist dies sehr selten, da Crataegus recht gut vertragen wird.

Crataegus in der Homöopathie

Treffend wird der homöopathische Gebrauch von Crataegus durch Dr. Ernst Gardemin in seinen „Homöopathischen Reimregeln" (Karl F. Haug Verlag, Heidelberg) beschrieben.

Niemand sieht es dem Weißdorn an,
Was er alles leisten kann:
Wenn ein Mensch mit krankem Herzen
Vor Beklemmung, Angst und Schmerzen
Tag und Nacht verzweifelt klagt
Und am Leben fast verzagt

Nehm er voll Vertrauen nur
Ein paar Tropfen der Tinktur
Und sein Zustand, erst so kläglich,
Wird bald wieder ganz erträglich.

Es beruhigt auch das Herz
Und beseitigt Angst und Schmerz.
Und der Schlaf, oft schwer gestört,
Binnen kurzem wiederkehrt.

Grad' bei solchen Herzanfällen,
Die den Kranken furchtbar quälen,
Merke dieses Mittel dir
Als ein Lebenselixier!

Die Urtinktur wird aus der *reifen Frucht,* manchmal auch von den Blüten hergestellt. Crataegus ist das *klassische Kräftigungsmittel für das Herz.* Als Resultat der Arzneimittelprüfung, die 1930 durch E. Assmann durchgeführt wurde, wird berichtet: „Crataegus ist ein organspezifisch wirkendes Herz- und Blutgefäßmittel von langsamem Einsetzen und nicht anhaltender Wirkung. Aus diesem Grunde ist es bei akutem Versagen des Herzens nicht angezeigt, muß aber andererseits längere Zeit fortgegeben werden. Besonders geeignet ist es zur Dauerbehandlung chronischer Leiden, da keine Kumulation oder Angewöhnung zu befürchten ist und das Mittel auch den Allgemeinszustand günstig beeinflußt." (Mezger)

Als besondere Indikation gelten Kreislaufstörungen im höheren Lebensalter, leichte Myokardschwäche, Frühinsuffizienz, Myodegeneratio cordis (Atrophie des Herzmuskels), Fettherz und Hypertonikerherz. „Crataegus hat ferner einen beruhigenden Einfluß auf das Nervensystem und wirkt günstig auf die subjektiven Beschwerden vieler Herzkranker, besonders beim Hypertonus. Bei schwerer Herzinsuffizienz und schweren Anfällen von Angina pectoris und bei kardialem Hydrops ist Crataegus wirkungslos. Für leichte Fälle und im Intervall ist er dagegen

Abb. 121: Crataegus ist in der Homöopathie ein Kräftigungsmittel für das altersgeschwächte Herz.

sehr zu empfehlen. Die Arzneikraft von Crataegus ist weit schwächer als die von Digitalis, Strophanthin und Scilla. Wenn Digitalis versagt, soll man aber stets Crataegus versuchen und das Mittel auch bei längerer Digitalisierung interponieren." Dies berichtet Dr. Julius Mezger in seinem Buch „Gesichtete homöopathische Arzneimittellehre" (Karl F. Haug Verlag).

Gute Ergebnisse sind auch bei Herzmuskelschäden im Sinne der akuten Myokarditis (Herzmuskelentzündung) des fokalgeschädigten Herzens, des Scharlach- und Diphtherieherzens zu verzeichnen. Hier verschwinden oftmals die subjektiven Empfindungen in der Herzgegend.

Letztlich wird berichtet, daß das Mittel auch kalkartige Ablagerungen in den Arterien auflösen soll.

Leitsymptome:
Woran die Crataegus-Konstitution zu erkennen ist

Die Organotropie zum Herzen überwiegt bei Crataegus derart, daß die übrigen Symptome von geringer Bedeutung sind. Es sind folgende Beschwerden zu beachten: *Herzklopfen, Extrasystolen, unregelmäßiger Puls, verlangsamte Herztätigkeit bei älteren Leuten,*

Abb. 122: Hahnemann nannte den Weißdorn „Weisshagedorn".

Brustbeklemmung bei geringster körperlicher Anstrengung, krampfartige Schmerzen in der Herzgegend, *Gefühl, als sei das Herz zu groß,* schmerzhafte Druckempfindung auf der linken Brust unter dem Schlüsselbein, Herz dilatiert, d. h. *der erste Herzton leise* und *letztlich erhöhter Blutdruck des Altersherzens.* All dies sind wichtige Anzeigen für den Einsatz von Crataegus.

Psychische Verhaltensweisen

Die Herzpatienten sind oftmals müde, ermattet, zerschlagen, ängstlich und deprimiert. *Durch geringste Erregung treten Herzsymptome* auf. Dabei sind sie sehr nervös, reizbar und verzweifelt. Mit den Herzbeschwerden, die durch emotionale Erregung aufgetreten sind, können sich auch Kopfschmerzen einstellen. Vielfach möchte der Kranke seine Ruhe haben und nicht sprechen müssen.

Signatur

Durch die herzförmige Gestalt der Blätter und die herzfarbenen Früchte signalisiert der Weißdorn dem offenen Betrachter die spezifische Heilanzeige für Herzerkrankungen. Selbst Paracelsus hat diese Signatur im gleichen Sinne gedeutet.

Absonderliche Beschwerden: Crataegus

Schlaf:
schlaflos bei Aortaerkrankungen, Herzerkrankungen

Kopf:
Stirnkopfschmerz meist links
Hinterkopfschmerz erstreckt sich zum Hals mit Reizbarkeit
Starker Blutandrang zum Kopf

Brust:
nachts quälender Hustenanfall mit starkem Schwitzen

Herz:
ausstrahlende Herzschmerzen, wandernd von
  Gelenk zu Gelenk
wird ohnmächtig durch Herzschwäche

Nieren:
öfters Wasserlassen, aber nur wenig Abgang

Pankreas:
Diabetes – Diabetes bei Kindern (einziges
  Mittel:[Synth.]

Haut:
Kälte der Haut, blasse Farbe

Glieder:
blaue Finger, Hände, Zehen bei Anstrengung
  oder Erregung

Besser:
frische Luft, Ruhe

Schlechter:
warmes Zimmer, körperliche Anstrengung

Besondere Anzeigen:
chronische Herzkrankheit mit extremer
  Schwäche
Schlaflosigkeit bei Aortaerkrankungen
zur Verbesserung der Verträglichkeit von Digitalis-Glykosiden
Husten bei Herzerkrankungen

Hauptindikation:
Herzinsuffizienz, Altersherz, Bluthochdruck,
  niedriger Blutdruck, Arteriosklerose, Angina pectoris – setzt die Anfallbereitschaft
  herab

Vergleiche:
stroph., dig., iber., naja, cact., kalm., arn.,
  scil., olnd., conv.

Prunus padus L./Traubenkirsche

Die Traubenkirsche ist ein bis zu 15 m hoher Baum aus der botanischen Familie der Rosengewächse (Rosaceae), der in heimischen Auenwäldern, entlang von Flußläufen in Gesellschaft von Erlen und Weiden häufig zu finden ist. Die dünnen, eirundlichen, zugespitzten Blätter tragen an der Spitze ihrer Sägezähne leicht abfallende, rotbraune Drüsen. Das Blattwerk präsentiert sich dem Betrachter als ein „großer Kuhstall" der Ameisen. Denn auf der Unterseite der Blätter, die viel heller als die Oberseite ist, wimmelt es von grauen Blattläusen. In ununterbrochenen Prozessionen wandern die Ameisen, welche diese Blattläuse melken und pflegen, den Stamm hinauf und hinunter.

Abb. 123: Die erbsengroßen Beeren werden von den Vögeln verzehrt und in der Natur verstreut.

Aus den in traubigen Blütenständen stehenden weißen, faulig duftenden Blüten (Blütezeit: Mai) reifen im Herbst schwarz glänzende, erbsengroße Steinfrüchte. Die Vögel, welche die Beeren verzehren, verstreuen die Kirschsteine in der weiten Natur, indem sie die steinharten Samen nach der Fruchtmahlzeit wieder aus dem Kropf würgen oder sie mit den Exkrementen auswerfen. Damit gewinnt der Baum neue Standorte.

„Prunus", der botanische Gattungsname, ist die lateinische Bezeichnung für den Pflaumenbaum, mit dem die Traubenkirsche verwandt ist. Der Beiname „padus" kommt vom griechischen „pados", was einen schattenliebenden Baum charakterisiert. Zu deutsch wird die Pflanze Traubenkirsche genannt, infolge der Anordnung der Früchte. Ansonsten ist sie im Volk auch als Ahlkirsche, Silberregen, Sumpfkirsche, Elsen, Elexen, Elsebeer, Helserbeer, Belzebaum, Stinkholer, Stinkata oder Stinkwide bekannt.

Traubenkirsche in der Pflanzenheilkunde

Ausgrabungen von bronzezeitlichen Pfahlbauten im Alpengebiet weisen nach, daß die Traubenkirsche schon frühzeitig als Obst und Arzneimittel verwendet wurde. Die Früchte wurden in alter Zeit roh mit Salz gegessen oder zu Mus verkocht. Auch wurde aus ihnen Branntwein hergestellt.

Phytotherapeutisch schrieb man der Rinde fieberwidrige Eigenschaften zu. Der wirksame Bestandteil ist das Amygdalin, ferner Gerbstoff. Hahnemann empfiehlt in seinem Apotheker-Lexikon die Traubenkirschenrinde bei Wechselfieber sowie die gekochten Beeren gegen Durchfall.

Abb. 124: Traubenkirsche (Prunus padus) verströmt einen fauligen Blütenduft.

Vergiftungen

Das Amygdalin spaltet sich durch das Ferment Emulsin in Spuren von Blausäure ab, was beim Zerreiben der Blätter, Blüten oder Rinde im Geruch zum Vorschein kommt. Starke Gaben von Rindenabkochungen führen deshalb zu Kopfweh, Übelkeit und Durchfall.

Prunus padus in der Homöopathie

Die Urtinktur wird aus der *zur Blütezeit frisch gesammelten Rinde* hergestellt. Das Mittel wurde von Lembke geprüft, wobei spezifische Symptome in Bezug auf *drückende Kopf- und Brustschmerzen, stechende Beschwerden des Rektums und stürmisches Herzklopfen* zum Vorschein kamen. Alle Symptome verschlechtern sich bei *Druck, im Sitzen und Stehen, beim Bücken und Gehen.* Das Arzneimittelbild wird von Clarke im Band 8 „Enzyklopädie für den homöopathischen Praktiker" (Grohmann Verlag, Bielefeld) beschrieben.

Absonderliche Beschwerden: Prunus padus

Kopf:
Gefühl, als würde der Kopf auf die rechte Seite sinken

Haut an der linken Schläfe prickelndes Empfinden, das sich über und hinter das linke Ohr erstreckt

Augen:
ausgeprägt stark erweiterte Pupillen

Nase:
in der Haut an der Nasenwurzel pulsierendes Empfinden mit sichtbaren zittrigen Bewegungen

Brust:
Beklemmungsgefühl hinter Brustbein wie eine schwere Last, die das Atmen erschwert

Herz:
Herzschlag wird bis in den Hals empfunden und führt zu Kopfschütteln besonders im Sitzen
äußerst kleiner, langsamer Puls

Glieder:
Schwächegefühl ausgehend von der rechten Halsseite in den rechten Arm, alsdann linke Seite

Vergleiche:
crat., prun-s., prun-v.

Abb. 125: Pfirsichblüte (Amygdalus persica) — mandelblütiger Abglanz im einheimischen Obstgarten.

Amygdalus persica L./Pfirsichbaum

Blühende Mandelbäume − welch zauberhafter Anblick in frühlingsverzückter Landschaft Italiens und Spaniens! Ein Abglanz dieser Blütenpracht findet auch in unseren einheimischen Obstgärten statt. Es ist der Pfirsichbaum, der der Mandel nicht nachstehen möchte und sich in einen rosafarbenen, berauschend duftenden Blütenschleier kleidet. Der 4 bis 6 m hohe Baum aus der botanischen Familie der Rosengewächse (Rosaceae) wird vielfach an Spalieren gezogen. Er benötigt einen warmen, trockenen Standort an sonniger, geschützter Lage. Die heutigen Kulturformen sind durch Aufpfropfen auf Pflaumenbäume (Prunus domestica) entstanden. Wer einmal die Gelegenheit hatte, die im Iran (Persien) ursprüngliche Mutterpflanze mit unansehnlich trockenen Früchten mit unserer Gartenform zu vergleichen, wird erkennen, wie mühsam und schwierig die Veredelung der Pflanze wohl vorangegangen ist.

Zweimal im Jahr erfreut uns der Pfirsichbaum. Einmal im Frühling mit seinen zauberhaften rosafabenen Blüten, die aus fünf Kronblättern zusammengesetzt sind, und dann im Spätsommer mit der weich behaarten Steinfrucht, deren gelbliches Fruchtfleisch von roten Adern durchzogen ist und köstlich schmeckt. Im Inneren befindet sich ein holziger, zerfurchter Kern mit einem ovalen, zusammengepreßten Samen. Die Kerne geben ein feines Öl, das dem Mandelöl gleicht. Aus den Früchten gewinnt man einen Branntwein, den Persiko. Die Blätter stehen wechselständig an den Zweigen und sind lanzettlich oder verkehrt eiförmig. Die Blattoberfläche ist häufig glänzend, die Unterseite hingegen leicht behaart.

Der Gattungsname des Baumes „Amygdalus" ist die griechische Bezeichnung für den Mandelbaum, mit dem der Pfirsich verwandt ist. Der Beiname „persica" nimmt auf den ursprünglichen Standort der Wildform Bezug. Im Volksmund kennt man den Pfirsich auch als Persischen Apfel.

Pfirsichbaum in der Pflanzenheilkunde

Blüte und Blätter waren nur in der alten Phytotherapie in Gebrauch. Der Blütentee wirkt gegen Würmer. Hahnemann schreibt in seinem Apotheker-Lexikon: „Man pflegt eine halbe Unze der frischen Blüten oder ein Quentchen der trockenen im Aufguß zu nehmen als eine wurmtreibende Purganz mit vielem Erfolge". Der Blättertee ist abführend und ist wie Sennesblätter zu gebrauchen. Blüten und Blätter enthalten ätherisches Öl, organische Säuren und Amygdalin.

Amygdalus persica in der Homöopathie

Die Urtinktur wird aus den *frischen Blüten* des Pfirsichbaumes hergestellt. Demeures, der mit den pulverisierten Blüten einen Selbstversuch durchführte, berichtete: „Das Sehen war gestört und die Augen gereizt. Geruchs- und Geschmackssinn waren aufgehoben; Schmerzen in *senkrecht verlaufenden Linien*, Herz, Glieder; *Schmerzen unter den Nägeln der großen Zehen* anhaltendes Jucken (Clarke).

Nach Boericke ist Amygdalus persica in der Homöopathie ein äußerst wertvolles Mittel bei *verschiedenen Arten von Erbrechen:* Morgenübelkeit und Erbrechen während der Schwangerschaft; üble Magenreizung der Kinder, welche die geringste Nahrung nicht vertragen, und andauernde Übelkeit mit Erbrechen.

Das Mittel bewährt sich auch bei *Geruch-und Geschmacksverlust*, ferner bei Erkran-

kungen der *Handgelenke und Zehennägel.*
Auffallend ist, daß dieser Konstitutionstyp
an verschiedenen Körperstellen mit *plötzlich
auftretendem Juckreiz* reagiert, was zum ständigen Kratzen veranlaßt. Charakteristisch ist
auch, daß kaum ein Glas Wein vertragen
wird und zur sofortigen Betrunkenheit führt.

Signatur

Das Fruchtfleisch des Pfirsichs, welches
mit roten Adern durchzogen ist, könnte ein
Indiz für die senkrecht verlaufenden, linealen
Schmerzen im Bauchbereich und in der Herzgegend sein.

Abb. 126: Das Fruchtfleisch des Pfirsichs ist mit roten
Adern durchzogen, was als Signatur die senkrecht verlaufenden, linealen Schmerzen charakterisiert.

**Absonderliche Beschwerden:
Amygdalus persica**

Augen:
morgendliches Lichtblenden vor den Augen
 − kann nicht richtig sehen
Gegenstände bewegen sich im Zickzack
auffallend abendliches Fremdkörpergefühl in
 den Augen

Ohren:
an der rechten Ohrmuschel nußgroßer Tumor

Nase:
sehr schmerzhafter Nasenknorpel am Oberkiefer wie durch einen Faustschlag (nur bei
 Berührung)

Gesicht:
linke Unterseite des Kiefers kleine Schwellung

Mund:
in der Mitte der Oberlippe schmerzhaftes
 Empfinden

Magen:
Reizung im Magen-Darm-Trakt mit verlän-
 gerter, spitzer Zunge

Brust:
während den Mahlzeiten stechende, spitze
 Schmerzen unter den kurzen Rippen
linke Brustwarze heftige, tiefe, stichartige
 Schmerzen

Herz:
senkrecht lineal verlaufende Schmerzen in
 der Herzgegend

Bauch:
senkrecht lineal verlaufende Bauchschmerzen

Glieder:
Entzündung im Handgelenk, Fußknöchel
 und Gelenk (mehr links)
während den Mahlzeiten stechende Schmerzen unter Schulterblatt
unter dem Nagel der großen Zehe starke
 Schmerzen beim Drücken mit dem Finger
unter dem Nagel der 4. Zehe Jucken und
 Schmerzen

Hauptindikation:
Erbrechen (Schwangerschaft, Kinder)
senkrecht verlaufende Herz-, Bauch-, Gliederschmerzen
Gewichts- und Geschmacksverlust, Schmerzen unter den Nägeln (großer Zeh)

Vergleiche:
amyg.

Viburnum opulus L./Gemeiner Schneeball

Wenn wir im Wonnemonat Mai am Waldrand den großen Blütenschirmen des Schneeballstrauches begegnen, gibt er uns ein kleines botanisches Rätsel auf. Rund ein Dutzend große, sehr flache, weiße Blüten bilden um die breite Dolde einen regelrechten Saum. Es handelt sich dabei um sterile, d. h. geschlechtslose Schaublüten, die quasi als Reklameschilder zum Anlocken von Insekten dienen. Offenbar weiß der Schneeball um die schlechten Augen der meisten Bienen und Hummeln, so versucht er sie mit diesem Schauapparat der Blüte anzuwerben.

Der Gemeine Schneeball ist ein bis zu 4 m hoher Strauch oder kleiner Baum aus der botanischen Familie der Geißblattgewächse (Caprifoliaceen), der in unseren heimischen feuchten Gebieten, Laub- und Auenwäldern bis auf 1.000 m Höhe zu finden ist. Er bekleidet sich paarweise mit ahornähnlichen, drei-fünflappigen Blättern und weißen Blütendolden, bei denen nur die inneren, kleinen Blüten fruchtbar sind. Blütezeit: Mai bis Juni.

Im Herbst reifen die leicht giftigen, scharlachroten, fast durchsichtigen, erbsengroßen Beeren, welche von den Vögeln nur bei größtem Hunger gefressen werden. Einzig wenn die Seidenschwänze aus Schweden im Winter ins Land ziehen, wird mit dem Fruchtangebot aufgeräumt. Ansonsten hängen die Beeren bis in den Frühling hinein am kahlen Strauch.

Der Gemeine Schneeball wird vom Wolligen Schneeball (Viburnum lantana) unterschieden, der ebenfalls als Wildstrauch in unseren Gegenden vertreten ist. Er besitzt eiförmige Blätter mit wolligen Unterseiten und dichte Trugdoldenblüten, aus denen plattge-

Abb. 127: Die als Saum angelegten Blüten dienen als Reklameschilder zum Anlocken der Insekten.

Abb. 128: Der Wollige Schneeball (Viburnum lantana) besitzt eiförmige Blätter mit wolliger Unterseite.

Abb. 129: Gemeiner Schneeball (Viburnum opulus): Der Blütenstand wird von geschlechtslosen Schaublüten umgeben.

Abb. 131: Kugelrunde Blütenstände des Schneeballs als Zierpflanze im Garten.

Abb. 130: Die Früchte des Wolligen Schneeballs sind zuerst grün, dann rot und später rabenschwarz.

drückte, zuerst grüne, dann rote und später schwarze Beeren wachsen.

Viburnum, der Gattungsname, ist lateinischen Ursprungs und bedeutet „viere = binden – flechten", wegen den zähen, biegsamen Zweigen, die früher als Flechtwerk gebraucht wurden. Opulus ist der Name des Feldahorns bei den alten Römern und wurde in der Botanik infolge der Ähnlichkeit der Blätter auf den Schneeball übertragen. „Schneeball" heißt der Strauch infolge der kugelförmigen Blütenstände, besonders bei verschiedenen Gartenformen (Roseum, Sterile), die zur Zierde um Haus und Hof angepflanzt werden.

Volksnamen: Wasserschneeball, Wasserholler, Weiße Holftere, Blutbeere, Gügger-Beri, Glasbeeren, Geisschäs. Der Schneeball gilt als Wohnstätte von Zwergen, Gnomen und Kobolden. Will man ihnen begegnen,

muß man nach alter Auffassung köstliche Wildfrüchte bereithalten.

Gemeiner Schneeball in der Pflanzenheilkunde

In der Antike wie auch im Mittelalter war der Schneeball medizinisch nicht in Gebrauch. Erst vor geraumer Zeit hat man sich mit den Wirkstoffen aus der Rinde auseinandergesetzt, da sie eine besondere Wirkung bei Neigung zu Abortus, falschen Wehen, Dysmenorrhoe und zur Verhütung vorzeitiger Uteruskontraktionen hervorbringen. Vor allem wird bei diesen Indikationen die nordamerikanische Verwandte Viburnum prunifolium L. verwendet.

Vergiftungen

Bei Überdosierung mit Schneeballrindenextrakt oder bei längerem Gebrauch stellen sich Erbrechen, Schwindel, Sprach-, Bewegungs- und Verdauungsstörungen, Atemnot und Trockenheit des Mundes ein. Die Rinde enthält Valerian-, Ameisen- und Caprylsäure, ferner den schwach giftigen Bitterstoff Viburnin.

Viburnum in der Homöopathie

Die Urtinktur wird aus der *im Herbst gesammelten frischen Rinde* hergestellt. Bei Arzneimittelprüfungen mit tieferen Potenzen traten vorwiegend Krämpfe der weiblichen Unterleibsorgane auf sowie am Gefäßsystem; allesamt mit nervöser Erregung. Viburnum ist in der *Homöopathie ein Krampfmittel besonders bei Dysmenorrhoe* mit kolikartigen Schmerzen in den Beckenorganen (in der Gegend der Eierstöcke beginnend und in die Oberschenkel ausstrahlend), aber auch bei *falschen Wehen,* spastischer Obstipation und Uretherkoliken. Das Mittel ist ferner für sterile Frauen geeignet, die an einer Funktionsschwäche der Fortpflanzungsorgane leiden und deshalb nicht schwanger werden können. Im richtigen Einsatz verhindert es auch *Fehlgeburten,* besonders in den *ersten Schwangerschaftsmonaten.* Letztlich können auch klimakterische Blutungen durch Viburnum geheilt werden.

Leitsymptome: Woran die Viburnum-Konstitution zu erkennen ist

Krampfhafte Menstruationsbeschwerden mit nervöser Reizbarkeit sind die markantesten Merkmale für Viburnum. Auch *herunterziehende, spastische Bauchschmerzen,* so als wolle die *Regel eintreten,* sind ein wichtiges Indiz für die Verabreichung des Mittels. Auffallend bei der *Regel ist der gleichzeitige, wäßrige Durchfall* oder der eigenwillige Zyklus: verzögert und dann nur einige Stunden dauernd, oder verfrüht, zu stark mit *Abgang von Membranen* (Fetzen). Es besteht eine *große Unruhe,* die Patientin kann kaum stillsitzen; Bewegung im Freien bessert. Charakteristisch sind die Schmerzen, die im Rücken und um die Lenden herum beginnen, bis zum Uterus und zu den Oberschenkeln ausstrahlen. Bei zu *starken Schmerzen* kann die Patientin, die oftmals ein *rotes Gesicht* hat, *ohnmächtig* werden.

Viburnum ist aber auch hilfreich bei Neigung zu sehr frühen Fehlgeburten und falschen Wehen, sowie bei schmerzhaften Nachgeburtswehen.

Psychische Verhaltensweisen

Patientinnen, die dieses Mittel gebrauchen, sind oft verwirrt und können sich kaum konzentrieren. Für sie ist es unmöglich, geistige Arbeit zu verrichten. Doch gibt es auch Ausnahmefälle mit außerordentlich geistiger Leistungsfähigkeit, selbst bei starker Tagesbelastung. Ansonsten ist eine *auffällige Ruhelosigkeit während der Menstruation* zu beobachten. Manchmal besteht die Einbildung, daß man beim Einschlafen fallen, oder die Sinnestäuschung, daß man beim Aufsitzen nach vorne taumeln würde. Viele Kranke erkennen am Morgen beim Erwachen ihre Umgebung nicht und Schwangere haben oft Angst, ihr Fötus würde sterben.

Absonderliche Beschwerden: Viburnum

Kopf:
Kopfschmerzen beim Pressen des Stuhlgangs
Kopfschmerz mit feuerrotem Gesicht und Augenbrennen (vor Menses)
Schwindel beim Schließen der Augen

Abb. 132: Viburnum opulus (Bild: scharlachrote, durchsichtige Beeren) ist in der Homöopathie ein Krampfmittel, besonders bei Dysmenorrhöe.

Abb. 133: Viburnum-Konstitution: Krampfhafte Menstruationsbeschwerden, nervöse Reizbarkeit, Regel mit gleichzeitigem Durchfall, rotes Gesicht und Neigung zu sehr frühen Fehlgeburten.

Schwindel mit Neigung nach vorne (nach links) zu fallen

empfindlich gegen Kämmen und Bürsten der Haare (Kent Rep.: arn. 3, bell. 2, bry. 2, carb-v. 2, carb-s., cina, coff., ip., kreos. 2, nit-ac. 2, rhus-t. 2, sep. 2, sil. 3, sulf. 2)

Ohren:
scharfe, zuckende Schmerzen wie von einem Messer
Gefühl, als ob das Ohr an den Kopf geheftet wäre (Tyler)

Nase:
Nasenbluten vor Menses

Mund:
Zunge wird als zu breit empfunden
dauernde Übelkeit − nachts − Bewegung verschlimmert
Aufstoßen oder Erbrechen während Menses

Brust:
Husten in der Schwangerschaft[Synth.]

Herz:
Gefühl, als ob das Herz stehenbleiben würde

Bauch:
plötzliche Krämpfe, kolikartige Schmerzen
Flatulenz während Menses
Bauchweh, als würde die Menses einsetzen

Verdauung:
Untätigkeit des Rektums − Tenesmus
große, harte Stühle wie Kugeln; Kent Rep.: 3-wertig: alumn., alum., mag-m., merc., nat-m., nit-ac., op., plb., sulf.
während Stuhlgang Frostgefühl

Nieren:
kann Urin nicht halten beim Husten oder Gehen
Urin Geruch wie Katzenharn; Kent Rep.: aspar., caj., vib., viol-t. 2

Genitalien:
heftige, herunterziehende Periodenschmerzen; kann nicht stillsitzen oder liegen

Ohnmacht bei Menses
Menses zu spät, spärlich − nur wenige Stunden dauernd mit üblem Geruch
Menses zu früh, stark, mit Membranen
vor Menses nach unten drängende Schmerzen; in Oberschenkel ausstrahlend
Frostgefühl während Menses
drohender Abortus in den ersten Schwangerschaftsmonaten
Wundmachender Weißfluß
unwillkürlicher Samenerguß
Nebenhoden links heftige Schmerzen und Schwellungen

Glieder:
Wadenkrämpfe während der Schwangerschaft
Wadenkrämpfe vor Menses

Rücken:
Gefühl, als ob der Rücken brechen würde
Rückenschmerzen vor und während Menses, wehenartig ausstrahlend zum Uterus

Besser:
Ruhe, Bewegung im Freien

Schlechter:
Liegen auf befallener Seite, warmes Zimmer, abends und nachts, Schneeluft

Bes. Anzeigen:
Neigung zu sehr frühen Fehlgeburten

Hauptindikation:
Krämpfe der Beckenorgane, Dysmenorrhoe (mit Membranen bor., guaj., ust., vib.), zu frühe oder zu späte Menses, falsche (cimic.) Wehen, Nachgeburtswehen (sec., arn.) Sterilität

Vergleiche:
cimic., caul., sep., xan., bell., cham., cupr., coloc., nux-v., sab., gels., lach., puls., mag-p., coca, cact., plat.

Chelidonium majus L./Schöllkraut

Aristoteles (384–321 v. Chr.), der als Vater der Naturgeschichte bezeichnet wird, gibt uns in seinen Dokumenten den Hinweis, daß die Menschen schon frühzeitig auf das Schöllkraut aufmerksam wurden. Sie beobachteten nämlich, wie die Schwalbenmütter ihren blinden Jungen den Milchsaft der Pflanze in die Augen träufelten. Aus diesem Grunde steht im Wappenbild des Schöllkrautes eine Schwalbe, wie aus der Nomenklatur ersichtlich wird: Chelidonium stammt vom griechischen Wort „chelidon" (= Schwalbe) ab. „Majus", der Beiname, bedeutet erhöht, stattlich oder erhaben, und steht im Gegensatz zu Chelidonium minus. Dies ist die Bezeichnung für das kleine Schöllkraut, wie früher das Scharbockskraut − ein Hahnenfußgewächs (Ranunculus ficaria) − genannt wurde.

Tatsächlich können wir auch heute feststellen, wie die Schwalben das Schöllkraut im freien Flug einsammeln, um mit dem Saft, der aus den abgebrochenen Stengeln hervorfließt, die verklebten Augen ihrer neu ausgeschlüpften Sprößlinge zu behandeln. Gerade in der Zeit, wenn die Jungen aus den Eiern schlüpfen, sind ihre Sehorgane oft mit einer klebrigen Masse verkrustet. Die Schwalbenmutter weiß sich zu helfen, obwohl sie die Anwendung in keinem Kräuterbuch nachgelesen hat. Ein Lehrgedicht aus der alten Schule von Salerno berichtet:

„Schöllkraut ist den Augen gesund,
das wird uns von den Schwalben kund!"

Im Volksmund heißt die Pflanze auch Schwalbenkraut, Gelbkraut, Warzenkraut, Geschwulstkraut, Goldkraut, Trüdenmilch, Hexenmilch und Ogenklar.

In ganz Europa ist das Schöllkraut bis auf 1.500 m Höhe im Umkreis von menschlichen Siedlungen, auf Schuttplätzen, Ödstellen, an

Abb. 134: Das Schöllkraut ist als Ruderalpflanze im Umkreis von menschlichen Siedlungen anzutreffen.

Mauern und Hecken zu finden. Es scheint eine gewisse Vorliebe für Schlösser und Mauern zu haben. Demzufolge wird das Schöllkraut als Ruderalpflanze bezeichnet. Das sind Pflanzen, die im besonderen in der Nähe von menschlichen Behausungen gedeihen.

Als man z. B. zwischen den Dörfern Oppertshofen und Mauern bei Donauwörth mitten im Wald große Teppiche von Schöllkraut fand, war man anfangs darüber sehr verwundert. Später aber gruben Archäologen an der Stelle in die Tiefe und fanden ca. einen Meter unter der Erde Reste eines römischen Gebäudes. Auf diese Weise ist durch das Schöllkraut schon manch verschollene Behausung wiederentdeckt worden.

Oft fragen wir uns, wenn wir den Pfad des Schöllkrautes verfolgen, wie es möglich ist, daß die Pflanze an Mauern in Ritzen und Spalten, oft in schwindelerregender Höhe wachsen kann. Das Schöllkraut ist ein sogenannter Ameisenwanderer. An den kleinen schwarzen Samen hängen weiße Schwielen,

Abb. 135: Schöllkraut (Chelidonium majus) wird von den Schwalben als Heilmittel verwendet.

d. h. weiße, ölhaltige Anhängsel (Arilli), welche von den Ameisen vertilgt werden. Nach dem Abbeißen der Schwielen lassen sie die Samen liegen oder schleppen sie mit sich auf ihren Straßen. So gelangt das Schöllkraut oft in Spalten von Mauern, wo es sich in kaum einem Quentchen Humus entfalten und vermehren kann.

Das Schöllkraut ist ein mehrjähriges Mohngewächs (Papaveracea), ca. 30 bis 70 cm groß, und ist leicht am gelben Milchsaft, der beim Abbrechen aus den Stengeln hervorfließt, zu erkennen. Die Pflanze beginnt ihr Wachstum mit einer grundständigen Blattrosette. Am aufsteigenden Stengel sprießen wechselständige, weich behaarte, graugrüne, bläulich bereifte, buchtige, gekerbte, fiedrig gelappte Blätter hervor. Die Blüte ist eine zwei- bis sechsblütige Dolde von goldgelber Farbe, die mit vier Kronblättern und vielen Staubgefäßen ausgebildet ist. Blütezeit: Mai bis Juni. Im August bis September reifen

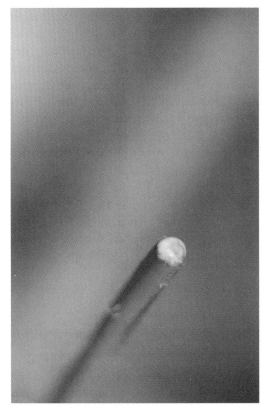

Abb. 136: Gelber Milchsaft, der an den abgebrochenen Stengeln des Schöllkrautes hervorbricht.

schnabelförmige, schotenähnliche, ca. 5 cm lange, aufrecht stehende Fruchtkapseln, die zweilappig aufspringen und schwarze Samen hervorbringen.

Schöllkraut in der Pflanzenheilkunde

Dem Schöllkraut wurde schon im Altertum große Heilkraft zugeschrieben. Dioskurides und Plinius empfahlen es bei Gelbsucht und Leberleiden. Die Alchemisten der alten Zeit verwendeten es sogar bei der Suche nach dem „Stein des Weisen" und nannten es „Coeli donum", was Himmelsgabe heißt und im Volksnamen „Goldkraut" zum Ausdruck kommt. Paracelsus, der die Gabe der Signaturenlehre beherrschte, sah im Schöllkraut ein Zeichen für die Heilkraft auf Leber und Galle. Der gelbe Saft und die gelben Blüten waren für ihn eine direkte Heilanzeige. In einem alten Kräuterbuch ist in diesem Sinne zu lesen: „Mit diesem gelben Saft zeigt die gütige Natur der leidenden Menschheit an, daß diese Pflanze ein Medikament gegen Gelbsucht ist."

Des weiteren weiß Gottfried Rademacher, ein Schüler des bekannten Arztes Hufeland zu berichten, daß der Maler Albrecht Dürer, der auf seiner niederländischen Reise im Jahre 1520 in Zeeland an Malaria erkrankte und dann mit einem Milztumor und Leberschwellung dahinsiechte, auch das Schöllkraut zur Linderung verwendete. Seinem Arzt sandte er ein Selbstbildnis, auf welchem er die schmerzende Stelle eingezeichnet hatte.

In der Tat ist das Schöllkraut ein Heilmittel für die Leber und Galle, nur muß es in richtiger Dosierung verwendet werden. Die Pflanze ist vor allem Cholerikern zu empfehlen, denen oft die Galle überläuft. Hier bringt das Schöllkraut mit seinen goldgelben Blüten Sonne und Harmonie ins Stoffwechselgeschehen.

Verantwortlich für den leberwirksamen Heileffekt sind Wirkstoffe, bestehend aus rund 24 opiumähnlichen Alkaloiden: Chelidonin, Spartein, Berberin, Sanguinarin, Che-

Abb. 137: Das pflanzliche Lebermittel besitzt schnabel-förmige, schotenähnliche Fruchtstände.

lerythrin usw., ferner ätherisches Öl, Enzyme, Chelidonsäure und Glauciumsäure. Der Hauptwirkstoff Chelidonin wurde bereits 1824 vom Forscher Godefroy entdeckt. In diesem Wirkstoffgefüge zeigt das Schöllkraut krampflösende, schmerzstillende, gallense-kretionsfördernde, abführende und warzen-vertilgende (zellteilungshemmende) Eigen-schaften. Selbst in der Krebstherapie wird Chelidonium neuerdings eingesetzt.

Vergiftungen

Die opiumartigen Alkoloide des Schöll-krautes können bei falscher Dosierung zu Be-schwerden führen wie Reizung des Magen-Darm-Traktes mit Brennen, Schmerzen, Übelkeit, Erbrechen und Durchfall, ferner Harndrang, Schwindel, Benommenheit, Kreislaufstörungen und Kollaps. Beim äußerlichen Kontakt können an der Haut Geschwüre und Blasen entstehen.

Chelidonium in der Homöopathie

Schöllkraut − Chelidonium
Kannte schon das Altertum,
Heut noch wendet jedermann
Es bei kranker Leber an.

Gelb und bitter ist sein Saft
Und dieselbe Eigenschaft
Ist bei allen Leberkranken
Regelmäßig fast vorhanden.

Gelb gefärbt ist hier die Haut,
Bitter alles, was man kaut;
Darum paßt es ganz genau
Gleicherweis' für Mann und Frau

Nach dem Ähnlichkeitsprinzip
Wie es Hahnemann beschrieb.

(E. Gardemin, „Homöopathische Reimre-geln", Karl F. Haug Verlag, Heidelberg)

Die Urtinktur wird aus dem frisch *blühen-den Kraut hergestellt.* Chelidonium wurde verschiedenen Arzneimittelprüfungen unter-worfen, wobei die erste von Hahnemann selbst durchgeführt wurde. Die deutlichste Wirkung zeigte sich in einer Hemmung der Gallensekretion und in einer krampflösenden Wirkung der Gallenwege. Das Mittel ist in der *Leber-Gallen-Therapie* von größter Be-deutung und steht Lycopodium sehr nahe.

Hering berichtet: „Diese schon im Alter-tum berühmte Arzneipflanze konnte sich auch durch das Mittelalter hindurch ihren Ruf bewahren. Die Pflanze wurde bei ernsten Leberstörungen verabreicht, entsprechend der Signaturenlehre. Ihr Platz in der Materia medica ist gut abgesichert durch zahlreiche klinische Berichte, die die Prüfungen bestä-tigen."

Leitsymptome:
Woran die Chelidonium-Konstitution zu erkennen ist

Bedeutendstes Merkmal von Chelidonium ist ein *ständiger Schmerz unterhalb des rech-ten Schulterblattwinkels.* Es handelt sich aus-gesprochen um ein *rechtsseitiges Mittel.*

Abb. 138: Chelidonium ist in der Homöopathie bei ständigen Schmerzen unterhalb des rechten Schulterblattes, sowie bei Leberbeschwerden, die die rechte Körperhälfte betreffen, angezeigt.

Dieses charakteristische Symptom kann laut Nash vor allem in Zusammenhang bei Gelbsucht, Husten, Durchfall, Lungenentzündung, Menstruation, Verlust der Muttermilch, Erschöpfung oder anderen Erkrankungen in Erscheinung treten. Immer wenn diese Lokalität vorhanden ist, sollte man an Chelidonium denken. Es handelt sich dabei um Kranke mit *gelbsüchtiger Haut* und *gelbgefärbten Augen* und *druckempfindlicher, geschwollener Leber.* Es können aber auch Personen sein mit blasser Gesichtsfarbe, mager und reizbar und eingefallenem, ängstlichem Aussehen. Sie klagen über *Leber- und Bauchschmerzen,* die vor allem in der *rechten Körperhälfte* auftreten (Kopfneuralgie). Der *Stuhl* ist *lehmfarbig,* goldgelb gefärbt, vielfach ist auch goldgelber oder dunkler Urin vorhanden. Alle Störungen *verschlechtern* sich bei *kaltem, rauhem Wetter, Wetterwechsel und bei Berührung; bessern* sich aber im *warmen Zimmer durch Trinken von heißen Getränken.* Die *Zunge* ist oftmals *dick und gelb überzogen* und mit Zahneindrücken versehen. Es besteht ein *Verlangen nach heißer Milch,* nach *saurem Wein,* jedoch eine *Abneigung gegen Käse und Fleisch.* Außer heißen Getränken kann nichts im Magen behalten werden: weiches, galliges Erbrechen. Vielfach können sich die Beschwerden *morgens nach dem Erwachen verschlimmern.*

Psychische Verhaltensweisen

Chelidonium-Patienten sind oftmals außergewöhnlich niedergeschlagen, müde und erschöpft (außergewöhnlich schläfrig am Tag). Bei ihren Beschwerden *glauben sie sterben zu müssen* oder sie sind in Angst, ein großes Verbrechen (unverzeihliche Sünde) begangen zu haben. Sie fürchten sich, verrückt zu werden und *denken an Selbstmord.* Auch besteht große Angst, daß etwas Schreckliches geschehen würde. Der Kranke *weint voller Verzweiflung und erwartet von anderen Zärtlichkeit.* Andere wiederum können in *zornige Ausbrüche* geraten und sich über die geringsten Kleinigkeiten ärgern. Wieder andere sind unfähig zu denken, sind benommen und vergessen alles, was sie tun sollten oder getan haben. Morgens vergessen sie sich zu rasieren oder sich anzukleiden. Einzelne bilden sich ein, ein Soldat zu sein. Ansonsten besteht eine gewisse Ängstlichkeit um 18 Uhr sowie bei Körperübungen.

Signatur

Der gelbe Saft, welcher aus den abgebrochenen Stengeln des Schöllkrautes hervortritt, weist in verschiedener Beziehung auf Leber-Gallen-Beschwerden hin, sei es die Gelbfärbung der Haut, Augen, Zunge, Stuhl oder Urin, ferner auf das gallige Erbrechen.

Absonderliche Beschwerden: Chelidonium

Schlaf:
Schlafsucht am Tag – schläft im Sitzen ein[Synth.]: nux-v. 3, cina 2, nat-m. 2, nat-h. 2, sep 2.
träumt von Leichen, Begräbnissen oder ein Soldat zu sein
Schwindel mit Leberstörungen, Tendenz nach vorne zu fallen

Bewußtlos morgens beim Erwachen, bei Gelbsucht, Lungenentzündung oder beim Reiben der Fußsohlen, oder abends beim Entkleiden

Kopf:
Kopfschmerz über dem rechten Auge — rechtsseitiger Kopfschmerz
Kopfschmerz erstreckt sich zum rechten Schulterblatt
Zucken des Kopfes bei Berührung oder Bewegung
Kopf fühlt sich schwer wie Blei an

Augen:
Skleren der Augen gelblich gefärbt
Tränen strömen auffallend aus dem Auge (rhus-t.)
verdrehte Augen bei Lungenentzündung

Ohren:
Ohrgeräusche wie entfernte Kanonenschüsse
Ohrgeräusche beim Schließen der Augen
Ohr eines kalt, das andere heiß oder normal
weißlicher, breiartiger Ohrenschmalz

Nase:
fächerartige Bewegungen des Nasenflügels (lyc.)
zittrige Empfindung der Nasenspitze

Gesicht:
gelbe Gesichtsfarbe

Mund:
pappiger, ekliger, bitterer Geschmack, dick gelb belegte Zunge
rechtsseitige Angina, dahinschleppend

Magen:
Magenschmerz strahlt ins recht Schulterblatt aus
Abneigung Käse — Fleisch, Verlangen heiße Milch

Brust:
Bronchitis, besonders rechter Unterlappen
rechte Lungenentzündung, Verschlimmerung durch Berührung (Bryonia verlangt Druck auf die kranke Stelle)

Stiche durch die Rippen der rechte Seite
Schmerzen rechte Seite der Brust — behindert Atmung
kleine Schleimklumpen fliegen beim Husten aus dem Mund

Bauch:
Stiche in der Lebergegend
Wundheitsgefühl in der Lebergegend (merc. hat ebenfalls das Wundheitsgefühl der Leber und die Zahneindrücke der Zunge, aber es hat im Gegensatz schleimige Stühle mit Drang, als könne man nicht fertig werden.)

Verdauung:
Durchfall besser nach heißer Milch oder Wein
Verstopfung mit ballartigen Stühlen, Schafskot
hellgelber, lehmfarbener Stuhl, graufarbige Kittstühle

Nieren:
Harn bräunlich-grünlich, goldgelb
reichlich schäumender gelber Urin wie Bier

Haut:
welke Haut, gelbfarbene Haut

Glieder:
Schmerzen in der rechten Hüfte, ausstrahlend bis Unterleib
rechter Fuß kalt, linker normal
eiskalte Fingerspitzen
unerträgliche Schmerzen in den Füßen wie durch enge Schuhe eingeklemmt

Rücken:
Stechende Schmerzen unter dem rechten Schulterblatt
Hals steif — nach links gezogen

Besser:
warmes Zimmer, warme Getränke, heiße Milch, sehr heißes Wasser

Schlechter:
kaltes, rauhes Wetter, Wetterwechsel, Berührung

Besondere Anzeigen:
biliöse Beschwerden während der Schwangerschaft, Lungenentzündung mit Gelbsucht, chronische Angina rechts, rechtsseitige Lungenentzündung, Bewußtlosigkeit bei Gelbsucht

Hauptindikation:
Gelbsucht, Gallenkolik mit großer Hitze, Gallenblasenentzündung, Gallensteine, ein Lebermittel, das nach Voegeli selten ver-sagt, ferner bei Neuralgie über rechtem Auge, rechtes Jochbein, rechtes Ohr, mit starkem Tränenfluß und primären Leberschmerzen, Lungenentzündung (besonders der Kinder), Durchfall

Vergleiche:
bell., card-m., chin., lyc., merc., chion., sang., berb., chen-a., cimic., bry., sep.

Abb. 139: Pfingstrose (Paeonia officinalis) – blüht zur Pfingstzeit wildwachsend im Tessin auf dem Monte Generoso.

Paeonia officinalis L./Pfingstrose

Die Pfingstrose glüht und blüht zur Pfingstzeit, nicht nur im Garten, sondern auch wildwachsend in der freien Natur, so z.B. im Tessin auf dem steilen Pfad von Rovio zum Monte Generoso bei der Alp Perostabbio.

Es handelt sich dabei um ein Hahnenfußgewächs (Ranunculacea), das 50 bis 100 cm groß wird und eine knollenartige, verzweigte Wurzel besitzt. Daraus steigen unverzweigte Stengel mit doppelt-dreizähligen Laubblättern und endständigen, dunkelroten Blütenköpfen empor. Die Blüte ist aus fünf Kelchblättern und fünf bis acht Kronblättern zusammengesetzt. Die zahlreichen Staubblätter in der Mitte sind im Grund zu einem Drüsenring vereinigt. Blütezeit: Mai. Die Frucht ist eine Balgfrucht.

Ursprünglich stammt die Pfingstrose aus Japan und den Südhängen des Himalaja. Wild wachsend ist sie im südlichen Europa vertreten. Die im Garten angebauten Pfingstrosen mit gefüllten Blüten sind Zuchtformen.

Abb. 140: Die dunkelroten Blütenköpfe der Pfingstrose besitzen zahlreiche Staubblätter, die zu einem Drüsenring vereinigt sind.

Nach einer antiken Sage trägt die Pfingstrose den Namen des griechischen Götterarztes Paeon, der mit der Wurzel Pluto, den Gott des Unterirdischen, geheilt haben soll.

Die Pfingstrosen duften angenehm nach Maiglöckchen und lindern das Kopfweh, deshalb werden sie auch Kopfwehrosen genannt. Den kleinen Kindern soll man früher, wenn sie an Kindsweh litten, zwei Würzelchen um den Hals gelegt haben, was zur Volksbezeichnung Chindswehrosen führte. Ansonsten ist die Pflanze als Ballerose, Knopfrose, Pumprose, Blutrose, Fürrose, Schreckrose und Bauernpaeonien bekannt.

Pfingstrose in der Pflanzenheilkunde

Die Pfingstrosenwurzeln, insbesonders männlicher Pflanzen, waren schon in der Antike als Heilmittel bekannt und zwar als Arznei bei Epilepsie — „die fallend Sucht." Dioskurides und Plinius lobten sie bei schlechten Alpträumen. Heutzutage ist Paeoniae radix kaum mehr im Gebrauch, vereinzelt bei spastischen Zuständen und als Hämorrhoiden-Salbe.

Vergiftungen

Die Wurzel enthält Stoffe wie Anemonol und das Alkaloid Peregrinin, welche bei Überdosierungen zu Magen-Darmentzündungen, Erbrechen, Durchfall, Kolik, Schlingbeschwerden, Taubheit und Kälte der Extremitäten führen.

Paeonia in der Homöopathie

Die Urtinktur wird aus der im Frühjahr *gegrabenen Wurzel* hergestellt. Die Arzneimittelprüfung brachte folgende Kennzeichen hervor: Blutandrang zum Kopf mit kongestiven Kopfschmerzen, entzündliche Reizungen der Augen, der Nase und des Rachens, Brustschmerzen mit Hitze, Beklemmung und Blutandrang, Afterjucken, ängstliche Erregung und Depression.

In der Homöopathie wird Paeonia gerne bei *epileptischen Krämpfen während der Zahnung* (Kent Rep.: acon. 2, aeth. 2, art-v., bell. 2, calc. 3, cham. 3, cic. 2, cina 2, cupr. 2, hyos., ign., kreos. 2, merc., podo. 2, stann. 2, stram. 2), bei *Krampfdiathese der Kinder,* ferner bei *Analekzem, Analfissuren, Hämorrhoiden,* Blasenkrämpfen, Asthmakrämpfen und *Geschwüren der unteren Körperhälfte* eingesetzt.

Leitsymptome:
Woran die Paeonia-Konstitution zu erkennen ist

Paeonia-Patienten haben oftmals ein *rotes, gedunsenes Gesicht mit Blutandrang zum Kopf* und *Hitzegefühl.* Wahlanzeigend sind die Symptome von *Rektum und Anus* mit *schrecklichen Schmerzen nach dem Stuhlgang, verbunden mit anschließendem Frostgefühl* und stinkenden Absonderungen. Afterjucken und -brennen, geschwollener Darmausgang, *stinkendes Geschwür*, wundmachende Sekrete und *starkes Hervortreten der Hämorrhoiden*

mit purpurroter Farbe sind weitere Merkmale. Auffallend ist die Geschwürbildung nicht nur im rektalen Bereich, sondern auch an den unteren Extremitäten (Bein, Fuß, Zehe) und an der weiblichen Brust.

Psychische Verhaltensweisen

Es handelt sich vielfach bei Paeonia um ängstliche, erregte, bedrückte, mürrische und depressive Patienten, die bei schlechten Nachrichten Beschwerden bekommen. Oftmals machen sie *gebärdenhafte Gesten,* so als möchten sie nach *etwas haschen oder greifen.*

Signatur

Die dunkelrote Blüte der Pfingstrose, aber auch die knollenartige Wurzel, läßt sich mit den hervortretenden, „glühenden" Hämorrhoiden vergleichen, die beim Stuhlgang oftmals sichtbar werden. Die Blütenfarbe hat auch etwas mit der Kopfhitze und dem Blutandrang zum Kopf gemeinsam. Für mich gibt es, wenn ich in die Pfingstrosenblüte schaue, ein analoges menschliches Paeonien-Gesicht.

Abb. 141: Paeonia-Konstitutionen besitzen ein rotes, gedunsenes Gesicht mit Blutandrang zum Kopf und stark hervortretende, rote Hämorrhoiden.

Abb. 142: Fruchtstand der Pfingstrose: Signatur für die stark hervortretenden „glühenden" Hämorrhoiden.

Absonderliche Beschwerden: Paeonia

Schlaf:

träumt, Gespenst sitzt auf der Brust und behindert den Atem

träumt von Streitigkeiten, Tod der Verwandten, erotisch

Zusammenfahren beim Einschlafen, Schlafwandeln

Kopf:

Kopfschmerz mit Hitzegefühl und Blutandrang, rotes, gedunsenes, brennendes Gesicht

Schwindel wie betrunken, besonders bei Bewegung des Kopfes

wird im warmen Zimmer bewußtlos oder schwindlig

Augen:

Brennen der Augen

Ohren:

Klingen, Rauschen, Sausen in den Ohren

hört Schläge in den Ohren

Nase:

Jucken der Nasenspitze[Synth.]

Gesicht:

rot, Blutandrang, brennende Hitze

Brust:

Stechen in der Brust bei jedem Atemzug (senkrechte Stiche)

Bauch:

eingezogen, hart

Herz:

Herzschmerzen erstrecken sich zum linken Schulterblatt mitten durch das Herz

Verdauung:

Jucken und Nässe des Afters mit stinkenden Sekreten

Geschwüre mit übelriechenden Absonderungen am Darmausgang

Analöffnung geschwollen

Brennen nach Stuhlgang mit innerer Frostigkeit

Geschwür am Perineum = Damm

Abszeß unter dem Steißbein

Nieren:

Blasenhals zusammengeschnürt – Urin geht nur tropfenweise ab

Genitalien:

äußere, weibliche Genitalien geschwollen

Haut:

allgemeine Geschwürsbildung, bes. untere Extremitäten, Rektum und Mammae, Steißbein, Kreuzbein-Gegend

Schlechter:

kaltes, nasses Wetter

Hauptindikationen:

epileptische Krämpfe bei der Zahnung

Krampfdiathese der Kinder

Kopfschmerzen mit Hitze und Blutandrang

Hämorrhoiden, Analfissuren, Analfistel, Rhagaden am Darmausgang (Paeoniensalbe)

Blasenentzündung

nächtliche Alpträume

Vergleiche:

rath., graph., sulf., nitr-ac., aesc., hama., merc., sil.

Abb. 143: Zistrosen besitzen äußerst kälteempfindliche Seidenblüten.

Cistus canadensis L./Zistrose

Wer einmal den Frühling im Mittelmeergebiet in vollen Zügen genießen möchte, wird an den Zistrosen nicht vorbeigehen können. Zauberhaft und magnetisch wirken sie mit ihren verschiedenfarbigen, meist hellrot-violetten Seidenblüten im Dickicht an steinigen Hängen oder in den Macchien neben Lavendel, Ginster, Rosmarin und Salbei. Der ein bis zwei Meter hohe Strauch trägt das Symbol der Sonne und Wärme in sich, ist aber äußerst kälte- und frostempfindlich. Nicht umsonst heißt die Pflanze im Englischen „ice-plant" oder „frostweed." Wenn wir die Pflanze am kühlen Morgen unter die Lupe nehmen, sehen wir an ihr, nicht wie bei anderen Gewächsen glitzernde Tautropfen, sondern Eiskristalle, die an den grundständigen Trieben stehen. Diese Erscheinung hat schon manchen Botaniker ins Rotieren gebracht. Woher schöpft die Zistrose diese Kälte, um die Eiskristalle bilden zu können? Wahrscheinlich speichert sie den Frost im eigenen Körper und bringt ihn beim Morgentau ans Tageslicht.

Wenn wir die Nase an die Blüten heranführen und tief einatmen, gehen wir völlig leer aus. Die Zistrose besitzt nämlich keinen Blumenduft. Nur das Blattwerk verströmt einen herb-aromatischen Geruch, das sogenannte ätherische Öl „Ladanum", welches aus den Drüsenhaaren abgesondert wird. Vermutlich ist dieses Ladanum (Cistus ladanifer) mit der biblischen Myrrhe identisch. Heute noch wird auf den griechischen Inseln das Blätterharz für Weihrauch verwendet.

Eigenartig ist die frühere Art der Gewinnung dieses klebrigen Stoffes. Ziegen wurden durch das Zistrosendickicht getrieben, wobei an ihren Haaren das klebrige Harz hängen blieb. Anschließend schnitt man den Tieren die harzverklebten Haare ab und kochte sie in Wasser. Nach der Abkühlung blieb auf der Oberfläche des Wassers eine verdichtete Masse zurück, die sich leicht auflösen ließ. Heute jedoch wird dieses Harz durch Alkoholextraktion direkt von der Pflanze gewonnen und für verschiedene kosmetische Produkte eingesetzt.

Die Zistrose stammt aus der botanischen Familie der Zistrosengewächse (Cistaceen) und ist mit unserem heimischen Sonnenröschen (Helianthemum nummularium), welches in der Bach-Blüten-Therapie eingesetzt wird, nahe verwandt. Die Pflanze blüht vom Mai bis August. Große schalenförmige, verschiedenartige, ungefüllte, an Wildrosen erinnernde Blüten tragen in ihrer Mitte einen dichten Kranz von leuchtendgelben Staubblättern, sowie einen gut sichtbaren kräftigen Fruchtknoten. Ihr Blütenfest dauert nur wenige Stunden; bereits kurz vor Mittag fallen die Einzelblüten ab und verwelken. Doch täglich erscheinen aus den zahlreichen Knospen neue Blütenscheiben, die in ihrer Beschaffenheit äußerst zart wie Seidenpapier sind. Der Frost kann an ihnen großen Scha-

Abb. 143a: Sonnenröschen (Helianthemum nummularium) unserer Bergregionen ist mit der Zistrose verwandt.

den anrichten. Nicht umsonst heißt die Pflanze auch Frostkraut oder Felrose.

Der Gattungsname „Cistus" stammt von der alt-griechischen Bezeichnung „Kistos". Der Beiname „canadensis" bedeutet „in Kanada beheimatet". Cistus canadensis ist in Nordamerika und Kanada zu Hause. Die Pflanze ist auch unter dem Namen Helianthemum canadense Michx. bekannt. Im Mittelmeer wachsen die Sternhaarige Zistrose (Cistus incanus), die Silberweiße Zistrose (Cistus albidus), die Kretische Zistrose (Cistus villosus ssp. creticus), die Krausblättrige Zistrose (Cistus cripus), die Kleinblütige Zistrose (Cistus parviflorus) und die Salbeiblättrige Zistrose (Cistus salvifolius).

Auch bei uns gedeihen die Sträucher, wenn man sie in lehmhaltige Erde, geschützt vor Frost und Kälte einschlägt und im Winter in einen kühlen Raum stellt (nur mit so viel mit Wasser begießen, daß der Stock nicht austrocknet).

Im Ziergarten unterscheidet man verschiedene Arten mit verschiedenfarbigen Blüten: Cistus populifolius var. lasiocalyx mit großen Blütenblättern; Cistus ladanifer mit klebrigen und gekräuselten Blüten, die am Grund einen braunen Fleck tragen; Cistus laurifolius mit länglichen Blättern und gelbem Blütengrund; Cistus ciprinus mit dunklen Flecken und Cistus x lusitanicus mit flaumigen Blättern und Stengeln.

Die Zistrose in der Pflanzenheilkunde

In Nordamerika ist die Zistrose seit alter Zeit für brandige Geschwüre bekannt. Ansonsten wird sie in der Phytotherapie für lymphatische Patienten mit Neigung zu Erkältung, Drüsenschwellung, Drüsenverhärtung (Halsdrüsen), Brustdrüsenverhärtungen, eitrigem Ohrenfluß und Neuralgien der Arme verordnet.

Vergiftungen

Neben ätherischem Öl und Harz enthält die Pflanze 10% Glykoside und Gerbstoffe, die zwar nicht giftig sind, aber in Überdosierung schädliche Wirkung erzeugen können. Früher soll bei einer Überdosierung des Tees gegen Scharlach während der Anwendung eine Verhärtung der weiblichen Brustdrüse aufgetreten sein.

Cistus canadensis in der Homöopathie

Die Zistrose (Cistus canadensis) wurde im Jahre 1835 durch Bute in die Homöopathie eingeführt. Die Urtinktur wird aus der *frischblühenden Pflanze* hergestellt, und zwar von der in Kanada und USA wachsenden Helianthemum canadense Michx. mit gelben Blüten, ähnlich wie unsere Sonnenröschen. Cistus ist ein tief wirkendes *Antipsorikum* mit deutlichem *Einfluß bei Drüsenbeschwerden (Schwellung, Entzündung und Verhärtung).* Kent Rep.: Halsdrüsenschwellung hart: bar-m., calc. 2, con. 3, jod., lyc., merc., sars., sil. 3, und *herpesartigen Ausschlägen.* Es ist angezeigt bei *malignen, bösartigen Halsdrüsenerkrankungen, bei Entzündungen im Nasen-Rachenraum und des Zahnfleisches.* Letztlich *verhindert Cistus rezidive Erkältungen.*

Abb. 144: Kanadische Zistrose/Cistus canadensis.

Abb. 145: Die Kretische Zistrose ist mit der gelbblühenden Kanadischen Zistrose nahe verwandt.

Kent schreibt: „Bei einem 19jährigen Mädchen waren die Halsdrüsen groß und hart, besonders die Parotisdrüse (Ohrspeicheldrüsen). Die Kranke hatte übelriechenden Ohrenfluß, die Augen waren entzündet und eiterten, es bestand Fissuren in den Augenwinkeln, die Lippen waren aufgesprungen und bluteten und es bestand ein nässendes Ekzem an den Fingerenden. Calcera half nicht. Cistus aber heilte. Cistus sollte deshalb noch mehr geprüft werden."

Leitsymptome:
Woran die Cistus-Konstitution zu erkennen ist

Die Cistus-Konstitution ist *äußerst kälteempfindlich,* fühlt die Kälte am ganzen Körper, *fröstelt innerlich, selbst im warmen Zimmer* und empfindet die Kälte auch im Mund,

im Hals, im Kehlkopf, in der Luftröhre, im Magen oder im Darm. Es handelt sich vielfach um *lymphatische Patienten* mit großer *Neigung zu Erkältungen,* bei denen *fast jeder Katarrh auf den Hals schlägt: Anschwellen der Halsdrüsen mit großer Härte* (manchmal perlschnurartig) und eiternder Entzündung. Die *Schmerzen nehmen mit der Kälte zu* und je mehr sie schwitzen, umso größer ist das Frostgefühl. Auch können herpesartige Ausschläge sich bemerkbar machen (Hände, Finger oftmals rissig), ferner verschlechtern sich die Symptome *bei Aufregung,* geistiger Anstrengung (fühlt sich danach wie gelähmt), nachts von *22 bis 6 Uhr* oder um Mitternacht.

Psychische Verhaltensweisen

Cistus-Konstitutionen sind oft *schlaffe, kränklich aussehende, bleiche Personen,* die aber vielfach nach dem Abendessen oder beim Essen eine fröhliche, heitere Stimmung an den Tag bringen. Nach Ärger, Zorn oder übler Laune *fühlen sie sich wie gelähmt,* oftmals besitzen sie die Einbildung, als ob sie gelähmt wären.

Abb. 146: Cistus villosus ssp. creticus stammt aus dem Mittelmeergebiet und wird in der Homöopathie nicht verwendet.

Signatur

Für die Kälte hat die Zistrose wohl kaum etwas übrig. Dies erkennen wir, wenn wir die taubeschlagenen Zweige mit ihren Eiskristallen bewundern. Auch die menschliche Cistus-Konstitution besitzt gegenüber der Kälte überhaupt keine Lederhaut, um den Frost abzuwehren; im Gegenteil, sie ist diesbezüglich so zart und fein geartet, ähnlich wie die seidenpapierartigen Zistrosenblüten. Bei Frosteinwirkung werden sie starr, gleich wie die/der Cistus − Kranke unter geringstem Kälteeinfluß lahm und unbeweglich wird. Einen besseren Signaturenvergleich gibt es wohl nicht!

Absonderliche Beschwerden:
Cistus canadensis

Schlaf:
kann vor Kälte nicht einschlafen

Kopf:
Kopfschmerzen durch Frösteln
inneres Frostgefühl an der Stirn
beim Bücken fällt der Kopf nach vorne
Kopfschmerz an der Stirn, wenn lange auf das Essen gewartet werden muß (lyc).

Augen:
Risse in den Augenwinkeln

Ohren:
aus den Ohren läuft Eiter und Wasser
Absonderungen nach unterdrückten Hautausschlägen[Synth.]
herpesartiger Ausschlag um die Ohren
entzündliche Schwellung der Ohrdrüsen, im Gehörgang, um die Ohren, bis zur Wange reichend

Gesicht:
Jucken, Brennen, offener blutender Krebs (Lupus carcicomatosus)
Gefühl, als würden die Gesichtsmuskeln einseitig schief gezogen

Nase:
Nasenspitze schmerzhaft
brennendes Kältegefühl in der Nase

Krebs (Ulcus rodens − rodere = nagend) auf der Nasenspitze; anan., carb-a., sulf.

Mund:
Kältegefühl im Mund, Hals, Kehlkopf, Zunge
jedes kalte Lüftchen führt zu Halsweh
Schwellung und Eiterung der Halsdrüsen
Kopf auf die Seite gezogen durch Halsschwellung
aufgesprungene Lippen bluten leicht
eitriger Ausfluß im Mund, Zahnfleischentzündung (merc-c., caust., staph., kreos.)
geschwollenes, blutendes, eitriges, faulendes Zahnfleisch

Magen:
Kältegefühl im Magen
Verlangen nach Käse (Kent Rep.: arg-n., aster., cist. 2, ign., mosch., puls.), scharfe Sachen, Hering, saures Obst

Brust:
Gefühl, als ob Atemluft eiskalt in die Brust ziehen würde
Entzündung und Eiterung der Mammae, Verhärtung, Karzinom

Bauch:
Kältegefühl im Bauch

Verdauung:
Durchfall nach Kaffee oder saurem Obst

Haut:
Nacken voll von Tumoren
mercurialische Geschwüre, Herpes

Glieder:
Fingerspitzen äußerst kälteempfindlich
Haut an Händen und Fingern tiefe Risse
Beulen an den Fingern im Winter und im kaltem Wasser

Rücken:
Ausschlag auf dem Rücken wie Gürtelrose
Maligne Entartung der Nackendrüsen
bei Menstruation Schmerzen im Steißbein

Besser:
nach Essen, bei großer Wärme

Schlechter:

geringste Kälte, kalte Luft, geistige Anstrengung, Berührung, Zorn, Erregung, Mitternacht, nachts 22 bis 6 Uhr

Besondere Anzeigen:

Gesichtslupus, krebsartige Entartung Nase, Lippen, Nacken, Gesicht, Mammae-Drüsenverhärtung, Mammae-Karzinom

Hauptindikation:

chronische Erkältlichkeit, Halsweh, Drüsenverhärtungen am Hals, Ausschlag an den Fingerspitzen und Rücken, Parodontose, chronischer Kälteschauer

Vergleiche:

con., calc., arg.n., bar.

Abb. 147: Magnolia grandiflora (Großblütige Magnolie) ist im Arboretum von San Nazzaro am Lago Maggiore zu bewundern.

Magnolia grandiflora L./Großblütige Magnolie

Für Magnolien hat wohl jeder eine Schwäche. Es handelt sich dabei um einen der ältesten Blütenbäume, welcher lange vor unserer Zeitrechung im asiatischen Raum Fuß faßte. Heute findet man in Japan Zwerg- und Sternmagnolien mit bis zu 32 Blättern pro Blüte und im Norden Chinas Baummagnolien, deren Blumengebilde wie Tassen oder Untertassen angeordnet sind. Die im Sommer blühenden Magnolien stammen vom amerikanischen Kontinent.

Vor 200 Jahren brachten die Engländer die Magnolie aus Ostasien nach Europa. In der ursprünglichen Heimat wurde die Pflanze von der alten Tang-Dynastie als Tempelbaum geschätzt. Da jedoch farbige Magnolien mit rosa- oder fuchsiaroten Blüten nicht als edel betrachtet wurden, fielen sie der Axt zum Opfer. Für die Chinesen war einzig die weiße Blume heilig und wurde dem Kaiser und den Tempeln vorbehalten. Es galt als besondere Ehre, vom ehrwürdigen Herrscher eine weiße Magnolie geschenkt zu bekommen. Man verehrte sie als Sinnbild weiblicher Reinheit,

Schönheit und Süße. Die Knospen, Früchte und das Holz dienten ferner als Heilmittel gegen die verschiedensten Gebrechen. Außerdem fand die Magnolie auch den Weg in die chinesische Küche. Blütenblätter, in den Teig getaucht und im siedenden Öl gebacken, sind eine ausgezeichnete Delikatesse mit etwas krachig süßem und duftigem Geschmack.

Magnolien sind Käferblumen, deren Familie nach dem französischen Professor der Botanik P. Magnol (1638 bis 1715) benannt wurde. Ursprünglich waren sie vor der Eiszeit auch in Europa einheimisch, was Fossilienfunde beweisen. Die ganze Familie umfaßt ca. 80 Arten, die aufgrund ihrer Verbreitung in zwei Gruppen eingeteilt werden: Ostasien

Abb. 148: Talauma mexicana G. Don. heißt in Mexiko Yolotxochitl: Sie wurde im Gegensatz zu Magnolia grandiflora in der Homöopathie geprüft.

Abb. 149: Die Magnolienfamilie umfaßt 80 Arten und ist nach dem Botaniker P. Magnol benannt.

(China, Japan, Himalaja, Mandschurei, Indonesien) und östliches Nordamerika.

Der Star aller Magnolien ist zweifellos die Großblütige. In den Wäldern des amerikanischen Südostens wird sie über 30 m hoch und trägt regelmäßig auf jedem Trieb eine schwere, cremefarbene und stark duftende Blüte. Ihre Blätter sind wunderschön, besonders wenn sie beim Entfalten an der Unterseite rosarot gefärbt sind; oben sind sie glänzend und ausgesprochen attraktiv.

Wer Magnolien bewundern möchte, muß in der Zeit von April bis Mai in den Süden reisen. Überall in den Gärten des Tessins verkünden sie die Frische des Frühlings. Besonders, wenn sich die Südschweiz von der besten Seite zeigt und die umliegenden Berggipfel des Langensees wie Zuckerguß mit Schnee bedeckt sind, ereignet sich im Tessiner Dorf San Nazzaro ein einzigartiges Frühlingswunder: Sobald die südliche Sonne zunehmend an Wärme gewinnt, öffnet sich über Nacht im botanischen Garten von Otto Eisenhut ein Meer von zauberhaften Magnolienblüten, die jeden Besucher in erstaunte Bewunderung versetzen. Hier flirten im frischen Wind Tausende von Magnolien mit Kamelien, Rhododendren, Azaleen, Pfingstrosen und mit anderen Exoten, eingerahmt von einer phantastischen Umgebung romantischer Wege und plätschernder Wildbäche.

Magnolie in der Pflanzenheilkunde

Nicht nur in der chinesischen Medizin, sondern auch vereinzelt bei uns, ist die Magnolie eine begehrte Heilpflanze. Ihre ätherischen Öle können in pflanzlichen Rezepturen bei Bluthochdruck und Herzbeschwerden verwendet werden. Weit größer jedoch ist die Bedeutung in der Homöopathie.

Magnolia grandiflora in der Homöopathie

Unter dem Namen Magnolia grandiflora ist nicht die Großblütige Magnolie homöopathisch geprüft worden, sondern Talauma

Abb. 150: Magnolia ist in der Homöopathie mit Rhus toxicodendron zu vergleichen, von dem es sich deutlich mit der Abneigung gegen Bewegung unterscheidet.

mexicana G. Don. aus Mexiko, welche dort Yolotxochiti heißt. Heute wird aber anstelle der geprüften Talauma mexicana die ungeprüfte Magnolia grandiflora verwendet.

Aus der *Blüte der Großblütigen Magnolie* wird die Urtinktur hergestellt. Das homöopathische Mittel ist mit Rhus toxicodendron zu vergleichen, von der sie sich deutlich mit der *Abneigung auf Bewegung* unterscheidet (Rhus. tox. = Verlangen und Verbesserung bei Bewegung). Ansonsten ist Magnolia bei Rheuma, welches bei feuchtem Wetter und Luftzug auftritt, angezeigt. Die auftretenden Schmerzen *wechseln oft den Ort, sind alternierend, umherspringend, vielfach wechselnd zwischen Milz und Herz.* Rheumatismus und Herzschäden sind charakteristische Kennzeichen, ferner *Brustschmerzen, die mit Schulterschmerzen abwechseln.* Die Kranken klagen über Schmerzen in der Brust mit Erstickungsgefühl — sie *können die Lungen nicht ausdehnen, da die Flanken wie versteift sind*, besonders bei Luftzug nach Überhitzung. Ferner können beim Tiefatmen oder im Liegen Schmerzen im Herzbereich auftreten, mit dem gleichzeitigen Empfinden, als ob das *Herz zu schlagen aufhören würde*, ferner Jucken der Füße. Oftmals *verlagern sich die Herzbeschwerden in die Milzgegend.* Vielfach besteht eine Tendenz zu Ohnmacht und eine *Empfindlichkeit des Magens auf kalte Getränke*, wobei die auftretenden Schmerzen *vom Herz in den Rücken ausstrahlen.*

Der Patient äußert sich über einen liegengebliebenen Nahrungsklumpen, der den Magen quält. Der Pylorus fühlt sich zu eng an und im *Liegen scheint sich der Magen herumzudrehen.* Bei vorhandenen Magengeschwüren treten die Schmerzen vor allem nachts auf. Auffallend ist, daß beim raschen *Gehen oder im Liegen* auf der linken Brustseite ein *Erstickungsgefühl* auftritt. Alle Beschwerden verschlechtern sich bei *feuchtem Wetter, Zugluft, im Liegen auf der linken Seite, morgens beim Erwachen, bessern sich aber bei trockenem Wetter und bei Bewegung trotz Abneigung.*

Magnolia grandiflora ist vor allem bei krampfhaften Herzbeschwerden, Angina pectoris, alternierendem Rheuma und Magengeschwür indiziert und ist mit rhus-t., dulc. und aur. zu vergleichen.

Abb. 151: Iberis sempervivum (Schleifenblume): Zierpflanze im Frühlingsgarten mit schneeweißen Kreuzblütenpolstern.

Iberis amara L./Bittere Schleifenblume

Im Mittelmeergebiet findet man auf Kalkböden einen polsterartigen Halbstrauch, der uns im Mai bis Juli mit Hunderten von schneeweißen, doldenartigen Blütenscheiben entgegenschimmert. Es ist die Bittere Schleifenblume, die den Kreuzblütengewächsen (Cruciferae) angehört und in unseren nordischen Gegenden in Kräutergärten angepflanzt wird. Sie besitzt an den bis 40 cm hohen Stengeln längliche, keilförmige Blätter und am Stengelende lockere, reinweiße Kreuzblüten, die in Dolden angeordnet sind. In unseren heimischen Zier- und Steingärten wird vielfach Iberis sempervivum angepflanzt, quasi der große Bruder der Bitteren Schleifenblume. Ferner finden wir im Kalk-gebirge zwischen Fels und Geröll den Felsen- oder Bauernsenf (Iberis saxatiers) vertreten, welcher ebenfalls eine verblüffende Ähnlichkeit mit Iberis amara besitzt.

Iberis, der Gattungsname der Pflanze stammt nach Galenos nach einem Arzt, der seinen Freund aus Iberien mit der Bitteren Schleifenblume von einer Lungenkrankheit geheilt haben soll. Der Beiname „amara" heißt „bitter" infolge des bitteren Geschmacks der Pflanze. Als Volksnamen sind Bauernsenf und Grützblume bekannt. Schleifenblume wird sie genannt, weil sie in früheren Zeiten für schleifenartige Girlanden verwendet wurde.

Abb. 152: Die Schleifenblume wurde früher zu schleifenartigen Girlanden verwendet.

Schleifenblume in der Pflanzenheilkunde

Iberis amara eignet sich als Kataplasma zur Ableitung auf die Haut. Bei Angina pectoris leisten Einreibungen und Kräuterumschläge auf dem Brustbein gute Dienste. In ähnlicher Weise findet die Pflanze auch bei Herzbeschwerden, Kongestionen der Lunge, Leber und Nieren, sowie bei Rheuma Verwendung.

Vergiftungen

Die Schleifenblume enthält ein ätherisches Öl, das dem Senföl ähnlich ist und bei empfindlichen Personen Hautentzündungen hervorrufen kann. Vergiftungserscheinungen sind jedoch keine bekannt.

Iberis in der Homöopathie

Die Urtinktur wird aus den *getrockneten Samen* hergestellt. Nach Clarke hat sich Iberis bei Herzhypertrophie nützlich erwiesen. Schmidt rühmte die Pflanze bei Angina pectoris, Perikarditis und Herzneurosen. Die Kenntnis von Iberis in der Homöopathie gründet auf eine erste Arzneimittelprüfung von Hale im Jahre 1875 an drei Prüfern mit Potenzen D6 und Urtinktur, wobei Herzsymptome zu beobachten waren: Herzklopfen, unregelmäßiger Puls, zusammenschnürende, dumpfe oder stechende Herzschmerzen, welche schlimmer auf der linken Seitenlage werden (auch bei Bewegung und Anstrengung) und in den linken Arm ausstrahlen.

Jahn führte im Jahre 1958 mit weiteren 13 Probanden einen neuen Versuch durch und fand die Resultate von Hale bestätigt, ferner bemerkte er *Verdauungsprobleme mit Pfeffergeschmack* im Mund, Luftaufstoßen und *Herzbeschwerden, als ob mit zwei Fäusten das Herz von außen nach innen gepreßt würde.*

Leitsymptome:
Woran die Iberis-Konstitution
zu erkennen ist

Iberis besitzt deutlichen Einfluß auf *Herzpatienten mit Nervenerregung, Herzerweiterung und pektanginösen* Beschwerden. Die Herzpatienten haben ein deutliches *Verlangen sich hinzulegen.* Jede *Anstrengung, Bewegung, Treppensteigen führt zu Beschwerden mit starkem Herzklopfen,* intermittierendem Puls, Schwindel, Zittern, Atemnot. Es sind Konstitutionen, *die ständig ihr Herz empfinden (auch nachts).* Sie besitzen ein *ausgesprochenes Verlangen nach Alkohol,* obwohl er ihnen nicht bekommt.

Psychische Verhaltensweisen

Eine *innere Unruhe und Reizbarkeit* sowie erschrecktes Gefühl ist bei Iberis-Patienten vorzufinden. Einerseits besitzen sie auffallend klare Gedanken mit präzisem Erinnerungsvermögen, dann wieder können sie sich überhaupt nicht erinnern, was sie soeben gehört haben. Bei der Krankheit sind sie traurig, weinerlich, furchtsam, *zitternd wie nach einem Schreck* mit stillem Kummer. Sie haben eine *furchtsame Scheu Medikamente einzunehmen,* erschrecken leicht und verlangen nach geistiger Arbeit und Stimulantien.

Absonderliche Beschwerden:
Iberis amara

Schlaf:
wacht um 2 Uhr auf mit Herzklopfen
lächerliche oder schreckhafte Träume

Kopf:
Schwindel in aufrechter Haltung, muß sich hinlegen
Schwindel, als ob sich der Hinterkopf herumdrehen würde

Augen:
Gefühl, als ob die Augen nach außen drängen
Augenröte bei Herzklopfen

Mund:
andauernd Hochräuspern von dickem oder fadenziehendem Schleim
Würgen im Hals durch Herzklopfen (Erstickungsgefühl)

Brust:
Atemnot mit stechenden Schmerzen

Abb. 153: Iberis ist in der Homöopathie bei pektangiösen Beschwerden mit deutlichem Verlangen sich hinzulegen und zitternder Furchtsamkeit indiziert.

Herz:
fühlt anhaltend die Herztätigkeit, auch nachts
scharfe Schmerzen wie von Nadeln, vor jeder Systole durch Ventrikel
Gefühl, als ob das Herz keinen Platz im Brustkorb hätte
Herzklopfen mit Erstickungsgefühl im Hals und Schwindel
Herzklopfen nach jeder Bewegung mit Schwindel und Angst
Herzklopfen nach Husten, Lachen, Tabak, Treppensteigen, Wein

Verdauung:
weiße Stühle bei Diabetes

Nieren:
Urobilinogen im Harn vermehrt

Glieder:
Zittern des ganzen Körpers − Bedürfnis sich hinzulegen

Besser:
frische Luft

Schlechter:
Liegen links, Bewegung, Anstrengung, warmes Zimmer

Besondere Anzeigen:
Herzerweiterung

Hauptindikation:
nach Herzinfarkt, Herzarhythmie, engen Herzbeschwerden, Altersherz, Hypertonieherz, Herzmuskelschaden nach Grippe oder Angina, Entzündung des Herzbeutels oder Herzmuskels

Vergleiche:
cact., dig., aml-n., bell., kalm., spig., acon.

Abb. 154: Robinie (Robinia pseudacacia): Die Blütentrauben in Omeletteteig getaucht sind eine schmackhafte Kräuterdelikatesse.

Robinia pseudacacia L./Falsche Akazie – Robinie

Die Blütentrauben der Robinie sind für Feinschmecker mit sensiblem Gaumen eine besonders attraktive Kräuterdelikatesse, besonders wenn sie in Omeletteteig getaucht und in Öl goldgelb ausgebacken werden.

Bei uns wird der 20–30 m hohe Baum in Alleen und Parkanlagen angebaut. In der südlichen Schweiz, in Italien und Frankreich gibt es ganze Wälder von Robinien, so z.B. am Romantischen Pfad, entlang der Maggia und Melezza von Locarno nach Intragna im Tessin. Der zauberhafte Baum stammt ursprünglich aus Nordamerika und hat sich seit dem 17. Jahrhundert in Europa eingebürgert. Er gehört der Familie der Leguminosen –

Hülsenfrüchtler – an und ist mit dem Amerikanischen Gelbholz (Cladrastis lutea) und dem Chinesischen Gelbholz (Cladrastis sinensis) verwandt. Die Robinie besitzt unpaarig gefiederte Blätter, die im Herbst nicht vergilben. An den Zweigen sind scharfe, spitzige Stacheln. Im Mai bis Juni erscheinen herrlich duftende, gelblich-weiße Schmetterlingsblüten, die in Trauben hängen. Anschließend wachsen daraus hülsenartige Früchte. Die Pflanze verdankt ihren Namen Jean Robin, dem Hofgärtner von Heinrich IV. und Ludwig XIII., der den Baum Anfang des 17. Jahrhunderts nach Paris brachte. Ein von seinem Sohn Vespasien Robin gepflanzter Baum soll heute noch im Jardin des Plantes zu bewundern sein.

Früher hielt man die Robinie irrtümlicherweise für eine Akazie, welche auch als Mimose bezeichnet wird. Deshalb erhielt sie den Beinamen „pseudacacia". Vielfach verwechselte man den Baum mit dem Johannisbrot- und Heuschreckenbaum. Im Volksmund ist er auch als Silberregen bekannt.

Abb. 155: Der Robinienbaum verdankt seinen Namen Jean Robin, dem Hofgärtner Heinrich IV., der den Baum nach Paris brachte.

Abb. 156: An den stark giftigen Zweigen befinden sich spitze Stacheln.

Robinie in der Pflanzenheilkunde

Der Tee der Blüten diente früher als Heilmittel gegen Husten, ferner wurden Blüten und Wurzelrinden bei Hyperazidität, Gastritis, Sodbrennen, saurem Aufstoßen und gastritischen Kopfschmerzen verordnet. Weitere Indikationen sind: Migräne, Gesichtsneuralgien, Rheuma des Kiefergelenkes und rheumatische Zahnschmerzen.

Vergiftungen

Die Einnahme von Robiniensamen führte in vergangenen Zeiten nicht selten zu Vergiftungen, oft mit tödlichem Ausgang. Als Giftstoff ist Robin bekannt. Selbst das Sägemehl des Holzes der Robinie kann giftig sein, auch die Blätter sind toxisch – sie führen zu Fieberfrösten, Zungenschwellung, Hautausschlägen, Ödemen, besonders der Augenlider, und zu Verstopfung.

Als Vergiftungserscheinungen der Samen werden folgende Beschwerden aufgeführt: komatöser Schlaf, Betäubung, Empfindungslosigkeit, erweiterte Pupillen, Erregungszustände, Delirien, Krämpfe in den Gliedern, Chorea mit hysterischem Charakter und heftiges Würgen mit Erbrechen von blutigem

Abb. 157: Robinia ist in der Homöopathie bei Hyperazidität des Magens, begleitet von Stirnkopfschmerzen, indiziert.

Schleim. Die Blüten selbst sind jedoch nicht giftig.

Robinia in der Homöopathie

Die verschiedenen Symptome der Vergiftungserscheinungen lassen vermuten, daß Robinia ein umfassendes Arzneimittelbild darstellt. Leider ist die Pflanze aber noch nicht eingehend geprüft worden. Die Urtinktur wird aus der frischen *Rinde junger Zweige hergestellt*. In der Homöopathie ist das Mittel bei hochgeprägter Hyperazidität, Sodbrennen und Kopfweh mit Magenbeschwerden im Einsatz.

Leitsymptome: Woran die Robinia-Konstitution zu erkennen ist

Die Kranken, die Robinia bedürfen, haben oftmals ein *verfallenes Aussehen, runzeliges Gesicht mit blauen Lippen und kaltem Schweiß*. Nach Anstrengung und Bewegung sind sie stark erschöpft und geschwächt. Sie klagen über starke *Säurebildung des Magens* mit *scharfem Aufstoßen* (Kent Rep.: scharfsaures Erbrechen: arg-m., ars. 2, bufo, calad., colch., coloc., con., crot-t., dor., ferr., gent-c., hep. 2, ip., iris 2, kreos. 3, phys., phyt., sang. 3, ther., thuj.) und Sodbrennen. Öfters erbrechen sie äußerst saure Flüssigkeit, so daß mit der Zeit die *Zähne stumpf* werden können. Nach jedem Essen leiden sie an heftigem Magendruck. Die *Hyperazidität ist oftmals begleitet mit Stirnkopfschmerzen*. Auch treten häufig wäßrige, saure, grüne oder blutige Durchfälle auf.

Psychische Verhaltensweisen

Auffallend bei Robinia ist die Abneigung und *Furcht vor düsteren, schwarzen Farben*. Sie fürchten sich zu ersticken oder sind in Gedanken an den Tod (wünscht sich den Tod) versunken. Die Patienten können hochmütig, arrogant, religiös fanatisch, unanständig oder unzüchtig sein.

Absonderliche Beschwerden: Robinia

Kopf:
Kopfschmerzen mit äußerst saurem Erbrechen
Gefühl von Glucksen im Kopf
Gefühl von brodelndem, kochendem Wasser im Kopf

Augen:
gereizte Schleimhäute

Nase:
gereizte Schleimhäute

Mund:
gereizte Schleimhäute
Zahnschmerzen bei Kontakt mit den Speisen

Magen:
Aufstoßen bei gebücktem Sitzen
reichliches Erbrechen von sehr saurer grünlicher Flüssigkeit
saures Erbrechen bei Frost oder Fieber
nächtlich brennende Magenschmerzen
unverträglich: Eis, Fett, Kohl, Teigwaren, unreifes Obst

Herz:
schwache Herztätigkeit — Puls nicht fühlbar

Verdauung:
unwillkürlicher Stuhl, saurer Geruch

Genitalien:
scharfer, wundmachender, übelriechender Weißfluß
Herpes an der Vagina und Vulva
Menstruationsblut schwarz gefärbt
Nymphomanie — vermehrtes sex. Verlangen

Haut:
scharlach- oder nesselsuchtartiger Ausschlag
Hautausschläge (Akne) mit Magenbeschwerden

Besser:
durch Essen

Schlechter:
nachts, nach Eiskrem, Fett, Kohl, Mehlspeisen, Kartoffeln

Besondere Anzeigen:
Hyperazidität der Kinder (Stühle, Schweiß sauer — das Kind riecht sauer)

Hauptindikationen:
Sodbrennen (besser durch Essen), saures Erbrechen, Hyperazidität, gastritische Kopfschmerzen

Vergleiche:
sulf-ac., caps., iris, nat. sulf., calc., mag. carb., mag-m., nat-p.

Abb. 158: Besenginster (Sarothamnus scoparium, früher Spartium scoparium genannt) besitzt auffallend goldgelbe Schmetterlingsblüten.

Sarothamnus scoparium L./Besenginster

Der Besenginster (Sarothamnus scoparium – früher Spartium scoparium genannt) ist in ganz Europa heimisch als 50 bis 200 cm hoher Strauch aus der botanischen Familie der Hülsenfrüchtler (Leguminosen). Er gedeiht vorwiegend in der Heide oder im Unterholz von Föhren-, Eichen- und Birkenwäldern. In der Schweiz ist der Strauch vor allem im Tessin vertreten, so z. B. am Flußweg entlang der Maggia und Melezza von Locarno nach Intragna – ein fantastischer „homöopathischer" Wanderweg.

Der Strauch besitzt fünfkantige, rutenförmige Stengel mit drei-zählig spiral angeordneten, verkehrt eiförmigen Blättern und großen, gelben Schmetterlingsblüten, die von April bis Mai erscheinen. Das Blütenfest ist ein herzerwärmender Anblick. Die Zweige leuchten grün auf und an der Peripherie langer schlanker Ruten setzen sich wie Schmetterlinge die goldgelben Blüten an. Nach der Blütezeit entwickeln sich Hülsenfrüchte mit rundlich, nierenförmigen, platten Samen, die sich später braun-schwarz verfärben. Die schwarzen Samen werden von den Ameisen verschleppt, womit sich die Pflanze einen neuen Standort sichert. Als Zuchtform hat der Strauch in verschiedenen Variationen auch Eingang in unsere Gärten gefunden (Vorsicht Giftpflanze).

Die botanische Gattungsbezeichnung „Sarothamnus" ist griechischen Ursprungs aus „saron" (= Besen) und „thamnos" (= Strauch). Der Beiname stammt vom lateinischen „scopa" (= Besen). Die Pflanze hat ein Erscheinungsbild von besenförmigen Zweigen. Als Volksnamen sind Brämse, Gelster, Ginschtere, Besenkraut, Rehheide, Hirschheide, Rehgras, Pfingstbesen bekannt.

Besenginster in der Pflanzenheilkunde

In der Phytotherapie ist der Besenginster ein steintreibendes Mittel, ferner wird der Extrakt bei Wassersucht, Herzschwäche mit verlangsamtem Puls, Kreislaufschwäche mit Unterfunktion der Schilddrüse, sowie bei Angina pectoris, Vorhof- und Kammerflimmern des Herzens und Extrasystolen eingesetzt. Vor allem ist das blühende Kraut wie auch die Blüten (Sarothamni scoparii flores) in Gebrauch, jedoch in fein abgestimmten Dosierungen. Die Pflanze wirkt bei falscher Verordnung toxisch. Zuverlässig sind Fertigpräparate mit gesichertem Wirkstoffgehalt, so z. B. Spartiol von der Firma Klein.

Vergiftungen

Schafe, die zuviel Ginsterzweige gefressen haben, zeigen Betäubungserscheinungen, so, daß sie wie tot von den Sträuchern weggetragen werden können. Als Giftstoff ist das Alkaloid Spartein bekannt, das dem Coniin aus dem Schierling und dem Cytisin des Goldregens ähnlich ist, jedoch etwas schwä-

Abb. 159: Die rutenförmigen Zweige wurden früher als Besen benutzt.

cher wirkt. Als Vergiftungserscheinungen beim Menschen werden Erbrechen, Durchfall, Somnolenz (krankhafte Schläfrigkeit), Motilitätsstörungen (unwillkürliche Bewegung), Konvulsion, Herzflimmern, Pulsbeschleunigung, Blutdrucksenkung und Atemlähmung genannt.

Sarothamnus in der Homöopathie

Die Urtinktur wird aus *frischen Blüten* oder aus dem *frisch blühenden Kraut* hergestellt. Julius Mezger hat anno 1951 am Robert-Bosch-Krankenhaus in Stuttgart einen Arzneimittelversuch mit 27 Prüfern mit den Potenzen D4, D2 und Urtinktur durchgeführt. Dabei wurden extrasystolische Regulationsstörungen, Herzbeschleunigung, Bangigkeitsgefühle, Lufthunger und Blutdruckerhöhungen festgestellt. Eine Mehrzahl der Probanden hatte während der Prüfung Hautjucken, Pickel, Furunkel, trockene oder nässende Ekzeme, aber auch markante Schlafstörungen. Allgemein wurde nachgewiesen, daß Sarothamnus das Herz kräftigt, die Pulsfrequenz und den Blutdruck senkt, ferner Wassersucht, Albuminurie und Nephritis lindert.

Leitsymptome: Woran die Sarothamnus-Konstitution zu erkennen ist

Sarothamnus ist ein Mittel bei *Herzbeschwerden, Herzklopfen, Engegefühl, Lufthunger, wobei die Störungen besonders von 3 bis 4 Uhr nachts verstärkt auftreten.* Ferner bestehen *Extrasystolen* mit einem *Gefühl von Herzstolpern.* Die Pulsbeschleunigung kann bis auf 122/min. ansteigen. Es sind oftmals *magere Personen mit struppigem Haar – die Haare lassen sich nicht legen.*

Psychische Verhaltensweisen

Die Kranken, zu denen Sarothamnus paßt, sind oftmals reizbar, auffahrend – leicht zu Ärger geneigt. Die Gemütserregungen ver-

Abb. 159 b: Sarothamnus scoparium ist in der Homöopathie bei Herzbeschwerden, die besonders nachts um 3 bis 4 Uhr auftreten, indiziert.

stärken sich vielfach nachts. Tagsüber sind sie schläfrig, niedergeschlagen, verzagt und depressiv. Eine enorme Müdigkeit macht sich bemerkbar – alles ist zuviel – es besteht Mangel an Unternehmungslust. Der Schlaf ist oberflächlich, morgens sind die Patienten unausgeschlafen. Erotische Gedanken halten sie von der Arbeit ab.

Absonderliche Beschwerden: Sarothamnus

Schlaf:
verspätetes Einschlafen wegen Gedankendrang
Herzklopfen verhindert Einschlafen
Starke Unruhe der Beine beim Einschlafen
Erwachen durch geringstes Geräusch – hört alles im Halbschlaf
träumt von Tod, Verstorbenen, Selbstverherrlichung

tagsüber großes Schlafbedürfnis – verbringt den Tag im Bett

Augen:
rezidives Glaukom bereits nach 2 Jahren der ersten Operation

Magen:
gieriger Appetit – Essen jedoch verschlimmert
Abneigung Fleisch und Eier
große Gasansammlung im Magen-Darmtrakt

Herz:
pektangiöse Beschwerden um 3 bis 4 Uhr nachts
Herzklopfen um 3 Uhr nachts – Lufthunger – muß Fenster öffnen
Beklemmung mit Angstgefühl beim Eintritt ins warme Zimmer

Verdauung:
schafkotartiger Stuhl

Niere:
morgens 4 Uhr starker Harnabgang
reichlicher Urinabfluß

Genitalien:
lang hinziehende Menstruationsblutung

Haut:
verschiedene Hautbeschwerden mit Jucken, Bläschen oder Furunkel

Rücken:
regelmäßige, blitzartige Hüftschmerzen (Lumbago) um 22 Uhr nachts

Besser:
Luft, im Freien

Schlechter:
3 bis 4 Uhr nachts

Besondere Anzeigen:
Tabakherz, Hodgkin-Syndrom, rezidives Glaukom

Hauptindikationen:
Angina pectoris, Hypertonie, Wassersucht, Herzrhythmusstörungen, Extrasystolen, Basedow

Vergleiche:
adon., conv., iber., kalm., scil., olnd., stroph.

Abb. 160: Färberginster (Genista tinctoria) wurde früher zum Färben von Wolle verwendet.

Genista tinctoria L./Färberginster

Der Färberginster hat seinen Namen dadurch bekommen, daß er früher zum Färben von Wolle verwendet wurde. Dies bringen auch verschiedene Volksnamen wie Goldkraut, Hosakrettich, Weiberzorn, Ramsele, Drachenkraut und Wessenkräutel zum Ausdruck. Der Gattungsname „Genista" stammt sehr wahrscheinlich vom griechischen „gigno" (= hervorbringen) und bringt das rasche Wachstum der Pflanze zum Ausdruck. Der Beiname „tinctoria" beschreibt das Kraut als Färbemittel.

Die Pflanze aus der botanischen Familie der Schmetterlingsblütler (Leguminosen) besitzt zahlreiche, aufrechte, 30 bis 60 cm hohe rutenförmige, dornenlose Zweige, die tief gefurcht sind. In wechselständiger Anordnung wachsen daran lanzettliche, lineale Blätter. Diese sind nach beiden Enden zugespitzt, auf der Oberseite dunkelgrün glänzend, auf der unteren Seite hellgrün, und ca. 8 bis 10 mm lang. Zwei sehr kleine lineale Nebenblätter sitzen am kurzen Blattstiel.

Die gelben Schmetterlingsblüten, die eine Explosionseinrichtung besitzen, bilden dichte, vielblütige, endständige Trauben. Blütezeit: Mai bis Juni. Die Frucht ist eine 2 cm lange schwarze Hülse.

Der Färberginster in der Pflanzenheilkunde

Die Kräuterväter des Mittelalters, Hieronymus Bock und Matthiolus, rühmten den Färberginster als wassertreibendes Mittel. Auch Hahnemann erwähnt den „Färbergenst" in seinem Apotheker-Lexikon: „Man hat von den fast geruchlosen Blumen, welche übrigens auch kleiner als die der Besenpfrieme sind, mit der man diese Gewächse häufig verwechselt, einen wäßrigen Aufguß für harntreibend und purgierend ausgegeben."

Heute wird der Färberginster nur noch vereinzelt zur Anwendung gebracht und zwar in pflanzlichen Rezepturen gegen Nierensteine und bei Grießleiden.

Vergiftungen

Der Färberginster beinhaltet Spartein, Cytisin und Scopolamin, die bei falscher Dosierung zu Erbrechen, Durchfall, Somnolenz, Herzflimmern und Atemlähmungen führen können.

Abb. 161: Genista ist als KMW in der Homöopathie bei losem, leicht beweglichem Empfinden im Gehirn, Auge und Hals indiziert.

Genista tinctoria
in der Homöopathie

Die Urtinktur wird aus den *frischen Sprossen, Blättern und Blüten* hergestellt. E. B. Cushing, der das Mittel geprüft hatte, gibt folgende Symptome bekannt: *Loses, empfindliches Gefühl im Gehirn, Auge und Hals;* nervöser Stuhlgang mit plötzlicher Entleerung; Hautausschlag mit dunkelroten, zusammenfließenden Flecken (Clarke). Boericke erwähnte Genista, *„wenn man nachts erwacht mit Aufschwulken von Magensäure (Wasser)"*, ferner bei juckendem Ausschlag an Ellbogen, Knie und Knöchel.

Absonderliche Beschwerden:
Genista

Kopf:
bis zum Mittagessen Kopfschmerzen, nach Essen besser außer bei Bewegung (Schütteln) des Kopfes

Augen:
vormittags empfindliche Augen, besonders bei Berührung

Ohren:
im linken Ohr Gefühl, als ob ein scharfer, spitzer Gegenstand hineingeschoben würde

Verdauung:
Stuhldrang um 9 Uhr mit gleichzeitigem Niesen, wie wenn man Schnupftabak genommen hätte

Besser:
im Freien, kühler Raum, Essen

Schlechter:
beim Aufstehen, im Drehen, Schütteln des Kopfes, Gehen, nachts

Vergleiche:
bar-c., nat-s., rhus-t.

Cytisus laburnum L./Laburnum anagyroides/ Goldregen

Was wird in unseren Hausgärten und rund um die Wohnviertel nicht alles an Blüten und Sträuchern zur Zierde angepflanzt? Vielfach handelt es sich um die stärksten Giftpflanzen, welche aus den entferntesten Ländern, d.h. aus allen Winkeln der Erde stammen – nicht aber aus unserer heimischen Flora. Auch der Goldregen ist ein solcher Fremdling, der eigentlich gar nicht in unsere Gegenden paßt. Zwar trägt er im Mai fantastische Schmetterlingsblüten, golden wie die Sonne und reichblütig an der Zahl, so als wäre goldener Regen vom Himmel gefallen. Doch dieser Blumenregen ist stark giftig und könnte sogar tödlich wirken. Kein Vogel würde es wagen, in den Zweigen ein Nest zu bauen und keine Raupe besitzt den Mut, sich an den Blättern zu laben.

Die Pflanze stammt aus der botanischen Familie der Schmetterlingsblütler (Leguminosen). Der bis 7 m hoch wachsende, strauchartige Baum besitzt rutenförmige Zweige, an denen im Wonnemonat Mai goldgelbe Blütentrauben hängen. Nach der Blütezeit reifen längliche Hülsen heran, die schwarze Samen beinhalten. Die Blätter sind dreizählig – kleeähnlich – langgestielt und an der Unterseite mit Seidenhaaren besetzt. Obwohl vielerorts der Goldregen als Zierpflanze sehr beliebt ist, besitzt er eine relative kurze Lebensdauer von ca. 20–30 Jahren. Danach hat sein Blütenzauber ein Ende.

„Cytisus", der Gattungsname, stammt vom griechischen „kytisos" und ist nach der griechischen Insel „Kythisos" benannt. Laburnum ist der Name der Pflanze bei Plinius. Im Volk kennt man den strauchartigen Baum auch als Bohnenbaum oder Kleebaum.

Die Heimat des Goldregens ist Süd- und Südosteuropa, das Mittelmeergebiet und die Kanarischen Inseln.

Goldregen in der Pflanzenheilkunde

In der Phytotherapie wurde die Pflanze früher vom Psychiater Kraepelin zur Erweiterung der Blutgefäße in Dosen von 0,003 g Cytisin bei Migräne, ferner bei Arsenikvergiftungen, Neuralgien und Asthma verwendet. Heute ist aufgrund der hohen Toxizität der Goldregen nicht mehr in Gebrauch.

Vergiftungen

Früchte, Samen und Rinde des Goldregens sind für den Menschen besonders stark giftig. Bereits die Einnahme von 10 Samen könnte zum Tode führen. Auch Pferde fallen tot um, wenn sie die Zweige fressen. Doch Schafe, Ziegen, Hasen verzehren das Laub, ohne Beschwerden zu erleiden.

Die Pflanze beinhaltet als Giftstoff Cytisin, das eine nikotinähnliche Wirkung besitzt. Bei Vergiftungen ruft es heftige Entzündungen in Magen und Darm mit Erbrechen und Durchfall hervor, des weiteren Blässe des

Abb. 162: Der Goldregen beinhaltet als Giftstoff Cytisin mit nikotinähnlicher Wirkung.

Abb. 163: Goldregen (Cytisus laburnum) – Giftstrauch im Ziergarten.

Gesichtes, Kälte der Haut, kalter Schweiß, Blutdruckerhöhung, starke Erregung mit späterer Lähmung, Konvulsionen, Krämpfe, Herzklopfen, Ohnmacht, Kollaps, Kopfdruck, Magendruck, Klopfen in den Gliedern, Stuhl und Harndrang, Zyanose, blutiger Stuhl, Blutleere, Blutung der Niere, Koma. Letztlich tritt der Tod nach 1 bis 9 Stunden ein.

Cytisus in der Homöopathie

Die Urtinktur wird aus den *Blüten und jungen Blättern* hergestellt. Dr. J. Schier führte im Jahre 1900 mit 16 Personen einen ersten Arzneimittelversuch durch und zwar mit niedrigen Potenzen. Dabei stellte er als Prüfungssymptome *hochgradige Erregung, Schlaflosigkeit, Depression, verbunden mit Gastritis und Duodentitis fest.*

Abb. 164: Cytisus ist in der Homöopathie bei Entzündungen im Magen-Darm-Trakt mit ständiger Erregung indiziert.

Cytisus paßt in der Klassischen Homöopathie für *Entzündungen im Magen-Darm-Trakt mit ständiger Erregung,* stürmischer Bewegung der Gedärme und kolikartigen Krämpfen, ferner bei *Anstieg des Blutdrucks mit blasser Gesichtsfarbe* und *kaltem Schweiß* sowie Kältegefühl des ganzen Körpers. Alle Beschwerden werden bei *Kälte schlimmer und verschlechtern sich besonders nachmittags und abends; Blähungs- und Stuhlabgang jedoch bessern.* Auffallend ist die Migräne in der linken Schläfe.

Psychische Verhaltensweisen

Die Psyche zeigt sich mit heftiger, nervöser Unruhe, Erregung, Reizbarkeit, gedrückter, depressiver Stimmung und großer Ängstlichkeit. Ferner besteht ein soporöser Zustand – Benommenheit und Schlaflosigkeit mit qualvollen Träumen.

Signatur

Mezger erwähnt Cytisus bei Sonnenstich und Hitzschlag (Kent Rep.: arg-m., bell. 2, camph., glon. 3, stram., ther. 2, verat-v.). Die traubenförmigen, senkrecht hängenden, goldgelben Schmetterlingsblüten des Goldregens können in ihrer Erscheinung als Signatur der intensiv wirkenden Sonnenkraft betrachtet werden.

Absonderliche Beschwerden: Cytisus

Kopf:
Schwindel mit starker Benommenheit

Augen:
Pupillen ungleich erweitert
glanzlose Augen

Gesicht:
blaß, livide, kalte Haut oder fieberhafte brennende Hitze
Zuckungen der Gesichtsmuskeln (agar.)

Mund:
trockener Mund, Zunge, Gaumen mit Brennen
bläschenartiger Ausschlag um den Mund
Zusammenschnüren im Rachen

Magen:
Übelkeit mit Schwindel und starkem Brechreiz
extremer Durst

Brust:
beengende Atmung

Herz:
Gefühl des Herzversagens
starker Blutandrang zum Herzen

Verdauung:
Tenesmus am After

Nieren:
grasgrüner Urin (Kent Rep.: camph. 3, merc-c. 3)

Genitalien:
auffallend starker Weißfluß

Haut:
kalte Haut, kalter Schweiß, Zyanose

Glieder:
kalte Glieder, Kälte im ganzen Körper
schwache, schlaffe Glieder, Zerschlagenheitsgefühl

Besondere Anzeigen:
Seekrankheit, Hitzschlag, Sonnenstich, Hydrocephalus

Hauptindikationen:
Magen-Darmentzündung, Hirnerschütterung mit Folgen von Migräne, Meningitis cerebrospinalis = Hirnhautentzündung, Migräne, Hypertonie.

Vergleiche:
bell., nux-v., eup-per., bapt., zinc., cocc., tab., nux-m., verat., sec.

Convallaria majalis L./Maiglöckchen

Frühling und Maiglöckchenduft, dies sind Zauberworte, die jeden in Entzücken versetzen. Bei diesem erquickenden Blütenhauch fühlen wir uns wie neu geboren. Der Atem wird leichter, der Schritt länger und die Sinne öffnen sich für höhere Regionen beim Wahrnehmen des „himmlischen" Duftes.

Die Pflanze blüht und fruchtet in ganz Europa, vor allem in feuchten Laubwäldern und natürlich auch in den Ziergärten. Es handelt sich um ein Liliengewächs (Liliacea), das einen kriechenden, ausläuferartigen Wurzelstock mit jährlich verlängernden Seitentrieben besitzt. Die eiförmig-lanzettlichen Laubblätter sind zuerst wie eine Zigarre eingerollt, später, nach der Entfaltung, langgestielt und zugespitzt. Der kantige, ca. 15 cm große, unbeblätterte Blühstengel trägt eine einseitswendige Traube weißer nickender Blüten. Die einzelne Blütenhülle ist glockig und hat sechs zurückgeschlagene Zipfel, ferner beinhaltet sie sechs Staubgefäße und einen dreifächerigen Fruchtknoten. Sie duftet herrvorragend. Blütezeit: Mai bis Anfang Juni. Nach dem Verblühen reift eine rote,

Abb. 165: Das Liliengewächs besitzt erbsengroße rote Giftbeeren.

erbsengroße Beere, die zwei blaue Samen beinhaltet.

Das Maiglöckchen wurde früher „Lilium convallium = Lilie der Täler" genannt. Daraus ist „Convallaria", der Gattungsname, entstanden. „Majalis" kennzeichnet die Blütezeit im Mai, ebenso der deutsche Name Maiglöckchen.

Als Volksnamen sind Maiblume, Maierösle, Maierisli, Maischnellchen, Lilienkonvall, Liliumfallum, Convajerl bekannt.

Maiglöckchen in der Pflanzenheilkunde

Weil das Maiglöckchen in Griechenland kaum zu finden ist, wurde die Pflanze in antiken Heilbüchern nicht erwähnt. Erst seit dem 15. Jahrhundert wird Convallaria in Kräuterbüchern aufgeführt, so z. B. im Destillierbuch von Hieronymus Braunschwygk (1500) als Meyenblümleinwasser gegen Ohnmacht und zur Stärkung von Herz und der Sinne. Äußerlich diente es gegen Sommersprossen. Der Gelehrte Albrecht von Haller empfahl die Pflanze gegen Schwindel, Apoplexie, Gedächnisschwäche, verlorene Sprache, Ohnmacht, Herzklopfen und Gliederlähmung.

Hahnemann, der das Maiglöckchen Maiblumenzauke nannte, beschrieb die Heilwirkung der Früchte in seinem Apotheker-Lexikon: „Die süßlich bitterlich schmeckenden Beeren (Baccae Lilior convallium) nebst den sehr bitteren Samen darin sind in der periodisch und nach dem Mondwechsel rückkehrenden, idiopathischen Fallsucht im Pulver zu einem Strupel und einem halben Quentchen mit Erfolg gegeben worden, auch in Wechselfieber."

Das Pflanzenpulver war früher auch Bestandteil des Schneeberger Schnupftabaks. Erst gegen Ende des 19. Jahrhunderts wurden

Abb. 166: Maiglöckchen (Convallaria majalis) − ein erquickender Blütenhauch.

die Heilstoffe erschlossen: Convallatoxin und Convallatoxol als digitalähnliche Glykoside.

Dr. med. R. F. Weiß schreibt in seinem „Lehrbuch der Phytotherapie" (Hippokrates Verlag): „Die Convallaria" enthält eine ganze Reihe von Wirkstoffen. Der wichtigste ist das Reinglykosid Convallatoxin. Es besitzt eine ausgesprochene Heilwirkung, daß es in Konkurrenz mit dem Strophantin treten kann. Für die orale Anwendung haben wir gute galenische Zubereitungen mit standardisierten Vollauszügen: Convallaria – Vogel & Weber, Convastabil Klein oder Concacard Madaus, die besonders bei brachykarder Form der Herzinsuffizienz (verlangsamte, weniger als 55 Schläge Herzaktion) aber auch bei Tachykardie (Herzjagen mehr als 100 Schläge) gute Dienste leisten. In der Herzkreislauf-Therapie nimmt Convallaria eine Mittelstellung zwischen Digitalis und Strophantin ein.

Vergiftungen

Es sind Vergiftungen bekannt, bei denen Kinder das Wasser aus einer Vase mit Maiglöckchen tranken, oder die durch Verwechslung der Beere entstanden sind. Die toxischen Digitalisglykoside führen zur Unregelmäßigkeit der Herzaktion, zu Muskelkrämpfen, hohem Blutdruck, beschleunigtem Puls, anschließend vermindertem Blutdruck, Atemlähmung und Stillstand des Herzens.

Convallaria in der Homöopathie

Die Urtinktur wird aus der *frisch blühenden Pflanze* hergestellt. Laut einem Arzneimittelversuch, der mit drei Prüfern durchgeführt wurde, stellte man eine auffällige Schwächung des Kreislaufes mit schwachem Puls und Ohnmachtsgefühl fest, ferner ein Erstickungsgefühl, als ob man keinen Atem bekommen würde.

In diesem Sinne, d.h. bei Herzbeschwerden mit Atemnot, spärlichem Urin und Ödemen ist Convallaria ein gutes Herzmittel, das der Wirkung von Digitalis ähnelt. Es *verstärkt die Kraft der Herzaktion und macht sie regel-*

mäßiger besonders bei Arhythmie, Extrasystolen, Herzneurosen, Herzinsuffizienz mit Ödemen, Angina pectoris, Aorten und Mitralinsuffizienz und Hypertonie. Nash sagt: „Ich glaube, die wohlriechende Maiblume wird einmal eins unserer wertvollste Mittel werden. Es sollte nach Hahnemannscher Art geprüft werden." Er verwendete es erfolgreich bei *Uterusschmerzen mit gleichzeitigem Herzklopfen,* ferner bei einer Herzwassersucht in einer D30-Potenz, bei der die Ergüsse so stark waren, daß der Kranke im Liegen nicht mehr atmen konnte und blutigen Auswurf hatte.

Leitsymptome:
Woran die Convallaria-Konstitution zu erkennen ist

Convallaria-Herzpatienten habe oftmals das *Gefühl, als ob das Herz zu schlagen aufhören und plötzlich wieder einsetzen würde.* Sobald der *Kranke etwas vorhat, bekommt er Herzbeschwerden.* Diese bessern sich in *frischer Luft, verschlechtern sich aber im warmen Zimmer* – er bekommt das *Gefühl, keinen Atem zu haben.* Es sind auch scharfe, stechende Schmerzen unter dem Brustbein in der Höhe des *3. Rippenbogens vorhanden, die nach allen Seiten ausstrahlen.* Der *Puls kann sich verlangsamen oder beschleunigen.* Am Tag ist der Patient schläfrig, nachts jedoch erwacht er häufig mit großer Ruhelosigkeit.

Psychische Verhaltensweisen

Vielfach handelt es sich um Personen, die sich leicht grämen; wegen jeder kleinsten Kleinigkeit in Kummer geraten. Nach dem Aufenthalt im Freien und Eintreten in die Stube sehen sie vielfach *imaginäre, graue Flecken,* die bis zu 10 cm^2 groß sind. Ferner handelt es sich um eine Konstitution, die alles ins Lächerliche zieht.

Abb. 167: Convallaria ist in der Homöopathie bei Herz-beschwerden mit dem Gefühl, keinen Atem zu haben, indiziert. – Wer den Blütenduft des Maiglöckchens schnuppert, atmet auf und fühlt sich beschwingt.

Signatur

Wer den Blütenduft des Maiglöckchens be-schnuppert, atmet auf, fühlt sich beschwingt. Allein dieser wohlriechende Effekt versinn-bildlicht die homöopathische Wirkung von Convallaria bei Herzbeschwerden mit Atem-not. Das Mittel erhellt den Atem des Kran-ken und stärkt seine Herzkraft.

Absonderliche Beschwerden: Convallaria

Augen:
Mouches volantes
viertelstündlich wiederkehrende Schmerzen vom rechten Auge über den Scheitel zum Hals

Mund:
dicker, schmutziger Belag auf der Zunge
Gefühl, als ob die Zunge zu breit wäre
Mundgeschmack metallisch, nach Kupfer
Zähneknirschen morgens beim Erwachen

Magen:
Aufstoßen von Fett
Verlangen nach Saurem

Brust:
Atemnot während Fieber, nach Anstrengung, bei Herzbeschwerden
Erstickungsgefühl im Hals, als ob man kei-nen Atem bekommen würde

Herz:
Gefühl, als ob das Herz überall in der Brust schlage
Herzklopfen bei geringsten Anstrengungen
bei Anstrengung Gefühl von Herzflattern
Puls schwach, kaum fühlbar, aussetzend
extrem schneller, unregelmäßiger Puls

Bauch:
Glucksen und Gurgeln im Bauch beim Ein-atmen
Bewegungen im Bauch wie von einer Kinder-faust (croc., thuj.) besonders im Liegen auf dem Rücken
Gefühl von etwas Lebendigem
empfindlich gegen Kleidung

Verdauung:
aashafter Geruch des Stuhles

Nieren:
spärlicher, übelriechender Urin
Völlegefühl in der Blase

Genitalien:
starkes Wundheitsgefühl am Uterus mit Herzklopfen
unerträgliches Jucken am Eingang der Scheide und der Harnröhre

Glieder:
Zittern der Hände
Gefühl von Taubheit in den Füßen beim Auf-stehen, als ob sie mit Nadeln gefüllt wären
Schwäche in den Knien

Rücken:
Schmerzen wie zerbrochen

Besser:
im Freien

Schlechter:
warmes Zimmer, Kleiderdruck, beim Höher-
steigen in den Bergen

Besondere Anzeigen:
Höhenkrankheit, Jodmißbrauch, Tendenz zu
Aneurysma

Hauptindikation:
Tabakherz, Angina pectoris, nervöse Herzbe-
schwerden, schwacher oder beschleunigter
Puls, Basedow-Herz, Herzinsuffizienz,
Ödeme, Hypertonie, Herzerweiterung, Fol-
gen von überanstrengtem Herzen.

Vergleiche:
kalm., naja, iber., crat., stroph., lil-t., adon.,
kali-c., aur., dig., gels., cact.

Abb. 168: Frauenschuh (Cypripedium calceolus) – einer der schönsten Vertreter unserer einheimischen Orchideen.

Cypripedium pubescens Willd./Frauenschuh

Der Frauenschuh gehört zu den schönsten Vertretern unserer einheimischen Orchideen. Die fantastischen Blüten erscheinen im Juni im Halbdunkel der Wälder. Aufgrund ihrer Schönheit wurde die Pflanze in vergangener Zeit arg geplündert, ausgegraben und ausgerottet, so daß sie unter strengsten Naturschutz gestellt werden mußte. In der Schweiz sind nur noch wenige Standorte bekannt, wo die Pflanzen gruppenweise bewundert werden können, so z.B. im Gasterntal über der engen Klus von Kandersteg des Berner Oberlandes. In dieser einzigartigen, 1.400 m hoch gelegenen Ebene, wo vor Jahren die Filme „Via mala" und „Das vergessene Tal" gedreht wurden, wachsen ca. 6.000 Frauenschuh-Pflanzen, nebst Narzissenblütigen Anemonen, Pyramiden-Rapunzel, Rundblättrigem Wintergrün, Alpen-Johannisbeere und Leberbalsam.

Der Frauenschuh ist geformt wie der Holzschuh von holländischen Frauen und schimmert in wachsartigem Gold. Diese charakteristische Erscheinung hat der Pflanze eine Reihe von originellen Volksnamen eingetragen: Venusschuh, Marienschuh, Almlatschen, Kapuzinerschuh, Maien-, Kuckucks- oder Pfingstblume, Muttergottesschühle, Herrgottsklompen, Butterballen, Pferdelatschen oder Liebfrauenpantöffelchen. Der botanische Beiname heißt „calceolus", was aus dem Lateinischen übersetzt Schnabelschuh-Pantoffel bedeutet.

Die Blütenlippe besitzt eine ovale Öffnung und verströmt einen aprikosenartigen Duft, der Nachtfalter und Erdbienen zur Fremdbestäubung anlockt. Doch der Besuch wird ihnen zum Verhängnis, wenn sie sich durch die Luke in den Blütengrund, der Kessel genannt wird, herabfallen lassen (Kesselblume). Die Wände dieses hohlen Gefängnisses sind nämlich derart glatt, daß sogar die

Abb. 169: Die Pflanze besitzt eine Blütenform wie ein holländischer Holzschuh.

Insektenbeine abgleiten. Ängstlich und sichtbar aufgeregt kriechen die Tierchen im Kessel umher, aus dem sie nur mit größter Mühe wieder entrinnen können. Einige müssen sich sogar ein Loch in den Boden fressen, damit sie die Freiheit wiedererlangen. Doch kaum sind sie draußen, schlüpfen sie wieder in einen anderen Schuh, wo das gleiche Schicksal auf sie wartet.

Unser heimischer Frauenschuh (Cypripedium calceolus) ist mit dem nordamerikanischen Frauenschuh (Cypripedium pubescens Willd.), der in der Phytotherapie und Homöopathie verwendet wird, nahe verwandt. In Nordamerika heißt er „Yellow Ladys Slip-

Abb. 170: Die im Blütenkessel eingesperrten Tierchen müssen sich ein Loch in den Boden fressen, um wieder entrinnen zu können.

Abb. 171: Nordamerikanischer Frauenschuh (Cypripedium pubescens) ist in der Homöopathie bei schlaflosen, übererregten Kindern, die mitten in der Nacht aufwachen, singen und spielen, indiziert.

per" oder „American Valerian", bei uns „Nervenwurzel." Der ca. 50 cm hohe Stengel ist mit drei bis fünf wechselständigen, elliptischen bis eiförmigen, lanzettlichen, spitzen, gefalteten Blättern besetzt, die ca. 10 cm lang und flaumig behaart sind. Endständig erscheint meist nur eine Blüte mit schuhartig aufgeblasener Lippe und vier rotpunktierten, gewellten Zipfeln. Blütezeit: Mai bis Juni.

Der Gattungsname „Cypripedium" ist griechischen Ursprungs aus „kypris", dem Beinamen der Venus, und „pedilon" = Schuh (Venusschuh). „Pubescens" bedeutet flaumhaarig und nimmt Bezug auf die Blätter.

Frauenschuh in der Pflanzenheilkunde

In der Volksmedizin Amerikas ist der Frauenschuh ein Hausmittel bei nervösen Zuständen, Reizbarkeit, Hysterie, nervösem Kopfweh, Epilepsie und krankhaften Empfindlichkeiten der Augen.

Die Wirkstoffe der Wurzel sind aber noch nicht erforscht.

Cypripedium in der Homöopathie

Die Urtinktur wird aus der im *Herbst gegrabenen Wurzel* hergestellt. Hale führte die

Pflanze im Jahre 1864 in die Homöopathie ein. Der Arzneimittelversuch zeigte eine koffeinartige Wirkung auf Geist und Gemüt, indem die Probanden zu Heiterkeit, Ideendrang, Ruhelosigkeit und Erregung veranlaßt wurden. Einige jedoch waren mit extremer Müdigkeit und Gedankenschwere behaftet. Ferner wachten Kinder mitten in der Nacht auf, waren äußerst lebhaft, vergnügt und begannen im Bett zu spielen.

Leitsymptome: Woran die Cypripedium-Konstitution zu erkennen ist

Cypripedium ist ein charakteristisches Homöopathikum bei *Schlaflosigkeit,* besonders bei *Übererregung sowohl von Kindern, Neugeborenen wie auch von Frauen in der Schwangerschaft und nach Fehlgeburten.* Die Kinder können, nachdem man mit ihnen am Abend gespielt und sich vergnügt hat, nicht mehr einschlafen. Sie sind äußerst lebhaft, ruhelos und kaum mehr zu besänftigen. Andererseits *wachen sie vielfach in der Nacht auf und beginnen zu lachen und zu spielen,* vor allem während der Zahnung. Auffallend ist auch das *Zucken,* das bei den Jugendlichen *vor dem*

Einschlafen oder im Schlaf in Erscheinung treten kann.

Psychische Verhaltensweisen

Cypripedium-Kranke besitzen eine übererregte Konstitution. Dies zeigt sich durch ihr leichtes Auffahren oder Zusammenfahren bei geringster Gelegenheit, ferner indem sie sich aus kleinstem Anlaß erschrecken lassen. Ansonsten sind sie fröhlich, heiter und lachen viel (*Kinder lachen im Schlaf*). Bei der Zahnung können sie jedoch aufschreien und in der Nacht arg brüllen – sie sind dabei äußerst ruhelos.

Vielfach haben die Patienten *Beschwerden, die durch Erregung der Gefühle* oder durch Kummer entstanden sind. Sie ärgern sich über die geringste Kleinigkeit. Andererseits können sie aber auch gleichgültig gegenüber ihren Pflichten sein. Studenten sind *unfähig zu studieren*, konzentriert zu denken oder Vorlesungen anzuhören. Das Mittel paßt auch für nervöse, erregte, hysterische *Frauen, deren Nerven durch lange Krankheit zerrüttet sind.*

Signatur

Wenn man die äußerst ruhelosen und hysterischen Insekten im Kessel der Frauenschuhblüten als deren Gefangene verfolgt, kann man sich gut die übererregten Kinder, Studenten und Frauen vorstellen, die vor lauter Nervosität nachts nicht schlafen können. Der lebhafte Tanz der Insekten läßt sich geradezu als wahlanzeigende Signatur charakterisieren.

Absonderliche Beschwerden: Cypripedium

Schlaf:
schlaflos durch Überreizung des Gehirns
Schlaflosigkeit mit Drang zu sprechen oder Gedankendrang (coff.)
erwacht durch Zucken der Glieder
schlaflos durch Fehlgeburt oder im Klimakterium

Kopf:
Wasserkopf – Hydrozephalus, durch chronischen Durchfall
Kopfschmerzen bei alten Menschen oder im Klimakterium
Schwere und Völle im Gehirn, kann nicht denken, sich nicht konzentrieren

Augen:
rechtes Augenlid Gerstenkorn (am-c., cupr., ferr-p., nat-m.)
Reizung der Augen jeden Abend um 17 Uhr

Verdauung:
nervöse Darmspasmen

Genitalien:
nach Pollutionen erschöpft, niedergeschlagen, depressiv
Amenorrhoe nach Hysterie

Haut:
rot, geschwollen

Glieder:
Zucken (epileptisch) bei der Zahnung
Unruhe des Körpers, Zucken der Extremitäten

Besondere Anzeigen:
Schlaflosigkeit nach Fehlgeburt oder in der Schwangerschaft
nervöse Studenten, die sich nicht konzentrieren können
Gegenmittel für Rhus.-tox.-Allergien
Epilepsie durch Überreizung des Gehirns

Hauptindikationen:
Delirium tremens zur Beruhigung, Zahnungsbeschwerden der Kinder, Schlaflosigkeit durch Erregung und Gedankenfluß, Beschwerden nach Kaffee und Tee, Erregung und Nervosität bei Frauen und Kindern. Neurasthenie, Eschöpfung nach langer Krankheit.

Vergleiche:
coff., zinc., scut., val., ign.

Abb. 172: Goldlack (Cheiranthus cheiri).

Cheiranthus cheiri L./Goldlack

Der Goldlack, welcher ursprünglich aus dem mediterranen Raum stammt, wurde im 12. Jahrhundert über die Alpen in unsere nordischen Gegenden gebracht und als Heilkraut in Burg- und Klostergärten angebaut. An alten Ruinen und Stadtmauern hat sich hier und dort die zauberhaft duftende Pflanze bis heute verwildert gehalten. Jeden Frühling zeigt sie sich in ihrer angestammten Blütenfarbe, dem attraktiven Goldgelb.

Es handelt sich um ein zwei- oder mehrjähriges, 20 bis 60 cm hohes Kreuzblütengewächs (Crucifera), welches mit unserem Ackerschöterich (Erysimum cheiranthoides) nahe verwandt ist. Die verholzenden, ästigen Zweige mit kantigem Stengel tragen längliche, lanzettliche, spitze, fast ganzrandige, gestielte Blätter. Die wohlriechenden Blüten bilden vom Mai bis Juni eine Traube. Über den vier behaarten Kelchblättern befinden sich vier große, goldgelbe Kronblätter. Sechs Staubgefäße umstehen den Fruchtknoten, der zu einer 4 bis 9 cm langen, aufrecht stehenden Schote auswächst. Diese springt bei Reife in zwei Klappen auf und entläßt viele 3 mm große, scheibenförmige Samen.

In verschiedenen Kulturformen hat der Goldlack auch Einzug im Ziergarten gehalten. Die Blütenfarben variieren von Weiß über Orange bis zum dunkelsten Rot. Die Pflanzen sind aber sehr empfindlich auf Winterkälte. Wildformen sind nur noch selten zu finden, vereinzelt auf kalkreichem Boden oder an Stadt- und Schloßmauern südlich ausgerichteter Lage. In der Schweiz kann man dem Goldlack am Fuße des Burghügels Valeria von Sitten im Oberwallis begegnen.

Der botanische Gattungsname „Cheiranthus" stammt sehr wahrscheinlich aus dem griechischen „cheir" (= Hand) und „anthos" (= Blüte). Damit soll ausgedrückt werden, daß man diese Pflanze wegen ihrer schönen und angenehmen Blüten gerne in der Hand hält. Die deutsche Bezeichnung Goldlack bringt die goldglänzende Lackfarbe der Blüten zum Ausdruck. Als Volksnamen sind Golden Läken, Güllak, Violke, Pfingstfeigel, Stockviole und Gelbveigel bekannt.

Goldlack in der Pflanzenheilkunde

Der Goldlack war bereits im griechischen Altertum bekannt, sei es als Zier- oder Heilpflanze. Mit Vorliebe wurde er als Schmuck der Altäre oder zur Bekränzung von Weinfässern bei Festlichkeiten gebraucht. Hippokrates erwähnte die Pflanze als wirksames Frauenmittel, und zwar wurden die getrockneten Blüten und Blätter als Sitzbäder bei Entzündungen der Gebärmutter und zur Förderung der Menstruation verwendet. Auch Paracelsus lobte den Goldlack, besonders gegen Schwindsucht. Selbst Hahnemann erwähnte die pflanzliche Arznei in seinem Apotheker-Lexikon: „Das aus den frischen Blumen destillierte Wasser soll in älteren Zeiten Schlagflüsse verhütet haben, den frischen Blumen selbst schrieb man ähnliche Kräfte zu. Sie sollen nach Aussagen der Alten gegen Kopfweh wirksam sein, die Lebensgeister beleben und nebst dem ausgepreßten Saft der ähnlich schmeckenden Blätter eine auflösende, vorzügliche aber sehr reizende, treibende Kraft auf die Gebärmutter äußern."

Heutzutage ist der Goldlack fast gänzlich in Vergessenheit geraten, obwohl die Inhaltsstoffe der Blüten, Blätter und Samen ausführlich erforscht wurden: ätherisches Öl, Myrosin, Quericitin, Cheiranthiin, Cheirolin und Cholin. In dieser Wirkstoffkombination zeigt Cheiranthi cheiri herba krampflösende Eigenschaften bei Herzbeschwerden. Die pflanzliche Arznei muß jedoch in fein abgestimmten Dosierungen rezeptiert werden, ansonsten können fingerhutähnliche Nebenwirkungen in Erscheinung treten. Die Abgabe ist nur dem Arzt vorbehalten.

Vergiftungen

Überdosierungen und Vergiftungen mit Goldlack verursachen infolge der herzwirksamen Glykoside starke Herzrhythmusstörungen, verbunden mit Erbrechen und Übelkeit.

Cheiranthus in der Homöopathie

Die Urtinktur wird aus dem *frisch blühenden Kraut* hergestellt. In der homöopathischen Literatur ist Cheiranthus cheiri selten zu finden. Einzig Cooper erwähnt das Mittel bei Affektionen infolge *Durchbruch der Weisheitszähne*, verbunden mit *Taubheit der Ohren.* Auch bei *verstopfter Nase,* hervorgerufen durch *herausdrängende Weisheitszähne* ist nach Cooper die homöopathische Arznei wirksam. Besonders Beschwerden beim Durchbrechen der Weisheitszähne (Kent Rep.: calc. 3, calc-p. 3, fl-ac. 2, mag-c., mag-m., sil. 3) sind mit Cheiranthus cheiri zu differenzieren. Bei richtiger Indikation ist die homöopathische Pflanze eine wahre Wundertäterin.

Iris versicolor L./Buntfarbige Schwertlilie

Falls Sie einmal im Ziergarten mit Blütenpflanzen alle Farben des Regenbogens vereinen möchten, sollten Sie die Schwertlilien berücksichtigen. Sie nämlich leuchten in der Transparenz der Wasserfarben. Ein zauberhafter Anblick, der an Iris, die Göttin des Regenbogens erinnert. Die Blüten stehen endständig an einem röhrenförmigen Stengel. Sie bestehen aus drei kronblattähnlichen Kelchblättern, drei Kron- und drei Staubblättern. Blütezeit ist in den Monaten Mai bis Juni. Die äußeren, zurückgeschlagenen Blütenblätter sind auf der Innenseite bärtig überzogen, deshalb werden sie auch Bartiris genannt. Um Honig saugen zu können, müssen sich die Hummeln und Bienen unter den darüberstehenden Griffelast zwängen — eine mühselige Angelegenheit, die letztlich mit süßen Säften belohnt wird. Im Laufe des Spätsommers reift aus der Blüte eine aufrecht stehende Kapsel, die sich in drei Klappen öffnet. In ihr liegen in drei Reihen, gleich Geldmünzen übereinandergeschichtet, die braunen, breitgedrückten Samen. Da sich unter der Samenhülle der Irisfrüchte ein Luftraum befindet, schwimmen die Samen auf dem Wasser, so daß sie durch Wind und Strömung leicht verschlagen werden können. Auf diese Weise sind Schwertlilien in der Lage, große Reisen zu unternehmen und sich in entfernteren Gebieten anzusiedeln. Durch diese pflanzlich gesteuerte Navigation wurde in unseren Gegenden die Sibirische Schwertlilie (Iris sibirica) aus dem Osten angeschwemmt und in Nordamerika hat sich über den Wasserweg die Buntfarbige Schwertlilie (Iris versicolor) eingebürgert.

Nebst der Sibirischen und Buntfarbigen Schwertlilie sind uns verschiedene andere Irisarten bekannt: Iris pseudacorus (Gelbe

Abb. 173: Sibirische Schwertlilie (Iris sibirica) kam auf dem Wasserweg durch schwimmende Samen nach Europa.

Abb. 174: Gelbe Sumpfschwertlilie (Iris pseudacorus). Sie gedeiht an Ufern von Bächen und Tümpeln.

Abb. 175: Buntfarbige Schwertlilie (Iris versicolor): Sie leuchtet in allen Farben des Regenbogens.

oder Sumpfschwertlilie), an Ufern von Bächen und Tümpeln wild wachsend mit leuchtend gelben Blüten; ferner die Iris xiphioides (Bergiris oder Schwertblättrige Iris), mit blau-violetten Blüten im Gebirge heimisch, und die Deutsche Schwertlilie (Iris germanica), die eine nach Veilchen duftende Wurzel besitzt, mit tiefblauen Blüten an südlichen Berghängen und in Weinbergen wachsend. Selbst Paracelsus lobte diese Irisart: „Die einzige Pflanze, die wirklich zur Duftpflanze taugt, ist doch die Iris." Heutzutage wird die Wurzel der Deutschen Schwertlilie in der Naturkosmetik verwendet.

Die Blütenfigur der Schwertlilie ist so bezaubernd, daß sie selbst als Wappenpflanze Verwendung fand. Die Toskana und deren Hauptstadt Florenz tragen die weißblühende Florentinische Schwertlilie (Iris florentina) auf dem Schild.

Die Iris pallida, auch Iris odoratissima genannt, sieht der Florentinischen Schwertlilie ähnlich, besitzt jedoch zart blaßblaue Blüten mit wohlduftenden Wurzeln.

Dank züchterischen Erfolgen mit entzückenden Blütenfarben sind im Laufe der letzten Jahrzehnte von Gärtnern eine Sortenvielfalt von über 40.000 Irisarten entstanden und es kommen immer neue dazu. Wer die Vielfalt der Irisfamilie einmal bewundern möchte, besuche in den Monaten Mai bis Juni die Parkanlage des Palazzo Pizzi in Florenz oder den Schloßpark von Vullierens-sur-Morges im Schweizerischen Waadtland, wo ein faszinierender Blumenpark mit über 500 verschiedenen Arten angelegt wurde. Die Irispflanzen sind mit den Liliengewächsen nahe verwandt; ihre nächsten Geschwister sind der Safran (Crocus sativus) und die Sumpf-Siegwurz oder Wilde Gladiole (Gladiolus palustre).

Als gemeinsames Merkmal der Irisgewächse stoßen im Frühling zwischen den Blumenpolstern graublaue Blattschwerter in die Höhe. An den hochgeschobenen runden Stielen leuchtet endständig die vielfarbige Pracht der Blüten, meist zwei bis drei an der Zahl. Auffallend ist auch die starke Lebenskraft des Wurzelstockes. Abgetrennt von der Erde

Abb. 176: Deutsche Schwertlilie (Iris germanica) besitzt eine veilchenduftende Wurzel und wird auch „Veilchenwurzel" genannt.

Abb. 177: Irisgarten von Vullierens sur Morges im schweizerischen Waadtland mit über 500 verschiedenen Arten.

und der Hitze oder Austrocknung ausgesetzt, besitzt er eine lange Sproßfähigkeit.

Aufgrund der Tatsache, daß die Irispflanzen lanzettliche Blätter in Säbelform besitzen, werden sie als Schwertlilien bezeichnet. „Schertel" oder althochdeutsch „svertala" bezeichnet die schwertartige Beschaffenheit des Blattwerkes. „Iris", der botanische Gattungsname, war bereits im hippokratischen Zeitalter im Gebrauch und nimmt Bezug auf die Göttin des Regenbogens.

Unter all den verschiedenen Irisgewächsen ist die Buntfarbige Schwertlilie (Iris versicolor) am meisten im Gebrauch. Ihre ursprüngliche Heimat ist Nordamerika, wo sie an sumpfigen nassen Stellen vorkommt. In unseren Gegenden wird sie als Zierpflanze im Garten angepflanzt. Charakteristisch ist die Blütenfigur, die den Farben des Regenbogens am meisten entspricht. Die unteren Blütenblätter sind oval ausgerandet von blauer Farbe und am Grund weißlich oder gelb gefleckt mit violetten Adern. Die oberen Zipfel sind kleiner, spatelig und purpurviolett gefärbt.

Buntfarbige Schwertlilie in der Pflanzenheilkunde

Bei den alten Indianern war die Buntfarbige Schwertlilie ein bewährtes Mittel gegen Wassersucht, während die amerikanische Medizin die Wurzel bei Entzündungen des Zwölffingerdarms sowie bei chronischer Gelbsucht, bei Malaria und bei Migräne mit Erbrechen und Durchfall verwendete. Das Rhizom von Iris versicolor ist in der Phytotherapie eine erprobte Arznei bei schmerzhafter oder ausbleibender Menstruation der Frauen. Iris germanica, die Deutsche Schwertlilie, hingegen wurde früher als schmerzlinderndes und beruhigendes wie auch wohlduftendes Kaumittel bei zahnenden Kindern eingesetzt. Aufgrund des blumigen Duftes, der aus der Wurzel entströmt, wurde sie auch „Veilchenwurzel" genannt.

Vergiftungen

Die frische Wurzel der Buntfarbigen Schwertlilie, welche neben Furfurol, Terpene, Myristin- und Isoptalsäure, Tannin, Schleim, Stärke und Zucker das Alkaloid Iridin enthält, verursacht bei Überdosierung charakteristische Beschwerden mit Kopfweh, Durchfall und Erbrechen. Diese Vergiftungserscheinungen bildeten den Ausgangspunkt für die homöopathisch durchgeführten Arzneimittelversuche.

Iris versicolor in der Homöopathie

Die homöopathische Essenz wird aus dem frischen *Wurzelstock der Buntfarbigen Schwertlilie hergestellt.* Kitchen aus Philadelphia hat Iris versicolor in die Homöopathie eingeführt, danach wurde das Mittel von Burt und Hale geprüft. Die Beschwerden der Migräne

Abb. 178: Die violetten Adern in der Blüte der Buntfarbigen Schwertlilie strahlen etwas Schmerzhaftes aus und signalisieren die Wochenendmigräne.

mit Verdauungsstörungen, besonders *Säure-beschwerden des Magens, gefolgt von heftigem Brennen*, großer Übelkeit und Erbrechen stehen im Mittelpunkt der durchgeführten Arzneimittelprüfungen am gesunden Menschen. Das heißt, wenn Iris als homöopathische Verdünnung dem völlig gesunden Probanden in Überdosierung verabreicht wird, kann als Folge eine künstliche Krankheit, d. h. Migräne mit saurem Magen, Übelkeit und Erbrechen entstehen. Aufgrund des homöopathischen Prinzips wird Iris bei Kranken mit ähnlichen Migränebeschwerden eingesetzt. Auffallend bei dieser Arzneimittelprüfung ist der typische Migräneverlauf = Iris-Migräne. Man versteht darunter eine Migräneform, die besonders nach körperlichen oder geistigen Belastungen, bisweilen in einem bestimmten Rhythmus, etwa jeden Sonntag oder alle 8 bis 14 Tage auftritt, meist verbunden mit Magen-Darmerscheinungen. Julius Mezger, der Leiter des Robert-Bosch-Krankenhauses in Stuttgart, schreibt darüber: „Daß die Migräne gerade sonntags einzutreten geneigt ist, hat seinen Grund wohl darin, daß der regulierende Einfluß der täglichen Arbeit mit ihrem gleichbleibendem Rhythmus, „des Dienstes ewig gleichgestellte Uhr", am Feiertag ausfällt und der Funktionsstörung eine erhöhte Gelegenheit einzugreifen bietet." Weiter schreibt der homöopathische Arzt in seinem Buch „Gesichtete Homöopathische Arzneimittellehre" (Karl F. Haug Verlag): „Die Anwendung gegen Migräne war den homöopathischen Ärzten ex juvantibus schon bekannt, ehe die Prüfung entsprechende Zustände am Gesunden hervorrief."

Leitsymptome:
Woran die Iris-Konstitution zu erkennen ist

Iris-Patienten klagen über Migräne (häufig *Sonntags- oder Wochenendmigräne*), *verbunden mit Sodbrennen, vorübergehender Sehstörung, Übelkeit, Erbrechen und Durchfall*, vielfach als Folge von geistiger Überanstrengung nicht selten bei Studierenden oder Lehrern.

Die Kranken klagen auch über Ischias, Trigeminusneuralgien, Bauchspeicheldrüsenentzündungen, Magenbeschwerden, Wetterfühligkeit oder Stirnhöhlenkatarrh mit typischen Iris-Symptomen, d. h. die Störungen sind fast immer verbunden mit Sodbrennen, starker Übelkeit, Erbrechen und Durchfall. Typisch ist auch das *Brennen im ganzen Verdauungskanal*, brennender Schmerz nicht nur im Magen, Mund und Rachen, sondern auch in der Bauchspeicheldrüse. Bei wäßrigem Durchfall brennt der After wie Feuer. Auch der abgehende Urin brennt durch die ganze Harnröhre.

Die rechte Körperhälfte (Kopfschmerz, Gesichtsneuralgie, Niere, Leber, Schulterschmerz, Gürtelrose) ist mehr betroffen.

Psychische Verhaltensweisen

Die kranke Iris-Konstitution ist oft niedergeschlagen, verzweifelt, gereizt und depressiv mit ängstlichem Gesichtsausdruck. Sie fürchtet sich vor drohenden Krankheiten, vor dem Tod oder vor Armut. Besonders bei Kopfschmerzen oder vor der Menstruation treten gleichzeitig Depressionen auf (Neigung zu Selbstmord vor der Menstruation). Morgens beim Erwachen besteht ängstliche Stimmung; nachts jedoch zeigt sich lediglich eine gewisse Ruhelosigkeit. Tagsüber ist der Iriskranke tadelsüchtig, er verlangt nach Aktivität; hat jedoch eine Abneigung gegen Gesellschaft. Machmal lacht er über seine eigenen Handlungen oder er verliert seine Gedanken beim Schreiben. Als häufiges Charakteristikum besitzt diese Konstitution umrandete Augen oder ein eingefallenes Gesicht. Typisch für Iris sind spezielle Träume, z. B. Sezieren von Leichen, Fallen ins Grab oder von Ersticken.

Signatur

Die tiefwirkende blaue Farbe der Buntfarbigen Schwertlilie strahlt viel Ruhe aus. Betrachtet man jedoch die ausgerandeten Blütenblätter etwas näher, sind violette Adern zu

Abb. 179: Iris-versicolor-Konstitution: Wochenendmigräne, verbunden mit Sodbrennen, Erbrechen und Durchfall – Brennen im ganzen Verdauungskanal.

erkennen, die etwas Disharmonisches, ja Schmerzhaftes ausdrücken. Fast bekommt man das Gefühl, als ob die zauberhafte Blüte ihre innewohnende Heilkraft für Schmerzzustände auftretend bei Ruhe charakterisieren möchte. Diese Signatur läßt sich ganz besonders bei entsprechenden Migräne-Patienten erkennen.

Absonderliche Symptome: Iris versicolor

Kopf:

Migräne jeden 8. Tag, typischerweise am Wochenende

Kopfschmerzen scheinen aus dem Magen oder von der Leber zu kommen

auf der Höhe des Migräneanfalls stellt sich Erbrechen ein

die Migräne bessert sich nach Eintreten von reichlichem Harnabgang. Kent Rep.: reichlicher Urinabgang bessert: acon. 2, ferr-p., gels. 3, ign. 2, kalm. 2, meli. 2, sang., sil. 2, ter., verat.

Kopfschmerzen abwechselnd mit Bauchweh

Kopfschmerzen nach dem Frühstück; von der linken zur rechten Kopfseite.

zusammenschnürende Kopfschmerzen beim Lachen oder Husten

Augen:

vermindertes Sehvermögen (vorübergehende Blindheit) bei Kopfweh

Trübsehen bei Ärger und Verdruß

Ohr:

Ohrabszeß periodisch hinter den Ohren

Ohrenschmerzen hinter den Ohren nachmittags

Gesicht:

Trigeminusneuralgie, häufig rechtsseitig, welche am Morgen nach dem Frühstück beginnt, mit betäubendem Kopfschmerz

Mund:

Gefühl von Brennen, feuriger Hitze, Wundheit, erstreckt sich bis zum Magen und After

Zahnschmerzen, Zahnneuralgie – Gefühl, als ob die Zähne zu lang sind

fadenziehender Speichelfluß beim Sprechen

fettiges Gefühl im Mund, am Zahnfleisch, auf der Zunge

Magen:

Brennendes Gefühl im Magen, ständige Übelkeit und Erbrechen von Wasser und saurem Inhalt

alles wird im Magen zu Essig

periodisches Erbrechen, das Erbrochene ist nicht immer sauer, sondern kann auch bitter oder süßlich, blutig, gallig oder grüngelblich sein

Magenbeschwerden mit gleichzeitigem Brennen auf der Zunge, Hals und Speiseröhre

viel Sodbrennen, Säure macht Zähne stumpf (rob.)

morgendliche Übelkeit in der Schwangerschaft mit saurem Erbrechen

Krebs des Pylorus mit saurem Erbrechen (Cooper)

Unverträglichkeit von Milch, Mehlspeisen, Teigwaren, Brot, Kartoffeln und Obst

Bauch:

Schmerzgefühl in der Lebergegend, schlimmer bei Bewegung

Rumoren während Stuhlgang oder nachts um 4 Uhr

Nabelschmerzen während Durchfall

Verdauung:

Reichlich grüne, wäßrige, saure Stühle, Fettstühle

Brennen im Verdauungskanal, Brennen am Anus

Periodische Nachtdurchfälle mit grünen Absonderungen

Durchfall nach Abendessen

Durchfall periodisch jeden 2. Tag (Kent Rep.: Frühjahr bry. 2, iris, lach. 2, sars.)

Durchfall im Frühling oder Herbst (Kent Rep.: Herbst: ars. 2, asc-t., babt., colch. 3, ip., iris 3, merc., merc-c. 2, nux-m. 2, verat. 2)

Stuhldrang beim Denken an den Stuhlgang

kupferfarbener Stuhl

Haut:

Schweiß riecht nach Essig

Gürtelrose (rechte Seite) verbunden mit Magenstörungen

Psoriasis an Armen, Ellbogen, Knie

Schorf an der Kopfhaut (Tinea capitis) mit eitriger Kruste und Haar verfilzt, sowie Eiterung am linken Ohr

Hautausschläge mit Magenbeschwerden

Glieder:

Ischias, ziehender; reißende, brennende Schmerzen im Hüftnerv bis zum Fuß oder in die Kniekehlen (häufig links)

Schmerzen in der Hüfte wie ausgerenkt

Schlechter:

geistige Anstrengung mit anschließender Ruhe, abends, nachts

Besser:

fortgesetzte Bewegung, Bücken, Luft, Seeluft

Besondere Anzeigen

Schwangerschaftserbrechen mit Speichelfluß und Säurebeschwerden,

Sommerdiarrhoe bei Kleinkindern (verat., chin.)

Magenkrebs am Magenpförtner

Wetterempfindlichkeit bei schlanken, blonden Menschen, Amputationsneurosen

Hauptindikation:

Sonntagsmigräne, akute und chronische Bauchspeicheldrüsenentzündung, Diabetes, Gallenkolik, Leberleiden, Diarrhoe Sodbrennen, Ischias, Trigeminusneuralgie, rechtsseitig Herpes zoster, Milchschorf

Vergleiche:

nux-v., sulf-ac., rob., caps., carb-v., carb-an., lyc., nat-p., sulf., gels., sang., nat-m.

Lamium album L./Weiße Taubnessel

Die Weiße Taubnessel ist eine ausgesprochene Hummel- und Ameisenblume. Ohne die Dienste dieser Tierchen müßte die Pflanze aussterben. Oft ist es interessant zu beobachten, wie die Hummeln mit wahren Akrobatikkünsten an der Blüte herumturnen und schließlich ihren dicht behaarten Körper so weit in die Kronröhre hineinschieben, bis sie endlich mit dem Rüssel die Honigquelle an der Basis des vierteiligen Fruchtknotens erreichen können. Viele Hummeln jedoch vermögen den Honigsaft vom Schlund der Krone nicht abzulecken. Daran ist nicht nur ihre Körperfülle schuld, sondern auch der zu kurze Rüssel. Die Kurzrüssler handeln deshalb mit Gewalt und beißen kurzerhand ein Loch in die Kronröhre.

Zwischen der Taubnessel und der Hummel besteht ein uralter Vertrag, indem die brummenden Blumengäste von den herabsenkenden, pflanzlichen Staubfäden am Rücken mit Blütenstaub beladen werden, den sie in der nächsten Blüte als Fremdbestäubung wieder abgeben. So sichert sich die Taubnessel unter der Dienstleistung der Hummeln ihre Befruchtung. Reift dann aus der Blüte der Samen mit vier Nüßchen heran, so werden sie bei Erschütterung des Stengels durch den Wind oder durch vorüberstreifende Tiere wie aus einem Wurfbecher geschleudert. Doch die Wurfweite ist vielfach zu kurz als daß die Samen in größerer Entfernung von der Mutterpflanze niederfallen und auskeimen könnten. Da treten die Waldameisen in die Lücke. Sie verschleppen die auf dem Boden liegenden Samen in die Weite der Natur, wodurch die Pflanze neuen Boden gewinnt.

Die Weiße Taubnessel ist ein mehrjähriger Lippenblütler (Labiata) von ca. 30 bis 40 cm Größe. Von der Brennessel kann sie sehr leicht durch Berührung unterschieden werden: „Schreist Du, − juck's Dich − zweifle nicht − taub ist nit!" (Die Taubnessel besitzt zum Unterschied der Brennessel keine Brennhaare.)

Die Familie der Taubnesseln ist vielgestaltig und nur Kenner sind in der Lage, die Pflanzen vor der Blütezeit auseinanderzuhalten. Sobald dann aber die Lippenblüten mit ihren überhängenden Dächern erscheinen, kennt jedes Kind die Taubnessel, ob weiß, gelb oder rot: Gelbe Taubnessel (Lamium galeobdolon) oder Goldnessel, Purpurrote Taubnessel (Lamium purpureum), Punktierte Taubnessel (Lamium maculatum) oder Stengelumfassende Taubnessel (Lamium amplexicaule).

Bei der Weißen Taubnessel (Lamium album) wachsen am behaarten, vierkantigen, hohlen Stengel kreuzgegenständig herz-eiförmige, lang zugespitzte, grob gesägte, kurzstielige Blätter. Die Blüten sitzen in den Deckblattachseln in 3−6 Scheinquirlen mit 6−16 tragenden, weitrachigen, weißen Lippenblüten. Blütezeit: Mai bis August.

Der Gattungsname „Lamium" stammt vom griechischen „lamos" (= Schlund) und

Abb. 180: Die Goldnessel (Lamium galeobdolon) besitzt gelbe Lippenblüten mit überhängenden Dächern.

Abb. 181: Weiße Taubnessel (Lamium album): Sie besitzt taube, nicht brennende Blätter.

nimmt Bezug auf die Blütenform. „Album" aus dem Lateinischen bedeutet „weiß" und kennzeichnet die Blütenfarbe. Taubnessel wird sie genannt, weil sie im Gegensatz zur Brennessel nicht brennt.

Als Volksnamen sind Bienenauf, Sugerli, tote Nessel, Blumennessel, Blindnessel, Urinblume, Eisblume, Heiternessel bekannt.

Weiße Taubnessel in der Pflanzenheilkunde

Im Hinblick auf die Signaturenlehre verordnete Paracelsus die weißen Blüten gegen Weißfluß. In der Tat besitzen die enthaltenen Wirkstoffe (ätherisches Öl, Gerbstoff, Flavonoide, Xanthophyll, Saponine, Schleim, Lamiin und Cholin) entzündungshemmende Eigenschaften auf die Unterleibsorgane der Frau. Ferner regulieren sie die Menstruation wie auch die Durchblutung der Gebärmutter. In der Phytotherapie ist die Taubnessel das Mittel bei Fluor album, ferner bei Eileiterentzündung, Störungen der Menstruation, Eiweiß im Urin, Harnverhalten bei älteren Männern und Blasenentzündung.

Lamium album in der Homöopathie

Die Urtinktur wird aus den *frischen Blüten* hergestellt. Lamium wurde von Hahnemann selbst wie auch von Stapf geprüft. Der Arzneimittelversuch erzeugt spezifische *Kopfschmerzen, die tief innen empfunden* werden und mit dem Verlangen, den Kopf vor- oder rückwärts zu beugen. Das Mittel besitzt ferner eine Affinität zu den weiblichen Unterleibsorganen mit Ausfluß und Harnwegsentzündungen.

Leitsymptome: Woran die Lamium-Konstitution zu erkennen ist

Charaktcristisch für Lamium ist das *Gefühl, als würde ein Tropfen Urin durch die Harnröhre fließen oder durch die Harnröhre hinauf steigen,* ferner die *zu früh und zu spär-*

Abb. 182: Lamium album ist in der Homöopathie angezeigt, wenn das Gefühl besteht, ein Tropfen Urin würde durch die Harnröhre fließen.

liche Menstruation mit starkem Ausfluß, sowie *Kopfschmerzen, die beim Erwachen auftreten* und durch Aufstehen, durch Essen oder im Freien sich verschlechtern, jedoch im Sitzen sich verbessern.

Psychische Verhaltensweisen

Vielfach hat der Kranke das Gefühl, als müsse er unverschuldete Widerwärtigkeiten erdulden. Aufgrund einer starken *Benommenheit muß er sich beim Sprechen zusammenreißen.* Gehörte Ausdrücke oder *Worte können sich allerdings hartnäckig in den Kopf einprägen.* Aber auch zusammenhanglose Gedanken können aufsteigen. Der Patient ist ängstlich und findet keine Ruhe, weder beim Umhergehen noch beim Sitzen oder Liegen. Er besitzt die Einbildung, geisteskrank zu werden oder er sei von allen verlassen worden.

Absonderliche Beschwerden: Lamium album

Schlaf:
träumt von der bereits eingetretenen Menstruationsblutung

Kopf:

Kopfschmerzen mit Beugen des Kopfes nach vorne und hinten

Kopfschmerz wird tief innen empfunden

Kopfschmerz mit Gefühl, als wäre die aufliegende Seite des Bettes zu hart

Kopfschmerz mit Gefühl, als wäre der Kopf mit einem Reif zusammengeschnürt

Augen:

anfangs Pupillen stark verengt, später stark erweitert

Magen:

nach jedem Essen oder Trinken brennende Schmerzen in Speiseröhre und in der Mitte der Brust

Aufstoßen von wäßriger Flüssigkeit in den Mund

Bauch:

Unruhe in der Lebergegend, Handauflegen bessert

Nieren:

Gefühl, als ob ein Tropfen Urin die Harnröhre hinaufstiege oder hinunterfließe

Genitalien:

Menses zu spärlich, zu früh mit reichlichem Ausfluß dazwischen

Fluor scharf wundfressend, übelriechend

Menses kommt bei Neumond (Kent Rep.: rhus-t.)

Haut:

Blasenbildung an der Ferse bei leichtem Reiben mit Geschwüren

Glieder:

ziehendes Reißen bald hier, bald dort

Besser:

Aufstehen, Sitzen

Schlechter:

Essen, im Freien

Hauptindikationen:

Ausfluß, Hämorrhoiden, Kopfschmerzen, zu frühe Menses

Vergleiche:

bac., ment-pip., orig.

Symphytum officinale L./Wallwurz/Beinwell

Gerne wird die Wallwurz von Kräuterliebhabern im Garten als „Notapotheke" gezogen. Zu diesem Zweck verwendet man eine spezielle Art, nämlich die Comfrey-Pflanze (Symphytum peregrinum), die größere Wurzeln als die wilde Wallwurz (Symphytum officinale) schlägt und weniger behaarte Blätter sowie tiefblaue Blüten besitzt. Symphytum peregrinum ist entstanden durch die Kreuzung von Symphytum officinale und der Rauhen Wallwurz (Symphytum asperum). Ein englischer Gärtner, der in den Diensten von Katharina II. stand, hatte diese Züchtung im 18. Jahrhundert von Petersburg nach England gebracht, von wo sie weite Verbreitung fand.

Die Wilde Wallwurz, welche ebenfalls im Kräutergarten kultiviert wird, ist über ganz Mitteleuropa bis auf eine Höhe von 1.500 m in Wiesen, an Bachufern, am Flußrand und in lichten, feuchten Wäldern verbreitet. Die bienenfreundliche Pflanze ist ein Bruder des Lungenkrautes und gehört den Borretsch- oder Rauhaargewächsen (Boraginaceen) an. Sie ist mehrjährig und wird über 1 m hoch. Die Wurzelbildung ist äußerst vital mit dicken spindelförmigen, außen schwarzen, innen weißen, schleimigen Rhizomen. Hängend an vierkantigen Stielen erscheint im Mai bis Juni der traubenartige Blütenstand mit trübroter oder gelblichweißer Farbe. Der einzelne Blütenkelch ist fünf-zipfelig, zylin-

Abb. 183: Comfrey (Symphytum peregrinum) – Wallwurz mit schmächtigen Wurzeln und wenig behaarten Blättern.

Abb. 184: Die Wilde Wallwurz (Symphytum officinale) kann auch gelblich-weiße Blüten tragen.

Abb. 185: Wilde Wallwurz (Symphytum officinale) mit haarigen Blättern, wird wie die Comfrey-Pflanze im Garten gezogen.

drisch, glockig und aus der Blütenröhre hängt ein dunkelvioletter Griffel hervor.

Neben der Wilden Wallwurz und dem Comfrey sind über 20 verschiedene Beinwellarten bekannt, z. B. Rauher Beinwell (Symphytum asperum) oder Russischer Beinwell, 100–180 cm groß mit himmelblauen Blüten, Wald-Beinwell (Symphytum tuberosum), 15–30 cm groß mit blaßgelben Blüten in Laubwäldern wachsend, ferner Knolliger Beinwell (Symphytum bulbosum), 19–30 cm groß mit blaßgelben Blüten in Weingärten des Mittelmeerraumes wachsend.

„Symphytum", der Gattungsname, leitet sich vom griechischen „symphein" ab, was zusammenwachsen bedeutet und Bezug auf die Wurzelkräfte nimmt. Der Beiname „officinale" bringt zum Ausdruck, daß die Pflanze in der Offizin, d.h. in Apotheken und Drogerien als Heilmittel verwendet wird. Der englische Name „Comfrey" ist eine Zusammensetzung der lateinischen Wörter

Abb. 186: Russischer Beinwell (Symphytum asperum) besitzt blaue und rote Blüten.

„cum" und „firma", was zu deutsch „mit Festigkeit" bedeutet und auf die Heilwirkung bei Knochenbrüchen hinweist. Auch im deutschen Ausdruck „Wallwurz" steckt eine Heilanzeige: althochdeutsch „wallen" heißt übersetzt „zusammenheilen".

Im Volksmund ist die Pflanze auch als Beinwell, Beinwurz, Beinheil, Schwarzwurzel, Hasenbrot, Himmelsbrot, Honigblume, Imbelichrut, Zottel, Soldatenwurzel, Wundschad, Beinbrechwurz, Glotwurzel bekannt.

Wallwurz in der Pflanzenheilkunde

Wallwurz wurde bereits schon vor Paracelsus (1493–1541) und der Äbtissin Hildegard von Bingen (1098–1179) unter dem Namen „Consolida" als Wundheilmittel verwendet. Die Wurzeln enthalten nach neusten Untersuchungen beachtliche Mengen von Allantoin, ferner Gerbstoff, Schleim, Asparagin, Consilidin, Cholin, Inulin, Mineralien wie Calcium, Phosphor, Eisen, Mangan, Kobalt und Kieselsäure sowie die Vitamine B_1, B_2, B_{12}, C und P.

Die natürlichen Wirkstoffe zeigen auf den menschlichen Organismus kallusbildende, granulationsfördernde, abschwellende, kühlende, schmerzstillende, narbenbildende, entzündungshemmende und schleimlösende Wirkung. Von Larry, dem berühmten Chirurgen Napoleons, wissen wir, daß er eitrige Wunden mit Fliegenmaden behandeln ließ. Auch bei den alten Indianern war die Wundbehandlung mit Fliegenmaden bekannt. Robinson, ein amerikanischer Wissenschaftler, fand heraus, daß in den Maden der Heilstoff Allantoin enthalten ist, welcher die Wunden schneller heilen läßt. Dieser Wirkstoff Allantoin ist jedoch auch in großen Mengen in der Wallwurz-Wurzel enthalten. Er verflüssigt Wundsekrete, regt den Gewebsstoffwechsel an und fördert die Heilung, indem abgestorbenes Gewebe entfernt, die Zellsprossung gefördert und die Gewebserneuerung eingeleitet wird.

In diesem Sinne werden Wallwurzsalben, Emulsionen und Kompressen bei Knochenerkrankungen aller Art, Knochenhautentzündungen, Verstauchungen, Blutergüssen, Quetschungen, schlecht heilenden Wunden, Sportverletzungen, Narbenschmerzen, Phantomschmerzen, rheumatischen Gelenkserkrankungen, Sehnenscheidenentzündung, Tennisarm, Prellung des Augapfels und Arthrose verwendet.

Symphytum officinale in der Homöopathie

Die Urtinktur wird aus der *vor der Blüte gesammelten* Wurzel hergestellt. Es liegt kein Arzneimittelversuch vor, das Mittel wurde aufgrund der Empirie in die Homöopathie eingeführt. Vor allem ist Symphytum ein *erstklassiges Wundheilmittel*, besonders bei *Knochenfraktur* (fördert die Kallusbildung), *schlecht heilenden Knochenbrüchen*, vielfach

Abb. 187: Symphytum ist in der Homöopathie ein erstklassiges Wundheilmittel, besonders bei schlecht heilenden Knochenbrüchen.

mit Knochenschmerzen an der Bruchstelle oder wundem Gefühl an der Knochenhaut verbunden, ferner bei *Fakturen, die schlecht zusammenwachsen* (calc-p.), sowie *komplizierten Knochenbrüchen*. Das Mittel ist hilfreich bei *Verletzungen, die durch stumpfe (nichtspitze) Gegenstände* entstanden sind, *Schlag auf den Augapfel*, Prellung, Faustschlag, *Schlag ins Gesicht mit blauen Flecken* ohne Verletzung der oberen Hautschicht, Verletzung durch einen Schneeball, der ins Gesicht geworfen wurde, *Quetschung der Sehnen und Gelenksbänder, Empfindlichkeit, Reizbarkeit, Amputationsstümpfen*, und letztlich bei *Verknöcherung nach Knochenbruch*. Auch Arthrosen, Schußwunden, Venenentzündung und Zahnfleischschwund werden durch Symphytum positiv beeinflußt.

Psychische Verhaltensweisen

Von Symphytum sind nur zwei markante psychische Beschwerden bekannt: *zupft sich ständig an der Nase* und verweilt lange an unangenehmen, vergangenen Ereignissen.

Absonderliche Beschwerden: Symphytum

Kopf:
Kopfschmerz am Hinterkopf, Scheitel, Stirn, wechselt oft den Ort,
Kopfschmerz erstreckt sich am Nasenbein hinab
bekommt vor Frost Kopfschmerzen
Augen:
Augenschmerzen nach Schlag mit stumpfem Gegenstand
Verletzung des Auges durch Stoß oder Schlag (symp. bestes Mittel)
Verschließen der Augenlider
Geschwulst des Augapfels

Nase:
Tumor, bösartiges Sarkom am rechten Oberkiefer

Gesicht:
Entzündung der Gesichtsknochen

Magen:
launenhafter Appetit, weist Angebotenes ab

Rücken:
Abszeß am Psoasmuskel
Verletzung des Rückgrats

Glieder:
neuralgische Knieschmerzen
Tennisellbogen – Epikondylitis
brüchige Knochen – Knochenentzündung
Schmerzen, als wären die Knochen gebrochen

Besondere Anzeigen:
Krebsleiden der Knochen

Hauptindikationen:
Augenverletzung, Prellung, Knochenbruch, schlecht heilende Knochenfraktur, zur besseren Kallusbildung, Arthrose, Tennisellbogen, Magen-, Zwölffingerdarmgeschwür, Venenentzündung, Zahnfleischschwund

Vergleiche:
arn., calc-p., hyp., bell-p., calend., ruta, calc-f.

Abb. 188: Maßliebchen — Gänseblümchen (Bellis perennis): Die Blüten stehen wie eine Gans auf einem langen Fuß (Stielchen).

Bellis perennis L./Gänseblümchen

Ja, auch sie sind wieder da, die feinen, weißen Blütensterne, die uns noch im letzten November und Dezember erfreuten. Tief geduckt aber strahlend stehen sie auf kurzen Stielchen und lachen uns mit rosigen Gesichtern an. „Maßliebchen" nannten sie unsere Großeltern, und als Gänseblümchen oder Tausendschön sind sie in unsere Gärten und Parkanlagen eingezogen. Ungeachtet des schlichten Gewandes ist das Gänseblümchen ein Freund der Kinder, die mit den Blüten Halsketten und Haarkränze zusammenflechten. Fragen wir unsere Kleinen, warum es Gänseblümchen heißt, so antworten sie, weil es wie eine Gans auf einem Fuß steht. In Wahrheit mag der Name daher kommen, daß die Blume da, wo die Gänse sich häufig aufhalten, am meisten anzutreffen ist. Im Volksmund ist die Pflanze, welche überall auf Wiesen, an Wegrändern, am Waldrand und auf Bergmatten zu finden ist, auch als Morgenblume, Marienblume, Angerblümchen, Mümmeli, Rekrutenröserl, Dragonerblume, Ringelröschen, Gänseliese, Zeitlosenkraut, Wundwurz oder Beulenwurz bekannt. Hahnemann nannte sie „Tausendschönmasliebe".

Die botanische Bezeichnung „Bellis", aus lateinisch „bellus" (= schön), charakterisiert die hübsche Blüte, während der Beiname „perennis" (= ausdauernd) auf das mehrjährige Wachstum hinweist.

Das Gänseblümchen, welches nur ca. 15 cm hoch wird, gehört den Korbblütengewächsen (Compositae) an. Die zahlreich einzeln stehenden Blütenköpfe tragen zwittrige, gelbe, röhrenförmige Scheibenblüten und weiße, an der Spitze oft rötliche, zungenförmige, weibliche Strahlenblüten. Die Pflanze blüht das ganze Jahr über, wobei sie sich mit der Sonne von Osten nach Westen dreht. In der Wildkräuterküche sind die Blüten eine bekömmliche Delikatesse, sei es als Butter-

Abb. 189: Die einzelnen Blütenköpfchen drehen sich mit der Sonne von Osten nach Westen.

brot, Wildkräutersalat oder Blütenbouillon. Auch die zarten, rundlichen Blätter können als Salat gegessen werden.

Die große Schwester des Gänseblümchens ist die Margerite, auch Wucherblume (Leucanthemum vulgare) genannt. Im Ziergarten werden aus dem Maßliebchen hübsche Variationen mit leuchtenden Farben gezogen.

Abb. 190: Maßliebchen-Zierformen im Garten.

Gänseblümchen in der Pflanzenheilkunde

Seit alters her ist das Gänseblümchen ein Wundheilmittel. Bereits Matthiolus erwähnte in seinem „New Kräuterbuch" (1626) Bellis perennis als „ein Wundheilkraut", das sogar die „zerbrochene Hirnschale" heilen soll.

Die ganze Pflanze beinhaltet Saponin, Glykosid, Cosmisin, ätherisches Öl, organische Säuren und Bitterstoff. Als Kräutertee, Frischpflanzentropfen oder Preßsaft wird das Gänseblümchen in der Phytotherapie bei Hauterkrankungen, Furunkeln, eitrigen Prozessen, Hautjucken, Fluor albus, sowie zur Anregung des ganzen Stoffwechsels bei Rheuma- und Gichtkrankheiten eingesetzt.

Bellis perennis in der Homöopathie

Die Urtinktur wird aus der *blühenden Pflanze samt Wurzeln* hergestellt. Bellis wurde ursprünglich von Burnett in die Homöopathie eingeführt, nachdem er mit diesem Mittel große Erfolge bei Magenbeschwerden, als Folge von kalten Getränken bei überhitztem Körper, verzeichnen konnte. Auch heilte er mit dieser homöopathischen Arznei mehrere *Tumore, die nach einem Schlag* auftraten. Im Arzneimittelversuch verursacht Bellis muskuläre Schmerzhaftigkeit, Lahmheit wie nach Verstauchungen, sowie Furunkel und eitrige Prozesse. In diesem Sinne wird die Pflanze in der Homöopathie eingesetzt und zwar ähnlich wie Arnika bei *Verletzungen, Verstauchungen, Prellungen, Quetschungen, Verrenkungen und bei Folgen von Stürzen und Schlägen.* Man kennt das Mittel auch als „Knutschkraut", das oftmals bei Hämatomen der Verliebten verwendet wird. Charakteristisch ist, daß nach traumatischen Zuständen, nach Überanstrengung und Verrenkung ein *Gefühl der Zerschlagenheit* und *bleierne Müdigkeit* auftritt. Ansonsten ist Bellis bei *rheumatischen Erkrankungen indiziert, begleitet mit dem Drang, sich in frischer Luft zu bewegen,* vielfach bei Gärtnern und betagten Arbeitern. Typisch für das Mittel sind *Haut-

Abb. 191: Bellis perennis ist in der Homöopathie wie Arnica bei Verletzungen, Verstauchungen, Prellungen im Einsatz und zwar mit dem Gefühl der Zerschlagenheit.

ausschläge, die durch naße Kälte bei Überhitzung entstanden sind.* Diese charakteristische Folgeerscheinung ist öfters in der homöopathischen Anamnese wahrzunehmen, was aber vielfach kaum beachtet und registriert wird.

Leitsymptome: Woran die Bellis-Konstitution zu erkennen ist

Bellis-Patienten klagen oftmals über ein *abgeschlagenes, wundes Gefühl im ganzen Körper,* sei es nach Überanstrengung, Überarbeitung, Verletzung oder in der Schwangerschaft. Ferner läßt sich das Mittel bei *plötzlicher Kälte auf erhitztem Magen* erkennen, z. B., wenn verschiedenste Beschwerden nach kalten Getränken oder Nahrung bei gleichzeitiger Überhitzung auftreten (bei Touristen, Reisenden, Feldarbeitern usw). Auch *Folgen von kalter Nässe auf die hitzige Haut*

(Rheuma, Gicht, Hautausschläge, Zerschlagenheitsgefühl) sind diesbezüglich weitere
Merkmale.

Wenn *Überanstrengungen, Überarbeiten* zu
gesundheitlichen Beschwerden führen, ist immer an Bellis perennis zu denken, so z. B. bei
Blutungen der Gebärmutter nach überfor-
dernden Betätigungen.

Diese Konstitution hat die Neigung, *nachts
um 3 Uhr* oder *morgens früh wie zerschlagen
zu erwachen.* Vereinzelt ist die linke Körperseite vermehrt mit Störungen belastet, außerdem sind Kaltbaden, kalter Wind, Abkühlung und Naßwerden unerträglich.

Psychische Verhaltensweisen

Kranke, die aufgrund ihrer konstitionel-
len Beschwerden Bellis benötigen, sind oft ermüdet und zerschlagen und haben den
Wunsch sich hinzulegen. In ihrem Charakter
zeigen sie sich *heikel und pingelig*, vielfach
auffallend gereizt. Morgens, wenn sie erwachen, sind sie wie *gerädert* und verwirrt auf
die Umgebung.

Signatur

Das Gänseblümchen wird oft unbeachtet
an seinem Standort mit den Füßen von
Mensch und Tier zertreten. Doch richtet es
sich immer wieder auf und erscheint mit
strahlendem Blumengesicht. Dies darf als
Heilanzeige gedeutet werden, indem der zer-
schlagene Patient nach Stürzen, Schlägen
oder Verletzungen durch Bellis perennis wieder aufgerichtet wird.

Wer am frühen Morgen das Gänseblümchen betrachtet, erkennt, wie es sein Köpfchen in gebeugter Haltung zur Erde neigt,
ähnlich wie Bellis-Kranke frühmorgens gerädert und ermattet erwachen.

Abb. 192: An seinem natürlichen Standort wird das
Gänseblümchen oft zertreten, richtet sich aber nach kurzer Zeit mit strahlendem Blumengesicht wieder auf, was
als Signatur gewertet werden kann.

Absonderliche Beschwerden: Bellis perennis

Schlaf:
wacht früh am Morgen auf und kann nicht
    mehr einschlafen

Mund:
Polypen in der Mundschleimhaut (Wangen)
Zahnschmerzen bessern sich durch Wärme
Gefühl, als wären Zähne zu lang
beißt sich auf die Zunge infolge Schwellung

Magen:
Magenschmerzen werden durch Essen besser
Erbrechen nach Genuß von Äpfeln
Verlangen nach Essig, rohen Zwiebeln, kal-
    ten Getränken

Brust:
Brustkrebs nach Quetschung
Verhärtung der Mammae nach Quetschung

Bauch:
Bauchschmerzen nach Eiscreme (Kent Rep.:
    ars. 3, calc-p., puls. 2, sep. 2)
schmerzhafte Stiche in der Milz/Leber
Schmerzen der Bauchdecke in den letzten
    Schwangerschaftsmonaten

Genitalien:

Empfindung im Uterus wie zerquetscht

Gebärmutterblutungen nach Überanstrengung

Menstruation unterdrückt nach Kälte bei Überhitzung

Herabhängen der Gebärmutter als würde sie herausgepreßt

geprelltes Gefühl im ganzen Becken

Haut:

Akne bei Menstruationsbeschwerden

Akne infolge kalter Getränke oder naßer Kälte

Schwellung der Drüsen nach Verletzung

Furunkel, Karbunkel an der Nase, keloide Tumore, Muttermaltumore, zystische Tumore

Glieder:

Lahmheit wie verstaucht

ungewöhnliche, bleierne Müdigkeit erschweren das Gehen

Handgelenk fühlt sich wie von einem festen Band zusammengeschnürt an

Krampfadern, die zerquetscht schmerzen

Rücken:

Verletzung des Steißbeines

Eisenbahnrücken: Rückgratsverletzungen durch Erschütterung

Schmerzen im rechten Deltamuskel mit nächtlichem Erwachen 2 bis 4 Uhr

Besser:

Bewegung, Wärme, Massage

Schlechter:

Kaltbaden, kalter Wind, Abkühlung, Naßwerden, kalte Nahrung, kalte Getränke, Abkühlung bei Überhitzung, Schwitzen

Besondere Anzeigen:

unfähig spazieren zu gehen in der Schwangerschaft infolge Zerschlagenheitsgefühl

Brustkrebs, hervorgetreten durch Quetschung

Krampfadern in der Schwangerschaft mit zerquetschtem Gefühl

Verletzung der Gebärmutter nach Entbindung

Fluor albus im Wochenbett

Leberflecken (äußerlich), Kopfläuse[Synth.]:

Läuse: am-c., ars., lach., lyc. 2, merc. 2, nit-ac., olnd., psor. 2, sabad. 2, staph., sulf. 2, vinc.

Hauptindikationen:

Quetschungen, Verletzungen, Verrenkungen, Verstauchungen, Muskelkater, Zerschlagenheitsgefühl, chronische Appendizitis, Furunkel, Akne, eitrige Prozesse, Milzerkrankungen, Uterusbeschwerden, Blutungen, Überarbeitung

Vergleiche:

arn., ars., staph., ham., bry., rhus-t., calend., hyp., con., vanad., lappa-a., lil-t., frax., murx., helon., hydr.

Brassica napus L./Raps

Leuchtend goldgelb blühende Rapsfelder — welch einzigartiger Anblick! Es ist, als ob der Wonnemonat Mai Äcker und Felder in Gold verwandeln möchte. Jedermann bleibt stehen und badet sich im Meer der schimmernden Blütenpracht, zugleich lauschend mit dem Ohr auf das brummende Konzert von Abermillionen Bienen und Insekten.

Raps, ein ein- oder zweijähriges Kreuzblütengewächs (Crucifera) wird in der Landwirtschaft in zwei Sorten angebaut: Winterraps, der im Spätsommer, Sommerraps, der im Frühling ausgesät wird.

Sobald die kalte Jahreszeit anbricht, stellt der Winterraps sein Wachstum ein. Die Stengel sind dann noch niedrig, so daß die Blätter auf dem Erdboden aufliegen und eine grundständige Rosette bilden. Darunter senkt sich eine pfahlförmige Hauptwurzel mit kurzen Seitentrieben in den Boden. Die Blätter sind fiederartig, nicht aber bis zur Mittelrispe gezogen.

Im Frühjahr erfolgt der Austrieb bis zu einer Höhe von ca. 1,5 m. Alle Blätter am Stengel sind dann mit einer dünnen, abwischbaren Wachsschicht überzogen. Der Winterraps entfaltet seine Blüten im April bis Mai, während der Sommerraps etwas später erscheint. Bei schönem Wetter fliegen Tausende von Bienen und Insekten herbei, um sich am Blütengold zu laben.

Die kurzstieligen Blüten stehen traubenartig in verschiedener Höhe an den oberen Abschnitten und besitzen je vier schmale, anfangs aufrechte, später schräg abstehende, gelbe oder gelbgrüne Kelchblätter, die mit vier kreuzweise gestellten, goldgelben Blumenblättern abwechseln. Während die unteren Abschnitte der Blumenblätter, die sogenannten Nägel, eine Art Röhre bilden, sind die oberen rechtwinklig abgebogen. Am Grund der sechs Staubblätter sitzen vier grüne Honigdrüsen. Der langgestreckte Fruchtknoten trägt auf dem Griffel eine knopfförmige Narbe. Dieser Aufbau der Blüte ist ein für alle Kreuzblütler gültiges Merkmal.

Die Frucht wird aus zwei Fruchtblättern gebildet, deren verwachsene Ränder durch eine häutige Wand (falsche Scheidewand) verbunden sind, und je eine Reihe schwarzbrauner Samen tragen. Die ganze Fruchtkapsel (Schote) ist in einen rundlichen Schnabel ausgezogen. Beim Reifen lösen sich die Fruchtblätter von unten nach oben in Klappen auf, und die Samen werden vom Wind abgeschüttelt und verstreut. Deshalb erntet der Landwirt den Raps, bevor die Früchte völlig reif sind.

Wenn auch die honigreichen Blüten des Rapses eine vortreffliche Bienenweide bilden, und wenn man seine jungen Blätter hier und dort als Gemüse verwendet, wird er bei uns meist als Grünfutter angebaut. Als Winterfutter wird das Kraut des Rapses sehr geschätzt, da es sich gut zur Gärfutterbereitung in Silos eignet. Die heutige Hauptbedeutung der Pflanze liegt jedoch, wie in früheren Zeiten, in den Samen begründet. Zerdrückt man diese zwischen Papier, so entsteht ein bleibender Fettfleck. Ein Zeichen, daß sie reich an Öl sind, was dem Keimling als Baustoff dient. Das Rapsöl, das 30–40% vom Gewicht der Samen beträgt, wird durch Auspressen der vorher zerstampften oder zerquetschten Samen gewonnen. Frisch geschlagen, dient es hier und dort als Speiseöl; in der Hauptsache aber wird es zum Schmieren von Maschinen sowie zur Herstellung von Seife verwendet. Bis zur Entdeckung des Steinöles (Petroleum) war es das wichtigste Mittel zur Beleuchtung der Wohn- und Arbeitsräume und der Straßen. Heute ist es sogar möglich, anhand dieser Pflanzenöle Treibstoff für den Autoverkehr zu gewinnen.

Abb. 193: Raps (Brassica napus): Goldschimmerndes Blütenmeer im bestellten Acker.

„Brassica", der botanische Gattungsname des Rapses, stammt von der lateinische Bezeichnung für Kohl, mit dem die Pflanze verwandt ist. Der Beiname „napus" ist der lateinische Name für Senf und bringt ebenfalls die nähere Verwandtschaft zum Ausdruck. Im Volk wird der Raps auch Reps genannt.

Raps in der Pflanzenheilkunde

Apotheker und Drogisten verwenden oftmals das Rapsöl als Grundlage zur Salbenherstellung.

Brassica napus in der Homöopathie

Die Urtinktur wird aus der *frisch blühenden Pflanze* hergestellt. Nach Clarke liegt von Brassica napus kein Arzneimittelversuch vor.

Abb. 194: Brassica napus ist in der Homöopathie bei blasenartigen Hautausschlägen wie von Verbrennungen mit unersättlichem Appetit und Abfallen der Nägel, sowie flaumigem, farblosem Haar indiziert.

Er beschreibt das Homöopatikum aufgrund von Wirkungen, die nach reichlichem Genuß der Pflanzen anläßlich einer irischen Hungersnot auftraten: *unersättlicher Appetit,* starke Blähungen, *blasenartige Hautausschläge wie von Verbrennungen mit Geschwüren,* Mundschleimhautaffektionen, ödematöse Schwellungen, *Abfallen der Nägel* und *flaumiges, farbloses Haar.*

Bei entsprechenden wahlanzeigenden Symptomen ist das Mittel bei *Bulimie, Gangrän, Geschwüren, Hautausschlägen, Abfallen der Nägel* und Wassersucht angezeigt.

Absonderliche Beschwerden: Brassica napus

Kopf:
Stirn blasenartiger Ausschlag wie von Verbrennung mit Verfärbung und Geschwürsbildung

Gesicht:
außergewöhnlich stark angeschwollen mit aufgetriebenen Augenlidern und Oberlippen, die das Gesicht entstellen

Nase:
blasenartiger Ausschlag wie von Verbrennung mit Verfärbung und Geschwürsbildung

Mund:
entzündliche, geschwürige Mundschleimhaut mit schwammigem Zahnfleisch

Magen:
unersättlicher, außergewöhnlicher Appetit

Glieder:

blasenartiger Ausschlag wie von Verbrennung an Händen und Füßen mit Verfärbung und Geschwürsbildung

trockene, geschrumpfte Haut an Händen und Füßen mit dunkelroten Flecken wie von Verbrennung

Abfallen der Nägel

Hauptindikation:

Bulimie, Gangrän, Abfallen der Nägel, blasenartiger Hautausschlag wie von Verbrennung mit Geschwürsbildung, Wassersucht

Vergleiche:

sec., alf.

Kreosotum/Destillierter Buchenholzteer

Wem der lange Winter auf die Glieder geschlagen hat und wer sich vor lauter Müdigkeit und Schwäche kaum erholen kann, der wandere Ende April bis Anfang Mai in den Buchenwald. Hier entfalten die Rotbuchen (Fagus silvatica) dicht aneinandergereiht ein Blättermeer mit dem frischesten und vitalsten Grün. Es gibt keine zarteren Frühlingsblätter wie diese, welche sogar mit seidig glänzenden Wimpern überzogen sind. Sie schimmern in der Sonne derart hellgrün hervor, als wären sie aus venezianischem Glas gegossen. Der Streifzug durch die Säulenhallen gleicht einem erquickenden Frühlingsbad, das uns wieder fidel und munter macht. In der Kathedrale der Buchenbestände, wo man wie unter der hohen Wölbung eines gotischen Domes wandeln kann, werden neue Kräfte wach, so daß man Stamm um Stamm umarmen möchte.

Dieser Baum mit den gewaltigen „Muskelsträngen" seiner ausladenden Äste trägt Tausende von lichtgrünen Blättern zu einem riesigen Mosaik zusammen, wobei kein Sonnen-

strahl ungenützt bleibt. Ein ausgewachsener Baum kann bis zu 60.000 Blätter tragen, die alle zusammen ca. 1.200 Quadratmeter ergeben. Unter dem Erdreich verzweigt sich waagerecht ein reiches Gewirr von Seiten- und Nebenwurzeln. Kein Blitz würde es wagen, in die Buche einzuschlagen, da der Baum keine tief in den Boden eindringende und ableitende Pfahlwurzeln besitzt. Nicht umsonst empfiehlt der Volksmund: „Vor Eichen sollst Du weichen, doch Buchen sollst Du suchen!"

Über 300 Jahre alt kann dieser Baum werden und eine maximale Höhe von ca. 40 m erreichen. Dabei ist die silbergraue, glatte Rinde gezeichnet vom ständigen Regenwasser, das aus der Höhe des Wipfels den Stamm hinunterläuft. Liebespaare fühlen sich besonders angesprochen, ihre amourösen Symbole in den Stamm der Buche zu ritzen.

Erst im 60. Lebensjahr beginnt der Baum zu blühen und zu fruchten, doch nur alle 5 bis 8 Jahre. Die männlichen Blüten hängen oder stehen aufrecht in zahlreichen Büscheln, während die weiblichen stachelige Hüllen bilden, die später im Herbst aufspringen und dreikantige, rotbraune Samen zum Vorschein bringen. In den sogenannten „Bucheckernjahren" ist der Blütenaustrieb und Fruchtsegen derart reichlich, daß es sich lohnt, die ölhaltigen Nüßchen einzusammeln und zu essen. Doch der zu reiche Genuß der Bucheckern kann zu Übelkeit, ja sogar zu Vergiftungen führen.

Die Rotbuche (Fagus silvatica) gehört den Buchengewächsen (Fagaceen) an und ist in Europa weit verbreitet. Sie ist jedoch von der Hain- oder Hagebuche (Caprinus betulus) zu unterscheiden, die der botanischen Familie der Haselgewächse (Corylaceen) angehört. Als charakteristisches Merkmal ist die Hainbuche an den traubenförmigen Blüten und geflügelten Früchten zu erkennen.

Abb. 195: Junger Buchentrieb — der Baum kann bis zu 300 Jahre alt werden.

Abb. 196: Rotbuche (Fagus silvatica): Ein ausgewachsener Baum kann bis zu 60000 lichtgrüne Blätter tragen.

Buchenholzteer in der Pflanzenheilkunde

In der Phytotherapie ist die Rotbuche keine große Autorität und wird kaum in den Schriften der antiken Heilkünstler erwähnt. Einzig Hildegard von Bingen empfahl sie als Heilmittel gegen Krämpfe, Fieber und Gelbsucht. Ferner soll der Rindentee entzündliche Hauterkrankungen heilen, während die frischen Blätter als Auflage beim Gerstenkorn der Augen aufgelegt werden können. Junge Blätter können auch als Wildsalat oder Suppeneinlage gegessen werden.

Häufig im Gebrauch ist jedoch der Buchenholzteer, der durch trockene Destillation des Holzes gewonnen wird. Es handelt sich um ein dickflüssiges, dunkelbraunes Öl, das entzündungshemmend, juckreizmildernd und austrocknend wirkt. Durch Pinselung und als Bestandteil von Salben wird das Präparat bei Hauterkrankungen eingesetzt.

Vergiftungen

Buchenholzteer, Fagi pix genannt, ist schon seit jeher als Konservierungsmittel (Räuchermittel) für Fisch und Fleischwaren bekannt. Bei der Destillation der dunklen Masse gewinnt man das Kreosotum, ein Gemisch von Phenolen aus Guajacol, Kresol

Abb. 197: Hagebuche (Caprinus betulus): Sie gehört den Haselgewächsen (Corylaceen) an.

Die Buche selbst hat mit dem Begriff „Buchstabe" etwas gemeinsam. Sie erinnert an die alten Buchenbrettchen, die in früheren Zeiten für Schriftstücke verwendet wurden. Besonders die Kelten ritzten ihre Runen- und Orakelzeichen auf Buchenholz ein. Auch Gutenberg machte seine ersten Druckversuche mit aus Buchenholz geschnitzen Lettern.

„Fagus", der botanische Gattungsname der Buche, leitet sich aus dem griechischen Ausdruck für Essen ab, womit sehr wahrscheinlich der Gebrauch der Buchennüßchen charakterisiert wird. „Silvatica", der Beiname aus dem Lateinischen übersetzt, bedeutet Wald und bezeichnet den Standort des Baumes. Aufgrund des rötlichen Holzes wird die Buche zu deutsch auch Rotbuche genannt.

Abb. 198: Kreosotum wird aus dem Buchenholzteer durch Destillation des getrockneten Holzes gewonnen.

und Kreosol. Kreosotum aus dem Griechischen übersetzt heißt „Fleischbewahrer." Es handelt sich um eine farblose, ölige Flüssigkeit, die penetrant nach Rauch riecht und brennend, ätzend schmeckt. Bei unvorsichtiger Dosierung wirkt sie stark hautätzend und reizt sogar die Nieren, so daß sich der abgehende Urin schwärzlich verfärbt. Kreosotum besitzt aber auch eine stark krebserregende Wirkung.

Kreosotum in der Homöopathie

In der Homöopathie wird vor allem *Kreosotum, der destillierte Buchenholzteer,* nur in seltenen Fällen auch die Früchte der Rotbuche, verwendet. Aufgrund von Beschwerden, die nach dem zu reichen Genuß von Bucheckern auftraten, wurde man auf die homöopathische Wirkung aufmerksam: Furcht vor Flüssigkeiten und Speichelfluß, ferner Zittern und Krämpfe, Steifheit und Kälte, Mundschwellung und Kopfschmerz. Allesamt gleichen die Symptome einem tollwutähnlichen Zustand.

Das homöopathische Arzneimittelbild der potenzierten Rotbuchenfrüchte zeigt folgende absonderliche Eigenheiten: „Furcht vor Wasser, betäubender Schwindel die ganze

Abb. 199: Rotbuchenfrüchte (Bucheckern): Sie sind in der Homöopathie bei flehendem Verlangen nach Flüssigkeiten mit glühendem Fieber im Gebrauch.

Nacht, Schwellung des Mundes, schäumender Speichelfluß aus dem Mund, unerträglicher Durst mit flehendem Verlangen nach Getränken, nächtlicher feuerroter Harnabgang mit trübem, weißem Sediment, glühendes Fieber mit brennender Haut und epileptischen Anfällen." (Clarke)

Häufiger in der Homöopathie im Gebrauch ist Kreosotum, das durch rektifizierte Destillation des Buchenholzteers gewonnen wird. Im Gedichtband von Ernst Gardemin „Homöopathische Reimregeln" (Karl F. Haug Verlag) wird das Mittel allgemein vorgestellt:

„Das Kreosot gewinnt man aus den Buchen,
Und wenn wir nach den Leitsymptomen suchen,
So ist es scharfes, stinkendes Sekret zumeist,
Das auf das Kreosot hinweist.

Auch lasse man den Punkt nicht außer acht,
Daß Ruhe, sowie Kälte schlimmer macht.
Als weit're wicht'ge Zeichen ich erwähne
Das wunde Zahnfleisch und die schlechten Zähne.

Saures Erbrechen, lange nach dem Essen,
Auch Gliederschmerzen seien nicht vergessen,
Bei Lungenschwindsucht wird, wie allbekannt,
Das Kreosot seit alter Zeit verwandt.

Leitsymptome:
Woran die Kreosotum-Konstitution zu erkennen ist

Homöopathisch wirkt Kreosotum vor allem auf die *Schleimhäute, die ekelhaft riechende, wundmachende Sekrete absondern, geschwürig werden und zur Schwächung des Kranken* führen. Charakteristisch sind die *stinkenden, ätzenden, brennenden und juckenden Ergüsse*: Fluor, Nase, Mund, Hals, Urin und Stuhl. Als zweites Merkmal sind die *Blutungen* zu nennen, *die bereits bei geringsten Einflüssen auftreten und dunkle Verfärbung vorweisen*, z.B. reichliche Blutung aus kleinsten Wunden (Kent Rep.: crot. horr., lach.,

Abb. 200: Kreosotum-Konstitution: Ekelhaft riechende, wundmachende Sekrete der Schleimhäute; Blutungen bei geringsten Anlässen mit schwärzlicher Farbe; Pulsationen im ganzen Körper bis zu den Fingerspitzen und geschwärzte Zähne.

phos.), Blutungen des Zahnfleisches, Zunge, Lippen, Nase, Blasen, Darm, Hämorrhoiden (Bluterkrankheit). *Schwärzliche Blutung, übelriechende Absonderungen und Brennschmerz sind für Kreosotum typisch, wie auch die Pulsationen im ganzen Körper des Kranken bis hin zu den Fingerspitzen.*

Das Zahnfleisch ist schwammig entzündet, geschwollen, schmerzhaft und dunkelrot – blau blutend und es können brennende Zahnschmerzen auftreten, die bereits durch äußerliche Anwendung von Kreosotum in niederen Potenzen gemildert werden. Die *Zähne* selbst können *schwärzliche Flecken vorweisen, abbröckeln,* (Kent Rep.: Abbrechen der Zähne: euph., lach., nat-h., plb., sulf-ac.; siehe auch Kent: Zerfallen der Zähne) *oder verfaulen (Karies).* Das Mittel ist auch bei Knochenfraß und Knochengeschwülsten angezeigt.

Hervorzuheben ist die *intermittierende Regelblutung* (zu früh, zu stark, zu lange und unterbrochen) mit Schwellung und Wundsein der weiblichen Genitalien. *Das Menstruationsblut ist vielfach dunkel gefärbt, scharf wundmachend, juckend und übelriechend.* Es tritt auch scharf *ätzender, stinkender Weißfluß* auf, der die Wäsche stark gelb verfärbt. Kreosotum zeigt ferner einen besonderen Einfluß bei Vaginal- und Gebärmutterkrebs.

Das Mittel paßt für *Bettnässer im ersten Schlaf,* die schwer zu wecken sind (Sepia), wie auch für *Diabetiker (bessert den Durst des Zuckerkranken), die an Juckreiz und Gangrän wie Katarakt leiden.* Außerdem wird es empfohlen bei eitrig blutender Bronchitis (vielfach mit Brechhusten), ferner bei Gastritis und Magengeschwüren. Auch Hauterkrankungen, die unheilbar nässende Geschwüre vorweisen und stark jucken, sowie starke neuralgische Schmerzen (Gesicht, Zähne), die sich in der Ruhe verschlechtern, werden durch Kreosotum gebessert. Letztlich ist es ein beachtliches *Palliativa bei verschiedenen Krebsleiden* und Tumoren, *die leicht bluten.*

Sehr hilfreich ist Kreosotum in der Kinderheilkunde, bei *Jugendlichen, die entsprechend*

ihrem Alter zu schnell gewachsen sind. Besonders bei *starken Schmerzen während der Zahnung mit schwammig geschwollenem, leichtblutenden Zahnfleisch,* ferner bei raschem *Zerfall der Milchzähne* (Kent Rep.: Karies vorzeitig bei Kindern: calc. 2, calc-f. 2, calc-p. 2, coff., fl-ac. 2, kreos. 3, staph.3,), *geschwärzten Zähnen* (Zähne Farbe schwarz: arg-n. 2, chin. 3, chlor. 2, con. 2, ign., kreos., merl., merc. 3, nit-ac. 2, phos., plb., puls., scil. 2, sep. 2, staph. 3, syph., thuj. 2) wird das Mittel entsprechend eingesetzt. Kinder, die bereits im *ersten Schlaf einnässen, vom Wasserlassen träumen,* oder bei Harndrang schnell aus dem Bett steigen müssen, bedürfen Kreosotum. Es handelt sich um Kinder, die oft erst schlafen können, *wenn sie lange liebkost* werden, oder die beim *Stuhlgang* starke Schmerzen verspüren und *kreischend aufschreien.* Nicht selten ist eine starke Reizbarkeit zu bemerken. Das Kind verlangt

Abb. 201: Hauchzarte Frühlingsblätter der Buche charakterisieren die dünne, blutungsneigende Haut des Kreosotum-Patienten.

nach Spielzeugen und wenn es sie bekommt, werden sie wieder weggeworfen (cham.). Letztlich ist bei chronischem Magenkatarrh der Kinder Kreosotum eine hilfreiche Arznei.

Psychische Verhaltensweise

Die Kreosotum-Konstitution besitzt einen leidenden Ausdruck mit gelbgräulichem Gesicht und roten heißen Wangen. Es handelt sich eher um dunkle Typen, die hager und mager sind; *hochgeschossene Personen, die zu schnell gewachsen sind* (phos.). Große Wünsche werden bei ihnen wach, die aber starke Unzufriedenheit auslösen, wenn sie nicht erfüllt werden. Alles geht ihnen schnell zu Herzen. Bei *Musik beginnen sie oft zu weinen oder bekommen starkes Herzklopfen.* Durch Aufregung entstehen *klopfende Empfindungen im ganzen Körper* bis zu den Fingerspitzen. Auch eine Gedächtnisschwäche macht sich bemerkbar. Die Kranken bleiben bei ihren Betätigungen plötzlich stehen und wissen nicht, was sie soeben gewollt haben.

Signatur

Das rötliche Holz der Buche sowie die hauchzarten Frühlingsblätter lassen einen Vergleich ziehen zur dünnen, blutungsneigenden Haut der Kreosotum-Konstitution.

Absonderliche Beschwerden: Kreosotum

Schlaf:
erwacht, als ob man sie/ihn gerufen hätte
träumt von Abmagerung, Verschluß des Halses, wachsenden Dingen, schmutziger Wäsche, Schnee, Urinieren, Vergiftung, Verfolgung, Vergewaltigung

Kopf:
Kopfschmerz wie wenn ein Brett gegen den Kopf gedrückt würde[Synth.]
Schweregefühl in der Stirne, wie wenn alles herauskommen würde

Augen:
salzige Tränen, heiß und scharf
abends pulsierendes Gefühl in den Augen
sieht blaue, dunkelblaue Farben vor den Augen

Ohren:
hört schlecht, vor oder während der Menstruation (Ohrengeräusch)
Ohrenschmerzen durch Musik oder während Menstruation

Nase:
ekelhaft eingebildete oder wirkliche Gerüche morgens bei Erwachen
nach Nasenbluten auffallende Vergeßlichkeit

Mund:
Aphthen in der Schwangerschaft
übler Mundgeruch von faulen Zähnen
bitterer Geschmack nach Trinken von Wasser
Risse am Mundwinkel, auf den Lippen bei jeder Periode

Magen:
Gefühl von Eiswasser im Magen
Erbrechen von süßlicher, wäßriger Flüssigkeit
das Erbrochene ist so scharf, daß es die Mundschleimhaut angreift
Schwangerschaftserbrechen mit überriechendem Speichelfluß
Verlangen nach gepökeltem Fleisch

Brust:
Husten bei jeder Lageveränderung im Bett

Verdauung:
widerlich stinkende Durchfälle
Verstopfung mit starker Abmagerung

Niere:
überriechender Urin wie braunes Bier mit rötlichem Sediment
kann nur im Liegen oder zurückgebeugt Wasser lassen (zinc.)
Harndrang bei Strecken der Hände
unwillkürliches Urinieren im Liegen
Harndrang, kann das Bett nicht schnell genug verlassen (murx., petr., apis)

Genitalien:

elektrische Stöße in der Scheide, wie aus dem Bauch kommend

Blähungen aus der Vagina vor oder während Menstruation

Menses hört plötzlich im Sitzen oder Gehen auf und beginnt erst wieder im Liegen (Menses nur im Liegen) oder umgekehrt: hört auf im Liegen

Blutung nach Intimverkehr – fürchtet sich stark

Schwellung des Penis, einen Tag nach Intimverkehr

Glieder:

Schweregefühl der Hand vor Menstruation

Gefühl von Kugeln in den Fersen

Rücken:

Rückenschmerzen mit milchigem Fluor – erstreckten sich zur Vagina

Besser:

Wärme, Bewegung

Schlechter:

Kälte, Ruhe, Liegen

Besondere Anzeigen:

Winterhusten bei alten Leuten mit Druck auf der Brust

Seekrankheit, Sommerdiarrhoe

Sterilität bei starkem Fluor

Hauptindikationen:

Altersgangrän, Diabetes mit Gangrän, Juckreiz, Katarakt, starke Blutungen kleiner Wunden, Fluor albus, Schwangerschaftserbrechen, Geschwürleiden, Krebsleiden: Uterus, Magen, Knochen, Bettnässen, Zahnungsbeschwerden, Karies, Zahnschmerzen, Parodontitis, Gastritis, Bronchitis, Erbrechen

Vergleiche:

fuligo, carb-ac., jod., lach., ars., phos., sulf., hydr., sec., merc., nit-ac., sep., sab., carb-v., thuj., fluor-ac., mez.

Ledum palustre L./Sumpfporst

Viele Moore, Sümpfe und Torfwiesen unserer heimischen Gegenden wurden in den vergangenen Jahrzehnten aufgrund landwirtschaftlicher Nutzungsinteressen entwässert. Damit verloren viele einzigartige Pflanzen natürlicher Feuchtgebiete ihren Lebensraum, was äußerst bedauerlich ist. Wenn man z.B. dem Sumpfporst in freier Natur begegnen möchte, muß man sich fast die Füße wundlaufen. Kaum ist er noch zu finden; einzig in gewissen Hochmooren, wie z.B. in Les Ponts-de-Martel bei Le Locle an der schweizerisch-französischen Grenze, hat man das Glück, diesen 50 bis 150 cm hohen, immergrünen Halbstrauch anzutreffen. Ansonsten ist er vielerorts in Mitteleuropa fast ein Fremdling geworden, denn seit der Jahrhundertwende wurden rund 90% der damals noch vorhandenen Moorgebiete trockengelegt, abgetorft, umgepflügt, im wahrsten Sinne des Wortes „verheizt". Doch all diese Hochmoore sind für die intakte Natur von großer Bedeutung. Es sind Luftfeuchtigkeitsspender, Wasserspender für Quellen und vor allem Lebensraum für verschiedene Pflanzen und Tierarten.

Hochmoore werden von moosreichen Pflanzengesellschaften aufgebaut, womit im Laufe der Jahrtausende unter Luftabschluß Torf gebildet wird. Es handelt sich um gewisse Erben der Gletscher, die nach ihrem Abschmelzen ausgeschürfte Wannen hinterließen. Darin sammelte sich das Gletscherwasser an und Seitenbäche führten Gesteins- und Pflanzenteile in den See. Die Ufervegetation rückte zunehmend vor und nach und nach verlandete das flache Gewässer. Schließlich entstand aus dem kleinen See ein sumpfiger Bezirk, ein Flachmoor mit unmittelbarer Verbindung zum Grundwasserspiegel. Typische Besiedlungspflanzen wie Schilf, Binsen, Seggen und Riedgräser, die nach ihrem Absterben durch die starke Bodenvernässung kaum verrotten konnten, bildeten allmählich über dem Grundwasserspiegel einen Teppich, womit sich das Flachmoor zum Hochmoor verwandelte.

In solchen Hochmooren zu wandeln, ist eine botanische Sensation. Hier begrüßen wir den Sumpf-Bärlapp (Lycopodium inundatum), die Blumenbinse (Scheuchzeria palustris), die Rosmarinheide (Andromeda polifolia), die Glockenheide (Erica tetralix), den Gagelstrauch (Myrica gale), die Beinbrech-Ährenlilie (Narthecium ossifragum) und natürlich auch den Sumpfporst (Ledum palustre), der in der Homöopathie hoch geschätzt ist. Es handelt sich um eine Reliktpflanze aus der Eiszeit, die sich in unserem Klima nur auf besonders kühlen, feuchten Standorten erhalten konnte. Nimmt man ihr diese Standorte weg, ist ihr Schicksal besiegelt.

Der Sumpfporst, ein rosmarinähnlicher, ästiger, 50 bis 150 cm hoher Halbstrauch aus der botanischen Familie der Heidekrautgewächse (Ericaceae), besitzt lineale, ca. 3 cm lange, ledrige, ganzrandige, tannennadelartige Blätter, die vielfach am Rande nach unten eingerollt, auf der Oberseite glänzend grün und auf der Unterseite rostfarbig und filzig behaart sind. Von Mai bis Juni erscheinen an den Sproßenden die Blüten in endständiger, reichblütiger Doldentraube. Die vielen Einzelblüten bestehen aus einem fünfzähnigen Kelch und einer drüsig klebrigen, weißen Blumenkrone, die sternförmig ausgebreitet ist. Die zehn Staubblätter sind länger als die Krone und in der Mitte befindet sich ein fünffächeriger Fruchtknoten, aus dem eine überhängende Kapsel reift. Diese springt mit fünf Klappen auf und bringt zahlreiche, spindelförmige Samen zum Vorschein.

Die ganze Pflanze, besonders die Blätter und Blüten, strömen einen betäubenden, et-

Abb. 202: Sumpfporst (Ledum palustre): Rosmarinähnlicher Strauch im Moorgebiet.

Abb. 203: Die Blüten strömen einen betäubenden Duft aus, der Insekten auf Distanz hält.

was süß-herben Duft aus, der besonders Fliegen auf Distanz hält.

Botaniker betiteln den Sumpfporst als Ledum palustre, abgeleitet nach dem griechischen Wort „ledron", was nach Dioskurides eine Cistusart darstellt, jedoch nach Linné vom lateinischen „laedere" (= verletzten) übersetzt wird und Bezug auf die Verwendung bei Stichwunden nimmt. Der Beiname palustre bringt laut lateinischer Übersetzung den Standort im Sumpf zum Ausdruck. Im Volksmund kennt man die Pflanze auch als Wilder Rosmarin, Motten- oder Wanzenkraut, Gräntze, Bauerkraut, Tannenporst, Moor-Rosmarin oder Kienporst.

Sumpfporst in der Pflanzenheilkunde

Blatt und Blüte (Ledi palustris herba) beinhalten ätherisches Öl als Ledumkampfer = Ledol, ferner Flavonglykosid, Ericolin, Palu-

strol und Gerbstoff. Als Heilpflanze tritt der Sumpfporst erst im 16. Jahrhundert in Erscheinung und zwar unter den Namen „Ledum rosmarini folio" oder „Rosmarinus silvestris". Im Jahre 1775 schrieb Linné eine Abhandlung über die medizinischen Eigenschaften der Blüten und Jungtriebe gegen Fieber, Gicht, Keuchhusten, Bronchialkatarrh, Ruhr und Hautkrankheiten. Hufeland rühmte die Pflanze bei Hüftschmerzen, die ohne Schwellung und Rötung auftreten. Ansonsten ist Ledum palustre in der Phytotherapie ein hilfreiches Mittel bei rheumatischer Konstitution mit Arthritis und Muskelbeschwerden; ferner zur äußerlichen Behandlung von Insektenstichen und Stichwunden. Hahnemann schreibt in seinem Apothekerlexikon: „Den Absud hat man zur Tilgung des Ungeziefers an Menschen und Vieh, auch gegen Wanzen mit Vorteil angewendet."

Vergiftungen

Überdosierungen des Sumpfporstes können aufgrund des stark wirksamen Ledols zu Beschwerden führen wie: Atemstörungen, Unruhe, Schweißausbrüche, Magen-Darm-Reizungen, Nierenreizungen, Harnwegsentzündungen, Lähmungen, Schlafsucht, Erregungs- und Rauschzustände und Kollaps. Bei Schwangeren führen sie sogar zum Abort. Bereits der Duft der Pflanze löst bei sensiblen Personen Kopfweh und Betäubung aus. Die Pflanze ist im Urzustand nur mit größter Vorsicht zu gebrauchen.

Ledum palustre in der Homöopathie

In der Homöopathie wird die Urtinktur aus den *getrockneten, jungen Sprossen* hergestellt. Aus dem Vergiftungsbild ist ersichtlich, daß Ledum hauptsächlich auf die Schleimhäute der Atemorgane, der Harn- und Verdauungsorgane einwirkt, ferner auf das faserige (fibrose) Gewebe der Gelenke und Muskeln. Hahnemann schrieb im Hufeland-Journal: „Der Sumpfporst macht nach meinen Erfahrungen unter anderem ein beschwerliches, schmerzhaftes Atemholen, dies belegt die Hülfe, die er im Keuchhusten leistet, vermutlich auch in der krampfartigen Engbrüstigkeit ... Ebenso spezifisch ist, wie ich sah, seine Eigenschaft, beschwerliches Jucken in der Haut zu erregen, und ebenso daher seine große Kraft in den langwierigsten Hautübeln." An einer anderen Stelle erwähnt er die „baldige, dauerhafte Hülfe bei Folgen von Influenza."

In erster Linie ist Ledum ein hilfreiches homöopathisches Mittel bei *Keuchhusten,* vor allem in Zusammenhang mit einem *zusammenschnürenden Gefühl auf der Brust vor den Anfällen*; das Kind versteift sich vor dem Husten, atmet schnell während den Attakken, *beugt sich beim Anfall stark nach hinten,* bekommt dabei öfters Nasenbluten, danach treten oft Zerschlagenheitsgefühl und Krämpfe im Zwerchfell auf.

Ledum hilft aber auch bei *rheumatischen Schmerzen, vor allem in den kleinen Gelenken,* ferner in den Muskeln, in der Wirbelsäule sowie im Kreuz, Nacken, zwischen den Schulterblättern, in den Lenden, Ellenbogen, Händen, Hüften, Knien und Füßen, ganz besonders wenn die *Abkühlung die Beschwerden bessert.* Außerdem ist das Mittel bei *Ablagerungen (Gicht, Harnsäure, Kalk)* besonders in den Handfinger- und Zehengelenken indiziert, wobei sie *von unten nach oben zunehmen.* Äußerlich können die schmerzhaften Gichtknoten täglich mehrmals mit verdünnter Urtinktur (1 Teelöffel in einer Tasse mit lauwarmem Wasser) behandelt werden, während man gleichzeitig Ledum D4 bis D6 oral einnimmt.

Ein weiteres Anwendungsgebiet sind *Hautausschläge im Gesicht,* auf der Stirn und auf der Nase mit *roten Flecken (Frieselausschlag), die wie von Läusen stammen* und Jucken und Beißen hervorrufen.

Besonders hervorzuheben ist die Verwendungsmöglichkeit der Arznei bei *Wunden und Verletzungen* (rostige Nägel, die gefährlich tief in Fuß oder Hand eingedrungen sind), wobei die *Schmerzen bei Ledum von unten nach oben schießen und oftmals mit Kälte begleitet sind (Kälte bessert).* Vorteilhaft ist das Mittel bei *lang zurückliegenden Stichwunden* mit deren Folgen, d. h. langwierige Beschwerden nach Stichverletzungen, ferner bei Folgen von Verletzungen an Nägeln durch Nadeln mit Wunden, die wenig bluten aber stark schmerzen, anschwellen und sich fleckig verfärben. Sobald aber Tetanus auftritt, verabreicht man nach Kent Hypericum. Charakteristisch für Ledum ist, daß nach Verletzung *die betroffene Stelle noch lange blau verfärbt ist* und die *Haut sowie die Wunde sich kalt anfühlen.* Das Mittel wird empfohlen, wenn nach Quetschungen und Verletzungen Arnika keine Wirkung mehr zeigt, ferner bei Wunden mit spitzen Instrumenten oder von Splittern, sowie bei blauem Auge durch Faustschlag (C200) — Schlag lokal auf dem Augapfel: Symphytum. Auch bläulich gefärbte Frostbeulen werden innerlich und durch die äußerliche Behandlung mit Ledum gebessert. Letztlich paßt Ledum außerordentlich gut bei *Folgen von Insektenstichen mit starken Schmerzen, Schwellung, Jucken, Beißen,* einerseits als äußerliche Behandlung (betupfen mit Urtinktur), andererseits als innerliche Medikamente in D4 bis D6. Man sollte Ledum auf Sommerwanderungen immer griffbereit halten, um mögliche Stiche von Mücken, Bienen, Wespen, Hornissen und

Abb. 204: Ledum palustre in der Homöopathie: Ein verläßliches Mittel bei Keuchhusten mit zusammenschnürendem Gefühl auf der Brust.

Abb. 205: Ledum-Konstitution: Rheumatische Schmerzen, vor allem in den kleinen Gelenken, die von unten nach oben schießen und sich durch Abkühlung bessern; Folgen von Stichverletzungen und Insektenstichen; möchte die Füße in eiskaltes Wasser halten.

Skorpionen lindern zu können. Allerdings, wenn ein Nerv durch das Insekt getroffen wurde, hilft besser Hypericum; Knochenhaut: Ruta; Knochen: Calcium phosphoricum und Symphytum.

Ledum ist weiterhin angezeigt bei vermeintlichen *Bissen von Katzen, Hunden,* Pferden oder Ratten, besonders wenn danach ein starkes Gefühl der Kälte auftritt.

Abschließend sei erwähnt, daß Ledum auch gut für die von Alkohol geschädigte Gesundheit paßt, ähnlich wie Colchicum.

Leitsymptome: Woran die Ledum-Konstitution zu erkennen ist

Typische Leitsymptome sind die *Besserung durch Kälte, obwohl der Kranke fröstelt; ferner Schmerzen, welche vom Fuß nach oben ziehen.* Vielfach klagen die Patienten über Kälte in den Extremitäten, verbunden mit heißem Kopf. Sie möchten die *Füße in eiskaltes Wasser halten,* was Erleichterung verschafft. Besonders rheumatische Beschwerden werden durch kalte Güsse, kaltes Baden, kühle Einreibungen, kaltes Anfächeln usw. gebessert, obwohl im Körper Frost empfunden wird. Oftmals handelt es sich um stechende, reißende Schmerzen besonders in *den kleinen Gelenken*; sie beginnen an den Füßen und steigen aufwärts (kali-c., kalm.: umgekehrt). Der Ballen am großen Zeh kann äußerst schmerzhaft und geschwollen sein und die Fersen fühlen sich wie zerquetscht an. Auch die Fußsohlen sind äußerst schmerzempfindlich; der Kranke kann kaum auftreten (ant-c., lyc., sil.). Bei der akuten Entzündung sind die Gelenke geschwollen und heiß, aber *nicht gerötet sondern nur blaß.* Nicht selten treten beim Händeschütteln Schmerzen vom Handgelenk bis zum Ellenbogen und Nacken auf. *Wein verschlechtert die Gelenks- und Rheumabeschwerden* (Kent Rep.: ant-c., nux-v., sulf-ac., alum., sel., zinc.). *Nachts verschlimmert sich der Zustand.* Ferner ist die *Bettwärme unerträglich* (puls., rhus-t., sulf., sec., fluor-ac., calc-f.); der Patient deckt sich auf, da sonst

Hitze, Brennen und Jucken der Glieder auftreten. Manchmal muß er aufstehen, um sich etwas abzukühlen.

Psychische Verhaltensweisen

Nach Kent sind Ledum-Konstitutionen vollblütige, muskulöse Menschen. Clarke hingegen beschreibt sie als blasse, zarte Personen, denen immer kalt ist und die ständig frieren. In der Praxis zeigt sich, daß es beides sein kann, vielfach mit fleckigem, aufgedunsenem Gesicht. Die Kranken suchen die Einsamkeit und besitzen eine große *Abneigung gegen Freunde oder gegen Gesellschaften.* Tagsüber besteht große Schlafsucht, nachts aber ist der Schlaf gänzlich gestört. Einzelne Patienten *fürchten sich, die Augen zu schließen infolge Phantasiegebilden* oder haben Angst zu sterben, wenn sie einschlafen. Tagsüber sind sie mit ihren Mitmenschen sehr unzufrieden, was sich bis zum Menschenhaß (Haß auf Männer/Frauen) verstärken kann. Ansonsten sind es mürrische, verdrießliche Wesen, denen alles zuwider ist.

Signatur

Aufgrund der Tatsache, daß der Sumpfporst im Moor am liebsten an kühlen, feuchten Standorten wächst und sich dem Betrachter mit einem frostigen Habitus präsentiert, kann dies als Indiz gedeutet werden für die Besserung der Beschwerden bei kalten Anwendungen trotz Frostigkeit der Patienten. Anderseits vertreibt der Halbstrauch mit seinem Blumenduft Insekten aller Art, was die Heilanzeige bei Insektenstichen signalisiert.

Absonderliche Beschwerden: Ledum palustre

Kopf:
Kopfschmerzen nach Haarschneiden (Kent Rep.: bell. 3, glon., led., puls., sabad., sep. 2)

Kopfschmerzen mit Neigung, den Kopf aus dem Fenster zu strecken, liebt Abkühlung (ars., phos.)

Kopfschmerzen mit Neigung, die Füße kalt zu baden oder zu duschen

Kopfbedeckung ist unerträglich

Empfindung, als nage etwas in den Schläfen, Ohren, oder im Hinterkopf

lockeres Gefühl im Gehirn beim Auftreten der Füße

Augen:

Gefühl, als würde der Augapfel herausgepreßt

Augenlider verkleben eitrig ohne Schmerzen

überaus große Erweiterung der Pupillen

kann nicht deutlich sehen vor lauter Flimmern

Gefühl der Augen wie eingesunken

Augen sind entzündet nach Insektenstichen

Augen sind gelähmt nach Verletzungen

Ohren:

glockenartige Ohrgeräusche oder wie von Sturmwind

verstopftes Gefühl in den Ohren nach Haarschneiden[Synth.]

Nase:

rot gefärbte Nase durch Alkoholkonsum

zerschlagener Schmerz beim Schneuzen der Nase

Gesicht:

Hautausschlag im Gesicht durch Insektenstiche

Mund:

Blutsturz aus dem Munde

Blutbläschen im Munde

Brust:

vor Husten erstickende Atemnot

Husten bei Bewegung der Arme

Husten nach Verschwinden des Hautausschlages

Hautausschlag wie Windpocken auf der Brust, der sich nach 5 Tagen abschält (Clarke)

Magen:

Übelkeit nach Ausspucken des Speichels

Bauch:

Bauchweh, als wären die Därme zerquetscht und zerschlagen

Nieren:

roter Satz im Urin (lyc.)

Genitalien:

schmerzhaft durch Kleiderdruck

Menses zu früh mit starken Blutungen, verbunden mit Körperkälte, trotzdem Verlangen nach Abkühlung

geschwollene Harnröhre, muß drücken beim Urinieren, dünner Strahl

Haut:

blütenhafter Hautausschlag an der Stirn oder im Gesicht wie Hirsekorn

Hautausschlag nur auf den bedeckten Körperteilen

kalte Haut während Menstruation

Pickel, Akne bei Trinkern

Rücken:

versteift wie nach langem Sitzen

Ischias: das betroffene Glied ist kalt, Hitze, Bettwärme verschlechtert, Kälte bessert

Glieder:

glucksende Empfindung in der Hüfte[Synth.]

Hautausschlag wie Windpocken der Arme

Besser:

durch Kälte, kalte Anwendungen, Füße in kaltes Wasser halten (puls., sec.), Abkühlung

Schlechter:

durch Bettwärme, Ofenwärme, Hitze, nachts, Wein, Bier, Haareschneiden (Kent Rep.: bell. 3, glon. 2, kali-j., lappa-a., led. 2, phos., puls. 2, sep. 3), nachts

Besondere Anzeigen:

um Abneigung gegen Alkohol zu erzielen wie Caladium gegen das Rauchen

Tetanus-Prophylaxe

um gichtische Erkrankungen an die Oberfläche zu bringen

Knöchelschmerz durch Fehltritt

Nagelbetteiterungen durch Splitter oder Stichverletzungen

alte verschleppte Entzündungen des Kniegelenks

Hauptindikation:

Gelenks-, Muskelrheuma, harnsaure Diathese, Gicht, Hexenschuß, Ischias, Insektenstiche, Stichwunden, spitze Verletzungen (Chirurgie), Quetschungen, blaues Auge, Keuchhusten, frieselartige Hautausschläge, Malaria, Folgen von Alkohol

Vergleiche:

lach., nux-v., benz-ac., caul., ruta, hyp., rhod., apis, ham., colch., ant-c.

Bryonia alba L./Weiße Zaunrübe

Die Zaunrübe ist eine Kletterpflanze, die von den Homöopathen mit besonderer Ehre begrüßt wird. Hat sie doch als homöopathisches Arzneimittel schon manchen schmerzhaften und ärgerlichen Patienten wieder auf die Beine gebracht. Leider bekommt man bei der Begegnung in freier Natur kaum die auffällige Wurzel zu Gesicht. In ihr nämlich steckt eine charakteristische Heilanzeige. Aufgrund der gebildeten Form läßt sie sich mit den gichtigen und entzündlichen Beschwerden des Rheumapatienten vergleichen. So dick und gespannt wie die Seitenwurzeln der Zaunrübe angeschwollen sind, zeigt sich auch das Erscheinungsbild der entzündlichen Gelenke des Rheumatikers, die ebenso stark angespannt und angeschwollen hervorstehen. In dieser Beziehung haben Mensch und Pflanze etwas Gemeinsames, was wir auch im homöopathischen Alltag bestätigt finden.

Bei der Zaunrübe handelt es sich um ein mehrjähriges Kürbisgewächs (Cucurbitacea), welches an feuchten Stellen von Hecken, Zäunen, im Gebüsch und am Rand von Weinbergen vereinzelt zu finden ist. Vor allem ist in unseren heimischen Gegenden der Schweiz, Deutschland und Österreich die schwarzfruchtige Zaunrübe (Bryonia alba) vertreten, die sich mit ihren Klettertrieben an Bäumen, Sträuchern und Zäunen emporrankt. Nur selten findet man die rotfruchtige Zaunrübe (Bryonia cretica ssp. dioica), welche aus Südosteuropa stammt und sich bei uns aus Zier- und Arzneigärten verwildert hat. Beide Pflanzen besitzen eine hellgelbe Wurzel wie eine dicke Runkelrübe von ca. 40 cm Länge und 12 cm Breite, ringförmig mit Warzen besetzt. Im ersten Frühling entwickeln sich daraus schnell wachsende, kletternde, rauhhaarige Stengelsprosse, die bis 4 cm hoch steigen können. Auffallend ist, daß die spiralig aufgerollten Ranken ungefähr in der Mitte ihres Wachstums die Drehrichtung ändern. Wechselständig am rauhhaarigen Stengel wachsen fünfeckige, handförmige, ganzrandige Laubblätter. Von Juni bis Juli erscheinen in den Blattachseln grünlich-weiße, trichterförmige, kürbisähnliche Blüten. Die männlichen Blüten stehen in Trauben, die etwas kleineren, weiblichen in Büscheln. Jede Blüte besitzt eine fünfspaltige

Abb. 206: Blütenstand der weißen Zaunrübe.

Abb. 207: Spiralig aufrollende Ranken helfen der Zaunrübe im kletternden Wachstum.

Abb. 208: Weiße Zaunrübe (Bryonia alba): Sie besitzt schwarze Früchte.

Blumenkrone, vier Staubblätter, aber keine Griffel. Im Herbst reifen schwarze, vielsamige Beeren (rote Beeren = Bryonia cretica ssp. dioica Jacqu.), die von den Vögeln gefressen und an Zäunen und im Gebüsch wieder ausgestreut werden. Dadurch sichert sich die Pflanze neues Verbreitungsgebiet.

Botanisch unterscheidet man die beiden Zaunrübengewächse aufgrund ihrer Blüten. Bryonia alba, die weiße Zaunrübe, ist im Gegensatz zu ihrer rotbeerigen Schwester einhäusig, Bryonia cretica ssp. dioica jedoch zweihäusig, d. h. diözisch — sie bildet entweder nur weibliche Stempel- oder nur männliche Staubblüten aus.

Mit der botanischen Bezeichnung werden die beiden Pflanzen näher vorgestellt: Der Gattungsname „Bryonia" stammt aus dem griechischen „bryo" (= sprießen, schießen, wachsen), was auf die Schnellwüchsigkeit der kletternden Stengel Bezug nimmt. Der Beiname „alba" (= lateinisch: weiß) charakterisiert die weißliche Blütenfarbe. „Cretica" bezeichnet das ursprüngliche Verbreitungsgebiet der rotfruchtigen Zaunrübe in Kreta, während „dioica" auf den zweihäusigen Blütenstand hinweist. Im Volksmund werden die beiden Giftpflanzen auch als: Hag-Rüebli, Tollrübe, Schelmwurz, Pfingstepfluttri, Mohrewurzel oder Gichtwurzel benannt. Samuel Hahnemann bezeichnete sie in seinem Apothekerlexikon als Gichtwurzzaunrübe.

Zaunrübe in der Pflanzenheilkunde

Da es sich bei der Zaunrübe um eine Giftpflanze mit toxischen Glykosiden wie Bryosid und Bryoamarid handelt, ferner mit den Wirkstoffen Bryodulcosid, Triterpene und Enzyme, ist die Wurzel in der Phytotherapie nur in vorsichtigen Dosierungen im Einsatz. Die Wirkung war bereits den Ärzten in der Antike bekannt. Dioskurides nannte die Zaunrübe: „Ampelos leuke", während sie Cato „Vitis alba" bezeichnete. Bei Hippokrates wurde die Wurzel bei Starrkrampf verabreicht, während die Früchte zum Enthaaren der Haut, ferner als Mittel gegen Epilepsie, Schlaganfall und Schwindel dienten. Hildegard von Bingen, die die Pflanze „Stichwurz" nannte, empfahl sie bei Seitenstechen, ferner sollte die Wurzel, zu Brei geschlagen, Splitter und Dornen aus der Haut herausziehen. Letztlich wurden aus den seltsam geformten fleischigen Wurzeln Alraune geschnitten und als Glücksbringer und Zaubermittel verkauft.

Heutzutage ist die Zaunrübe nur noch selten im Gebrauch und zwar bei der Behandlung von rheumatischen und gichtigen Gelenksbeschwerden, z. B. zum Abschwellen von entzündlichen Knie- und Hüftgelenksentzündungen, ferner bei Harnwegserkrankungen und Wassersucht. Aufgrund der Tatsache, daß sensible Patienten auf die Glykoside der Zaunrübe empfindlich reagieren, ist sie fast gänzlich aus dem Arzneischatz verschwunden, jedoch in der Klassischen Homöopathie besitzt sie einen hohen Stellenwert.

Abb. 209: Rotfruchtige Zaunrübe (Bryonia cretica ssp. dioica), ein mehrjähriges Kürbisgewächs mit roten Früchten.

Vergiftungen

Wer mit der Zaunrübe, besonders mit dem Saft der Wurzel in Berührung kommt, kann mitunter mit entzündlichen, allergischen Hauterscheinungen reagieren, wobei Rötungen und brennende Bläschen zum Vorschein

Abb. 209 b: Rotfruchtige Zaunrübe.

kommen. Giftig allerdings sind die Früchte; 15 Beeren können für Kinder, 40 für Erwachsene tödlich sein. Beim Verzehr treten folgende Vergiftungserscheinungen auf: Erbrechen, Krämpfe, blutiger Durchfall, Bewußtseinsstörungen und Atemlähmung.

Bryonia alba in der Homöopathie

In der Homöopathie wird die Urtinktur aus der *zur Blütezeit frisch gesammelten Wurzel* von Bryonia alba hergestellt. Vereinzelt wird auch Bryonia cretica ssp dioica Jaqu. eingesetzt, jedoch stimmt das Arzneimittelbild der Rotfruchtigen Zaunrübe nicht mit der Weißen Zaunrübe überein. Groß ist die Palette der Erkrankungen, für die Bryonia im entsprechenden Fall indiziert ist. Es handelt sich um ein breit wirksames Mittel mit charakteristischem Arzneimittelbild. Dieses wird in treffender Weise durch Ernst Gardemin in seinen „Homöopathischen Reimregeln" (Karl F. Haug Verlag) beschrieben.

Bryonia, hier beachte immer:
Bewegung macht meist alles schlimmer,
Wohingegen Ruhe lindert,
Fester Druck den Schmerz vermindert.

Dies Symptom paßt überall
Und in jedem Krankheitsfall,
Doch vor allen andern Leiden
Dient es den serösen Häuten.

So zum Beispiel bei Pleuritis,
Meningitis und Gastritis,
Wenn dann noch die Schmerzen stechen,
Wird es für Bryonia sprechen.

Der Bryonia-Patient
Ist von hitz'gem Temperament,
Und gerät er dann in Wut,
Steigt die Galle ihm ins Blut.

Liegst du heiß und rot im Fieber,
Und es läuft dir eiskalt über
Bei der leisesten Entblößung,
Führt das Mittel schnell zur Lösung.

Bryonia ist in der Homöopathie *ein Hauptmittel der serösen Häute*, besonders im Stadium der Exsudation (Entzündung), sei es bei Lungenentzündung (Pneumonie), Rippenfellentzündung (Pleuritis), Bauchfellentzündung (Peritonitis), Rippenfell- und Lungenentzündung (Pleuropneumonie), Herzbeutelentzündung (Perikarditis), aber auch bei Blinddarmentzündung (Appendizitis). Viele dieser Erkrankungen stellen sich oftmals nach einer Erkältung ein, die nicht schlagartig, sondern nur allmählich auftreten, aber dann mit der Zeit trotzdem heftig werden können. Das Erscheinungsbild gleicht nicht dem plötzlichen Charakter von Aconitum und Belladonna, im Gegenteil, es kennzeichnet sich durch ein sich *langsam entwickelndes Stadium*. Frühzeitig macht sich jedoch beim Patienten eine starke *Abneigung gegen Bewegung* bemerkbar und fast bei jedem akuten Leiden sind Kopfschmerzen vorhanden oder künden sich als Vorläufer an. Das *Fieber steigt nicht schnell in die Höhe*, sondern nimmt allmählich zu und wird von hochrotem, gedunsenem Kopf und *Trockenheit der Schleimhäute* begleitet. Mitunter können ölige Schweißperlen auf der Stirn auftreten. Dieses Krankheitsbild ist auch bei Bronchitis, Asthma, Grippe und Hirnhautentzündung (Meningitis) zu erkennen. Ähnliche Charakteristiken sind ferner bei einer Gallenblasenentzündung (Cholezystitis) und Gelbsucht (Hepatitis) festzustellen, verbunden mit großer Reizbarkeit und Ärgerlichkeit.

Bryonia ist des weiteren imstande, die Scharlach- oder Masernexantheme zu rascher Entwicklung zu bringen, um dadurch einen schnelleren Verlauf der Kinderkrankheiten zu gewährleisten und um Komplikationen vorzubeugen, besonders wenn die Erkrankungen nicht richtig „aufblühen" können.

Äußerst hilfreich ist der Einsatz bei *rheumatischer und gichtiger Diathese*, bei der sich ein Gelenk nach dem anderen entzündet, sei es an der Bindehaut, an der serösen Haut, den Gelenkbändern oder Nervenscheiden

Abb. 210: Bryonia-Konstitution: Verschlimmerung bei Bewegung und Hitze; trockene Schleimhäute; großer Durst auf reichliche Mengen kaltes Wasser; Verbesserung der Beschwerden durch Druck mit der Hand; heiß, geschwollene, gespannte, rheumatische Gelenke; stechende Empfindung auf der Leberseite.

nach Erkältungen, Unfällen oder im rheumatischen Prozeß. Die betroffenen *Gelenke sind heiß angeschwollen, gespannt, blaß oder rötlich gefärbt* und es machen sich äußerst stark *stechende Schmerzen* bemerkbar, die durch Kälte gebessert, durch Bewegung und Erschütterung verschlimmert werden (Weiße Kniegeschwulst). Auch Ischias, Hexenschuß, Nacken- und *Rückenschmerzen werden durch Hitze und Bewegung schlimmer*, besonders wenn diese Beschwerden durch eine Überhitzung oder Erkältung im Sommer aufgetreten sind, d. h. durch kalte Einflüsse bei heißer Witterung, oder wenn nach kalten Tagen hitziges Wetter einsetzt. Bei solchen klimatischen Situationen kann sich auch Durchfall einstellen oder eine grippale Erkältung ausgelöst werden. Ansonsten ist der Stuhl des Bryonia-Patienten groß, hart, trocken, wie verbrannt und verstopft. Des weiteren können auch empfindliche Magenbeschwerden (Stein im Magen) vorhanden sein, die durch warme (nicht kalte) Getränke gemildert werden. Hahnemann erwähnte ein seltsames Bryonia Symptom: „Auf eine kleine Gemütserregung (z. B. Lachen – freudige Überraschung) entsteht jähling ein stechendes (jückendes) Brennen über den ganzen Körper, als wenn er mit Nesseln gepeitscht worden wäre, oder einen Nesselausschlag hätte, wiewohl nichts auf der Haut zu sehen war; dies Brennen kam hiernach schon auf den bloßen Gedanken davon, oder wenn er sich erhitzte."

M. L. Tyler faßte zusammen: (Homöopathische Arzneimittelbilder, Burgdorf Verlag) „… Wenn Sie jemals einen Patienten haben mit heftig stechenden Schmerzen, die durch die geringste Bewegung, besonders durch Aufsetzen verschlimmert, durch Druck aber gebessert werden, mit weißer Zunge und großem Durst nach kaltem Wasser, sehr reizbar, ärgerlich und zornig, wobei sich sein Leiden noch verstärkt, wenn er (seelisch oder körperlich) gestört wird, einen Patienten, der im Delirium ‚nach Hause gehen' möchte, (auch wenn er schon zu Hause ist), dessen Träume oder Delirien sich um die Erledigung seiner Tagesgeschäfte drehen, dann können Sie Bryonia verabreichen – und auf den Erfolg Wetten abschließen!"

Leitsymptome:
Woran die Bryonia-Konstitution zu erkennen ist

Das auffallendste Symptom für Bryonia ist die *Verschlechterung* bei der geringsten *Bewegung* und Erschütterung, und zwar in jeder Beziehung, sei es körperlich oder geistig. Jede Bewegung wird ängstlich vermieden; der Patient/in versucht sich äußerst still zu halten. Selbst das Regen (Schweifen) der Augen oder die Kaubewegung des Kiefers wird nicht selten im Krankheitsfalle als schmerzhaft empfunden. Sogar ständiger Gedankenfluß (geistige Bewegung) führt zur Verschlimmerung der Beschwerden.

Sobald sich bei einer Erkrankung eine Verschlimmerung durch Bewegung bemerkbar macht, der Patient still und unbeweglich im Bett liegt, sofort aber zu leiden beginnt, wenn er sich rührt, ist als erstes an Bryonia zu denken. Bei einer Erkältung z. B. möchte der Bryonia-Typ sofort nach Hause, während andere noch hartnäckig am Arbeitsplatz verbleiben und mit der Krankheit kämpfen. Er legt sich unmittelbar ins Bett, will alleine sein und still liegen bleiben, auf keinen Fall sich bewegen. Möchte man ihn umsorgen, wird alles abgewiesen, ansonsten reagiert er sehr gereizt. Das ist Bryonia im stärksten Grade! Das Fieber steigt mäßig an, nicht plötzlich wie Belladonna und Aconitum, und ist intermittierend. Es stellt sich eine außerordentliche *Trockenheit* im ganzen Organismus ein: Nase, Lippen, Mund, Zunge, Hals, Schleimhäute, trockener Husten, trockener Stuhl usw., wobei ein *starker Durst auf große Mengen kalten Wassers* besteht, die in langen *Zwischenpausen* getrunken werden. Die Nase ist trocken und verstopft, die Lippen rissig, spröd, aufgesprungen, der Mund eingetrocknet bis zum Hals und alle Schleimhäute mangeln an Sekreten (harter trockener Husten bis zum Erbrechen mit wenig rostfarbenem Auswurf, trockenes Wundheitsgefühl der Brust: nat.s.)

Eine weitere typische Erscheinung für Bryonia ist die Verschlimmerung *durch Wärme*, ferner die *Verbesserung durch Druck mit der Hand* oder das *Liegen auf der schmerzhaften Seite*. Sobald ein warmes Zimmer betreten wird, beginnt der trockene Husten (Kent Rep.: caust., cupr., hedera, jod.). Dabei schmerzt jeder Hustenstoß durch die Erschütterung und der Patient hat das Verlangen, seine Hand auf die Brust, (Kent Rep.: Husten schmerzhaft; muß die Brust mit beiden Händen halten, arn. 3, bor. 2, bry. 3, cimic., dros. 2, eupat-per. 2, kreos., merc., nat-m., nat-s. 2, phos. 2, sep. 2.), den Hals oder Kopf zu drücken. Kühle, frische Luft bessert, ebenso das Öffnen des Fensters im Krankenzimmer. Warme Räume, Hitze und Sonne werden jedoch nicht ertragen. Auch wenn der Patient sich bewegt und dabei warm wird, stellt sich eine Verschlimmerung des Zustandes ein.

Bryonia äußert sich ferner mit *starken stechenden Schmerzen*, sei es *in der Brust oder Lunge*, wobei sich der/die Kranke am liebsten auf die schmerzhafte Stelle legen möchte, um sich Linderung zu verschaffen. Stechende Schmerzen werden auch bei Pleuritis, Meningitis, Peritonitis und Perikarditis empfunden. Stellen sich *Gicht und Rheuma* ein, werden besonders die Gelenke befallen. Sie *schwellen blaß* oder leicht rötlich an, die Haut über den Gelenken ist *gespannt*, während *inwendig Hitze* empfunden wird. Die rheumatische Entzündung wird zu Beginn mit kalten Anwendungen, später mit warmen gebessert. Viele Leiden beginnen *morgens* und konzentrieren sich auf der *rechten Körperhälfte*.

Vielfach werden die Erkrankungen mit *berstendem Kopfweh* begleitet, als ob alles herausgepreßt würde. Boericke schreibt: „Wie von innen von einem Hammer getroffen." Während des Kopfschmerzes kann sich *Nasenbluten* einstellen.

Bei Bryonia-Patienten ist auch ein *empfindlicher Oberbauch* festzustellen, wobei er äußerst sensibel auf Berührung reagiert. Im *Magen* besteht nach dem Essen das Gefühl, als ob ein *Stein drücken* würde; auf der *Leberseite* sind *stechende Empfindungen* vorhanden (Lebergegend geschwollen).

Letztlich ist Bryonia indiziert, wenn sich Beschwerden (Magenstörungen, Durchfall, Erkältung, Kopfweh, Rückenschmerzen, Gelenksbeschwerden, Gicht usw.) beim *Wetterwechsel von kalten zu heißen Tagen* einstellen (Kent Rep.: Verschlimmerung: bry. 3, carb-v., chel. 2, ferr. 2, gels., kali-s. 3, lach. 2, lyc. 2, nat-m. 2, nat-s. 2, psor. 3, puls. 2, sulf. 3, tub. 3) oder nach *Überhitzung mit extremer Abkühlung im Sommer* sowie nach *kalten Getränken oder Eis an heißen Tagen*. Viele Symptome werden durch Ärger, Aufregung, Widerspruch, Streit und Zorn massiv verschlimmert.

Psychische Verhaltensweisen

Der/die Bryonia-Patient/in läßt sich allgemein an einer ärgerlichen *Reizbarkeit* (nux-v., cham.) erkennen. Es handelt sich oft um vollblütige Personen mit kräftiger Muskulatur, schwarzem Haar und *gerötetem, aufgedunsenem* Gesicht (roter Kopfhitze). Das *cholerische Temperament* äußert sich, indem sie bei fortschreitender Krankheit immer reizbarer werden. Es sind „Brummbären", *die in Ruhe gelassen werden* möchten. Wenn man sie stört, belästigt, reagieren sie mit heftigen Aggressionen. Einmischung in ihren Alltag werden nicht akzeptiert, d.h. sie lassen niemanden in ihren Bereich eindringen. Es besteht eine große *Abneigung gegen Gesellschaft*, die mitunter durch Murren und Knurren vertrieben wird. Am liebsten ist es ihnen, wenn man sie nicht anspricht und sie still im Bett liegen läßt.

Trotzdem zeigt sich eine ängstliche Verfassung. Innerlich fühlen sich die Kranken unsicher und mit Minderwertigkeitsgefühlen belastet. Vor allem sorgen sie sich um ihre Zukunft in finanziellen Dingen, sie fürchten sich vor Armut und vor dem Bankrott. Deshalb sind sie dauernd mit ihren Geschäften beschäftigt, möchten dauernd etwas erledigen und Unerreichbares unternehmen. In ihrer Übergeschäftigkeit steigt das Gefühl auf, mit der Arbeit nicht fertig zu werden, oder die Angst, nicht genug zum Leben zu haben. Alles dreht sich um ihre *Geschäfte* und *materielle Werte*. Wenn sie krank daniederliegen, sorgen sie sich ununterbrochen, wann sie wieder arbeiten können. Sie möchten aus dem Bett entfliehen.

Sind sie ans Krankenbett gebunden, ärgern sie sich sehr und weinen tagelang. Dabei werden sie äußerst unansprechbar. Langjährige Freunde werden plötzlich als Fremde angesprochen. Jede Situation, den Kranken eine Antwort abzugewinnen oder sie geistig in Bewegung zu halten, führt zur Verschlechterung des Zustandes. Es machen sich Sinnestäuschungen bemerkbar, als ob sich das Gehirn herumdrehen würde, als ob sich der Kopf im Kreis drehen würde. Einzelne bilden sich ein, weit entfernt von zu Hause zu sein und verlangen heimzugehen. Nicht selten gleicht der Patient in seinem Zustand einem Betrunkenen mit blödem Gesichtsausdruck, rötlich gedunsenen Wangen sowie Flecken im Gesicht und am Hals. Charakteristisch nach Kent ist das Seitwärtsbewegen des Unterkiefers. Oftmals handelt es sich um unbeherrschte Esser oder Schlemmer, die keine pflanzliche Kost vertragen und eine Zunge wie „Putzleder" haben. Als Kranke verlangen sie vielmals nach Speisen, die nicht vorrätig sind, und wenn sie endlich herbeigeschafft sind, werden sie wieder abgewiesen.

Bei Kindern ist es auffällig, daß sie weder getragen noch hochgehoben werden möchten.

Signatur

Wer die Wurzel der Zaunrübe einmal zu Gesicht bekommt, erkennt sie als menschenförmige Gestalt mit muskulösem Rumpf und starken, aufgedunsenen Schenkeln. In dieser Erscheinungsform charakterisiert sie den Rheuma- und Gichtpatienten mit geschwollenen, gespannten Gelenken. Die kletternden Stengel der Pflanze fühlen sich rauh und stachelig an, was mit der „stacheligen" Reizbarkeit des Bryonia-Patienten verglichen werden kann. Das rasche Wachstum der Stengelsprosse könnte die unbändige Geschäftigkeit mit hohen Zielen zum Ausdruck bringen. Die Tatsache aber, daß sie plötzlich beim Klettern die Drehrichtung ändern, beschreibt die Eigenart, indem Bryonia-Kranke plötzlich Wärme verlangen, nachdem sie von kalten Anwendungen Besserung erfuhren, oder auf einmal während der Krankheit hin und herlaufen, obwohl im Anfangsstadium jede Bewegung eine Verschlimmerung auslöste.

Wenn man sich mit dem Werden und Vergehen der Zaunrübe auseinandersetzt, lassen sich viele eigenwillige Verhaltensweisen erkennen, die auch in der homöopathischen Praxis beim Bryonia-Patienten sichtbar werden.

Absonderliche Beschwerden: Bryonia alba

Schlaf:
ist mit dem, was man gelesen hat, im Schlaf beschäftigt
träumt von Tagesgeschäften
träumt, aus dem Fenster gestoßen zu werden
träumt vom Haushalt, Streitigkeiten und Ärger

Kopf:
Geräusche im Kopf wie Zirpen von Zikaden
gurgelnde, gluckernde Empfindung im Kopf
Empfindung, als würde man an den Haaren gezerrt (Frauen müssen das Haar hängen lassen)
Kopfschmerzen mit Nasenbluten (Kent Rep.: während: acon. 3, agar. 3, alum., ambr., am-c., asaf., bell., bry. 2, carb-an., cinnb. 2, dulc., ferr-p., lach.)
Kopfschmerzen durch Bügeln der Wäsche
Kopfschmerzen nach Streitigkeiten, Ärger, Meinungsverschiedenheiten
Kopfschmerz erstreckt sich zum Hals und rechten Arm

Kopfschmerz bei Bewegung der Augen; beim Öffnen der Augen am Morgen

Kopfschmerz nach Kaltwaschen des überhitzten Gesichtes

Augen:

sieht blauen Schleier, blaue Farbe vor den Augen

sieht Regenbogen, Kreise oder Streifen vor den Augen

die Sicht läuft ineinander (Buchstaben)

Augenschmerzen durch Bewegung der Augen

Druckschmerz links, als ob das Auge kleiner würde, sich in die Höhle zurückziehen würde (Tyler)

Ohren:

Ameisenlaufen hinter den Ohren

Tumor vor dem Ohr, beulenartige Schwellung vor oder hinter dem Ohr

Backengeschwulst dicht am Ohr[Synth.]

Nase:

niest zwischen den Hustenstößen

Nasenbluten nach Erkältung, früh nach dem Aufstehen, eine Viertelstunde lang, oder anstelle der Regelblutung (Kent Rep.: bry. 2, graph., ham. 2, lach. 2)

langwierige Trockenheit mit Verstopfung der Nase

Gesicht:

rotes, heißes, gedunsenes, geschwollenes Gesicht

Mund:

bitterer Geschmack, Trockenheit der Schleimhäute

verzerrter Mund im Schlaf

Zahnschmerzen durch Tabakrauchen (Wärme verschlechtert)

Magen:

Gefühl „Stein im Magen" nach dem Essen (nux-v., puls.)

Magenschmerzen werden durch warme Getränke gemildert, obwohl seltsamerweise kalte Getränke verlangt werden

Gefühl, als würde der Magen platzen

Erbrechen nach Brotgenuß

Magenschmerzen nach Wein

Abneigung gegen Eier, hartgekochte Speisen

Verlangen nach großen Mengen kalten Wassers in längeren Pausen

Brust:

heiß, schmerzhaft, verhärtete Brüste (Mammae)

Stechen in der Brust, mit Gefühl als werde sie in Stücke zerspringen

Schmerz in der Brust bessert sich durch Druck mit der Hand

heftige Stiche in der rechten Brust, so daß der Atem angehalten werden muß

Gefühl von heißem Dampf in der Luftröhre, besonders beim Eintreten aus kalter Luft in warme Räume

Bauch:

Gefühl, als ob die Leber platzen würde bei Husten

rechter Leberlappen wie Stein

harte Geschwulst um den Nabel

Verdauung:

Durchfall nach gekochtem Obst

Durchfall nach Trinken kalter Getränke im heißen Sommer, nach Überhitzung

trockener, harter Stuhl wie verbrannt

Genitalien:

Nasenbluten bei Einsetzen der Menstruation (phos.) vor Menses (Kent Rep.: bar-c. 2, lach. 3, nat-s. 2, puls. 2, sulf. 2, verat. 2, vib., während Menses: ambr., bry., nat-s. 2, puls., sep. 2, sulf. 2.)

Menstruation bleibt aus nach Überhitzung

Geschwulst an einer Schamlippe mit schwarzen, harten Pusteln

Haut:

Hautausschlag (Urtikaria) nach Genuß von Erdbeeren[Synth.]

blaßrote Haut neigt zu Schwellung und Ödemen

Glieder:

gichtige Anschwellungen der entzündlichen Gelenke mit blaßer oder rötlicher, gespannter Schwellung und Hitze

Rücken:
Ischias, Hexenschuß nach Wetterwechsel von kalten zu heißen Tagen oder nach Überhitzung mit Abkühlung im Sommer

Besser:
Ruhe, Stilliegen, Liegen auf schmerzhafter Seite, Druck mit der Hand, frische Luft, kaltes Wasser, Schweiß-Absonderung

Schlechter:
Bewegung, Erschütterung, Betreten von warmen Räumen, Hitze, nach Essen, Ärger, Widerspruch, Streit, Aufregung, Wäschebügeln, trockener Ostwind (Tyler: acon., asar., caust., hep-s., kali-c., nux-v., sep., spong.)

Besondere Anzeigen:
Milchfieber, Versiegen der Milch im Wochenbett
Bauchschmerzen bei Schwangeren
Entzündung und Anschwellung der Brust nach Entbindung
entzündliche Augen bei Neugeborenen oder bei Gichtpatienten
langsam entwickelnde, stockende Masern, Scharlach
Keuchhusten, bei dem der ganze Körper erschüttert wird, mit rostfarbenem, zähem Schleimauswurf

Aphthen bei Kleinkindern
Gehirnentzündung, bei der der Mund sich wie beim Kauen bewegt

Hauptanzeigen:
Meningitis (Hirnhautentzündung), Grippe, Erkältung, trockene Bronchitis, Asthma, Husten, Heiserkeit, Masern, Scharlach, Pleuritis (Brustfellentzündung), Peritonitis (Bauchfellentzündung), Perikarditis (Herzbeutelentzündung), Appendizitis (Blinddarmentzündung), Hepatitis (Gelbsucht), Cholezystitis (Gallenblasenentzündung), Gicht, Arthritis (Gelenksentzündung), Ischias, Hexenschuß, Interkostalneuralgie (Zwischenrippen-Nervenschmerzen), Brustdrüsenentzündung, Durchfall, Verstopfung, Ödeme, Kopfweh, Migräne, Nasenbluten

Vergleiche:
phos., sulf., kali-c., ran-b., cupr., ferr-p., ptel., nux-v., caust., cham., lyc., merc., podo., alum. (= chronisches Bryonia)

Literatur

Allen, H. C.:
Leitsymptome wichtiger Mittel der homöopathischen Materia Medica. Ulrich Burgdorf Verlag, Göttingen.

Böericke, W.:
Handbuch der homöopathischen Materia medica. Karl F. Haug Verlag, Heidelberg.

Braun, H.:
Heilpflanzenlexikon. G. Fischer Verlag, Stuttgart.

Buff, W.:
Giftpflanzen in Natur und Garten. P. Parey Verlag, Berlin.

Clarke, J. H.:
Der Neue Clarke. Verlag Stefanivic, Bielefeld.

Coulter, C. R.:
Portraits homöopathischer Arzneimittel Band I + II. Karl F. Haug Verlag, Heidelberg.

Dewey, W. A.:
Homöopathische Grundlagen in Frage und Antwort. Karl F. Haug Verlag, Heidelberg.

Gardemin, E.:
Homöopathische Reimregeln. Karl F. Haug Verlag, Heidelberg.

Hackl, M.:
Als-ob-Symptome in der Homöopathie. J. Sonntag Verlag, Regensburg.

Hahnemann, S.:
Apothekerlexikon Band I + II. Karl F. Haug Verlag, Heidelberg.

Kent, J. T.:
Kents Arzneimittelbilder. Karl F. Haug Verlag, Heidelberg.

Kent, J.:
Kent's Repertorium Band I, II, III. Karl F. Haug Verlag, Heidelberg.

Lutze, A.:
Lehrbuch der Homöopathie. P. Schettler Verlag, Coethen 1878.

Madaus, G.:
Lehrbuch der biologischen Heilmittel Band I, II, III. Olms Verlag, Hildesheim.

Mezger, J.:
Gesichtete Homöopathische Arzneimittellehre. Band I + II. Karl F. Haug Verlag, Heidelberg.

Nash, E. B.:
Leitsymptome in der Homöopathischen Therapie. Karl F. Haug Verlag, Heidelberg.

Schlegel, E.:
Religion der Arznei. J. Sonntag Verlag, Regensburg.

Schroyens, Fr.:
Synthesis, Hahnemann Institut, Greifenberg.

Tyler, M. L.:
Homöopathische Arzneimittelbilder. Burgdorf Verlag, Göttingen.

Vitholkas, G.:
Essenzen homöopathischer Arzneimittel. Verlag Sylvia Faust, Frankfurt/Main.

Voegeli, A.:
Leit- und wahlanzeigende Symptome der Homöopathie. Karl F. Haug Verlag, Heidelberg.

Vonarburg, B.:
Natürlich gesund mit Heilpflanzen. AT-Verlag, Aarau.

v. Fellenberg-Zigler, A.:
Homöopathische Arzneimittellehre. Karl F. Haug Verlag, Heidelberg.

Weiss, R. F.:
Lehrbuch der Phytotherapie. Hippokrates Verlag, Stuttgart.

Bildnachweis: Sonja Burger, Hallau: Abb. 1, 2, 3, 4, 21, 26, 44, 61, 95, 133, 179, 200, 205, 210. Peter Barthel, Bad Soden: Abb. 60, 148, 206. Ruedi Peter, Teufen: Abb. 5. Imbach Reisen, Luzern: Abb. 15. Kurt Schaub, Muttenz: Abb. 125. Dr. W. Buff, Biberach: Abb. 208. Bildarchiv Okapia, Frankfurt: Abb. 123. Alle anderen Abbildungen: Bruno Vonarburg, Teufen, Schweiz.

Sachregister